FRAN RU

EL LIBRO DE LOS QUIZÁS

EL LIBRO QUE TARDE O TEMPRANO ACABARÁS LEYENDO

UN LIBRO MÁGICO PARA GENTE MÁGICA

Textos	Fran Russo
Prólogo	Fran Russo
Diseño y composición de textos	Cristina Reina
Diseño de portada	Martín Acosta
Fotografía	Ismael
Número de edición	Tercera Edición
Fecha de edición	Febrero, 2017
@edición	Frida ediciones
Isbn	978-84-945162-4-5
Depósito legal	M-9969-2016

PRÓLOGO

Por Antoine de Saint-Exupéry

El avión comenzó a caer. Ya no sé, ni importaba, si por mi acción voluntaria o no, ya no era yo quien timoneaba mi cuerpo y la palanca de gases avanzó hasta que giramos en picado, rumbo a un mar brillante que parecía un infinito espejo. Los motores rugían arrullándome, protegiéndome del impacto, como cantando una canción de cuna.

Insisto, yo no fui escritor, sino piloto. Cuando alguien se acercaba y me preguntaba si era el «célebre» escritor, yo contraatacaba con una mirada inquisitiva y les decía que no, que solo era un humilde aviador. Obviamente la gente conocía también esa faceta y entendía mi sarcasmo, pero iba más allá de una mera frase, pretendía decir la verdad; además de librarme de esas personas.

Todo eso sucedió antes de la publicación de *El principito*, libro que muchos confundieron con un texto infantil, con un cuento ligero e ingenuo. El simbolismo que inyecté y proyecté en ese libro iba mucho más allá, era una fábula sobre mi vida, una alegoría de mi alma volante y ausente, en constante búsqueda pero sin saber qué buscar. Puse rumbo a todos lados, pero cuando no sabes qué buscar no encuentras nada.

Ya, por entonces, quería volar antes que nada en la vida. Solo en el aire me sentía libre, me sentía yo mismo. Pisar tierra me hacía sentir torpe, denso, mareado y dolorido. Justificaba y encerraba en el acto de volar mis anhelos de controlar mi vida, de sentirme realmente completo y liberado del mundo.

Escribir no era más que vomitar la madeja de pensamientos, miedos y obsesiones que me brotaban antes, durante y después de cada vuelo. La mayoría eran cartas a mi esposa Consuelo, pero en las otras ocasiones no pretendía decirle nada a nadie, solo que ella conociera todo aquello que mi cabeza regurgitaba entre engranajes, alerones, grasa, humo y palancas. De hecho El principito fue mi forma de pedirle perdón, por mi manera de ser, por todo el dolor que había acompañado nuestra alocada, tensa y bipolar relación. Siempre la amé y siempre la amaré, ella era mi rosa, y me había responsabilizado de ella, al fin y al cabo, al domesticarla.

Tan solo pensaba en ella cuando supe que lo que tenía en mente iban a ser mis últimos pensamientos. Tan solo pensaba en ella, poco antes de impactar contra ese espejo de mar, encerrado en una diminuta cabina que, desde que comencé a usar ese avión, me robaba el aire del pecho. Ella era mi rosa y yo saltaba de planeta en planeta, buscando no sé qué, cuando todo lo que necesitaba estaba junto a ella. La vida habría podido ser sencilla; regarla, protegerla del viento, poco más. Pero no, yo no podía tener una vida sencilla. Ahora lo añoro, cuán ingenuo fui.

Mi amor por ella era a la vez un amor por la vida, por una vida llevada al límite, por una vida que me abrazaba entre nubes y montañas que nadie divisaba desde las alturas, salvo Dios y yo. Ese mar en el que iba a hincar mi vida era la más perfecta alegoría de mi regreso. Volvería a ser la gota que se funde con el océano, volver a ser parte del todo, a serlo todo. De ese todo que tanto anhelaba sin saberlo en mi búsqueda por este y todos los planetas.

Lo último que vi fue una mariposa de cuero y forjado. La forma que desdibujaban los mandos del avión y mi rostro destrozándose y haciéndose añicos contra las esferas. No hubo dolor, solo cristales, calor, frío y una penetrante ingravidez. Me desprendí de la carlinga, ya no sé si cerrada o abierta, y floté por encima de unos hierros retorcidos que se hundían hacia el fondo de un mar cobalto profundo, mudo y sereno.

Quedé suspendido en un éter que no era ese azul que me abrazaba; ingrávido, latente, arropado y saciado de todo. El más sutil movimiento de la marea mecía un cuerpo ya sin sustancia que sabía era el mío, mientras contemplaba otro cuerpo hincharse bajo ese mismo mar.

Reconocía el mono azul militar entre el otro azul del fondo del mar. Azul y azul, todo se tornaba azul bajo mil tonos. Acompañé ese cuerpo en su vaivén un tiempo, no sé cuánto porque desapareció esa constante de mi realidad, hasta que llegó flotando a la costa, hinchado como un balón. Unos hombres lo hallaron cuando se iba a destrozar en las afiladas rocas y lo enterraron sin mucha dilación; creo que no era el primer soldado que encontraban y al que daban cristiana sepultura en tiempos de guerra.

Luego volé, como nunca había volado, y comprendí lo que pretendía sentir y emular cuando volaba entre hierros, cristal, alas y motores. Fue el vuelo más real que había hecho, el más tangiblemente y verdadero, pero me faltaba algo, había marchado de nuevo a otro planeta y había abandonado otra vez a mi rosa.

De haberlo sabido, habría escrito otro libro muy diferente, habría vivido de forma diferente. Mi vida fue maravillosa, perfecta porque no tenía que ser otra, pero cambiaría muchas cosas. Esos cambios fueron una proyección futura, anhelando otra oportunidad.

Desde mi perspectiva actual, este libro que me piden prologar, lo siento como dos libros entrelazados y fusionados. A uno le ocurrirá, como a El principito, que pareciera un libro infantil, o mejor dicho, un libro de texto para niños pequeños, y así lo verán muchos que creerán estar en grados superiores. Sin embargo, encierra un conocimiento que es base y esencia para que el alma madure y crezca.

Los niños lo comprenderán, y también los adulterados adultos que sepan aún mirar con el alma del niño que todos llevamos dentro. Para el pequeño ser que no sabe leer, aprender la magia de engarzar letras y desentrañar su significado, es igual de apasionante y revelador que para el arqueólogo que lee jeroglíficos y busca un tesoro.

Para esa alma que comienza a dar sus primeros pasos en la vida, aprender a hacer surgir información de lo escrito, es la apertura a un mundo nuevo, la llave al conocimiento de lo externo y de uno mismo. Este libro enseña a leer la vida y a leer lo más insondable del alma. Para muchos será ese libro de texto mágico que les permitirá alcanzar un universo de conocimiento propio y, por lo tanto, también ajeno. Otros lo juzgarán infravalorándolo como eso, un vulgar libro infantil, sin ahondar en las verdades que revela, quizás, por su lenguaje, o su forma.

Si yo hubiera escrito como primera obra *El principito* nadie habría dado valor al libro, ni siquiera me lo hubieran publicado. Querían textos serios, con fundamento, bien escritos y basados en hechos tangibles. Cuando se publicó *El principito* también hubo críticas, pero como yo era una celebridad, se aceptó en sociedad, aunque muchos argumentaron que esperaban un libro más maduro para mi edad, mi bagaje y mi trayectoria; que deseaban «más profundidad» en el texto. Nunca supieron que fue el libro más profundo que escribí y el que decía más verdades sobre mí y sobre la vida misma; pero, lo esencial, solo se lee con el corazón y una gran mayoría solamente lo lee con los ojos.

Por el otro lado, este libro que vas a leer, querido lector, es también un bálsamo para el alma, un caldo caliente. Cada línea vibra en mí, por sus verdades, escritas con el corazón, como un libro de poesía; poesía de vida y esperanza, versos que acarician el alma, como dándole ese beso de vida que se da a los ahogados tratando de devolver el hálito de luz etérea que se esfuma mientras hacemos cualquier cosa menos vivir. Este libro no habría sido comprendido cuando yo viví, o cuando yo morí.

Pero ahora sí es el momento de enseñar a volar a las ingentes miríadas de ángeles que no saben ni siquiera que tienen alas a la espalda.

No sé si sé escribir decentemente, lo mío es pilotar aviones. Espero haber acertado con la petición de desdibujar este prólogo no sabiendo bien si cumple su misión. Me rogaron que dibujara algo que encerrara su magia, pero yo solo sé dibujar boas abiertas y boas cerradas.

*A ti, que aún crees que este libro
ha llegado a tu vida por casualidad.*

CAPÍTULO UNO

Un libro extraño

Quizás este será uno de los libros más extraños que hayas leído y leerás nunca. Puede que sí o puede que no, solo quizás. Prepárate para abrir tu mente y tu corazón. Tómatelo, si quieres, como una novela en la que participas como interlocutor o, si lo deseas, piensa que todo es ficción; aunque debes saber que todo es una historia real. Lo importante es que llegue a tu corazón lo que aquí leas y que llegues al final; a un final igual de extraño que, como mínimo, te hará pensar y quizás cambie tu realidad para siempre.

Este libro es una provocación; su tarea es provocar cambios en ti y sacarte del hastío, de una vida sin magia, del aburrimiento de que cada día sea igual que los demás y no veas salida. Tenle paciencia porque muchas veces hará bien su trabajo y te dirá cosas que no son las que quieres oír.

Dale una oportunidad, date tú mismo esa oportunidad. O muchas, porque de ti depende querer realmente cambiar. No será fácil, nadie ha dicho que lo sea. Y, si este libro solo contara lo que ya sabes, no provocaría ningún cambio. En tu vida los acontecimientos más salvajes fueron los que te hicieron cambiar, conocerte y fortalecerte. Este libro sigue ese patrón y estará funcionando si te sacude el corazón por dentro.

Si piensas que no tienes tiempo para leer este libro, es que necesitas más que nadie y que nunca leerlo. Si no tienes tiempo para ti es que estás haciendo muy mal las cosas y eso, tarde o temprano, se paga en la vida. No hace falta que nadie te lo diga, sabes bien que algo hay que cambiar. Algo muy urgente. Puede que no sepas cómo, es normal, quizás halles aquí una guía.

Nos quejamos cuando es tarde pero hay muchas señales que la vida nos da para que giremos el rumbo antes de estrellarnos contra los acantilados. La vida para muchos es aburrida y sin sentido, además de no tener tiempo para hacer nada que no sean sus «obligaciones». Pero has confundido tus «obligaciones» ya que no tienes otras en la vida que ser feliz, amar, ser amado y crecer como persona. Si no es así es que no estás en el camino correcto.

Mientras tanto, muchos otros viven una vida maravillosa y logran todo lo que se proponen. ¿Qué está sucediendo? Algo común a toda esa gente es que tienen mucho tiempo disponible, sobre todo para ellos mismos, y que su vida no es un estado de esclavitud maquillado. ¿Quieres saber cuál es su secreto?

El secreto es que no hay secreto, que la vida es mucho más sencilla de lo que nos han hecho creer. Y no por mala intención o conspiraciones milenarias, sino porque los seres humanos cometemos errores. De hecho hemos venido a eso, a aprender de ellos. Debemos eliminar el concepto de culpabilidad cuando nos equivocamos y olvidar la palabra pecado, que ha hecho mucho daño a la humanidad. Tenemos mucho tiempo y muchas oportunidades para aprender experimentando.

El tiempo está ahí para ti, no tú para él. Y si vas a decir que tu trabajo te ocupa demasiado tiempo y no puedes tener unas horas para leer es que te es urgente cambiar de trabajo. Este libro te ayudará a lograrlo, como también, si es necesario, cambiará tu vida. Si es que tienes que cambiarla. Tú decidirás.

Ojalá, el abrir un paréntesis en tu ocupada y frenética vida para leer estas páginas, te haga cambiar tus prioridades, hallar cómo crear más tiempo para ti y descubrirte. Te aseguro que no hay nada más grande que puedas lograr en tu vida que descubrir quién eres.

Quizás este sea el libro que estabas esperando y ni siquiera sabías que esperabas. Puede que se convierta en un libro mágico que te abra un mundo nuevo, solo depende de ti. Quizás se convierta en un vademécum donde buscar la solución a tus dolencias, del cuerpo y del alma.

Si ya estás pensando si te apetece leer ahora algo intenso o es mejor una novela para despejar la mente y distraerte... mejor abandona este libro y busca esa novela. Recuerda lo que dijimos antes. Es muy respetable que prefieras vivir las vidas de otros antes que la tuya propia, que convertir tu propia existencia en una novela de aventuras.

Seguir adelante podrá convertirse en una entretenida lectura o no, pero quizás es el momento de ir más allá y sabes que debe ser así. Posponerlo o no depende de ti. Regresarás porque quieres llegar a ser una mejor versión de ti mismo, porque quieres conocerte, quieres crecer y sabes que a eso has venido a esta vida. Hacerlo a través de la propia aventura de este libro puede ser incluso divertido, insisto.

Por otro lado, si vas a proyectar sobre este libro el obtener las respuestas a tus preguntas deja también de leer ahora mismo. Quizás encuentres respuestas, pero no será por culpa, obra o causa de este libro, sino por ti solamente. Tenlo claro, no hay mayor maestro, que el que llevas dentro. Pronto te lo demostrarás a ti mismo.

Todos los demás maestros externos a lo largo de tu vida, son o han sido, una proyección de ti. Fueron convocados por ti para enseñarte unas lecciones que no tenías ni el valor, ni la disciplina para imponerte.

Tampoco creías que fuera posible, ni te creías merecedor de conocer los caminos y las respuestas. Entonces optaste por hacer como que venían de fuera. Ya es hora de aceptar que esa falsa modestia, esa humildad mal concebida no te hace nada bien, que no te lleva a ningún lado. Ya es hora de ser responsable de tu propia vida. Buscas un guía, un maestro, una persona que te diga cómo actuar y qué hacer para realmente si no funciona echarle la culpa. Eso es no ser responsable y lo sabes en el fondo de tu corazón. ¿Y si funcionase? ¿También sería esa persona la responsable? Sabes bien la respuesta, solo tú puedes serlo, de lo bueno y lo malo. Pero cuando lo seas realmente aprenderás a lo largo de este libro que todo será positivo para ti, aprendizaje y conocimiento para hacerte crecer. ¿Tomas la responsabilidad de lograrlo?

Esta es una de las lecciones más importantes que puedes integrar en tu vida. Tú le das valor a las cosas, les das poder. Tú, solamente tú. Tú haces las cosas mágicas, las bendices o maldices, y entre ellas tu propia vida. Tienes siempre el poder de elegir, el control, el poder. Otra cosa es que lo hayas olvidado y reniegues de ello. Quizás este libro te ayude a recordar, o quizás no. Para muchos lo aquí escrito será como un idioma desconocido hasta que no decidan estar preparados para abrirse.

Este libro trata en esencia de alejarse de los típicos libros de autoayuda, pero si te ayuda debemos aceptar esa etiqueta. Esta es una de las primeras tareas a implementar; aprender a ignorar las etiquetas, a no usarlas y ver más allá. Nos perdemos mucho de la magia de las cosas por juzgarlas y etiquetarlas. Deja de usarlas y se te presentará un mundo nuevo.

Al fin y al cabo muchos libros, de autoayuda y de otras temáticas, repiten muchas veces las mismas verdades, pero si no estábamos preparados nos parecen tonterías, ideas vagas o teorías imposibles.

Solo aparece el maestro cuando el discípulo está preparado y este libro tratará de hacerte ver la realidad de que ese maestro está dentro de ti. Deja de valorar más lo externo que lo interno, de confiar más en lo de fuera que en lo que palpita en tu interior. Aprende a valorarte, aceptarte y amarte.

Y ese maestro es en parte tu niño interior; ingenuo, sincero, sencillo, valiente, creativo, emprendedor, mágico, enérgico, sensible, libre y soñador. Esas cualidades te hacen invencible, nada hay que no crea que puede lograr un niño, tú tampoco.

Y lo vas a lograr, pero olvida las leyes, las reglas y las imposiciones. Sólo tú eres libre, sólo tú puedes retarte a lograr todo lo que te propongas, incluido ser tu propio maestro. Para el niño no hay nada imposible. Dentro de su mundo todo es fantasía y realidad a la vez, no hay límite a su creatividad, a su imaginación.

Todo es mucho más fácil, muchísimo más sencillo de lo que una y otra vez nos repiten. Y lo han hecho tanto que nos lo hemos creído. Hasta creemos tener pruebas de que eso es irrefutable. Pero es falso. Pronto surgirá de tu interior ese niño y te lo demostrará. Déjate sorprender.

En sí este libro debería ser innecesario y no tiene ningún mérito. Es más como un despertador para que salga de su sueño ese maestro, nada más. Por eso la provocación. No despertará hasta que no vea que es necesario, que es reclamado. Todo lo que encierra el libro no es dogma ni es verdad, solo es carnada para llamar su atención. Es un anzuelo, solo un tímido recuerdo de lo que realmente sabes para que al olerlo tu maestro salga afuera. No queremos atraparlo, sino todo lo contrario; liberarlo de su prisión, tu propia prisión.

Puede que este libro haya aparecido justo cuando debía aparecer, solo tú lo sabes, pero no lo confundas con el maestro, esto es solo una guía, una señal en el camino para que sepas dónde buscar. Un faro que en la lejanía muestra su luz para que gires el timón.

Sería muy triste, aunque sucederá, que alguien se arrepienta de no haber leído este libro y darle la oportunidad a lo que encierra de aportar algo mágico y nuevo a su vida, sobre todo, justo cuando decida partir de este mundo. Suena contundente, pero es así, es una realidad, y una a la que no deberías tener miedo alguno.

Y así pasará. Aparecerá una y mil veces llamándote, en mil lugares diferentes y ojalá que no sea demasiado tarde. Nunca lo es. Pero leer ciertos capítulos daría mucha paz a tu alma cuando te enfrentes a la realidad de esos momentos de cambio de estado o lo hagan personas que amas.

Sería también muy triste que la esencia de nuestras creencias se base en lo que otros dicen, sean quienes sean. Lo suyo sería experimentarlas de primera mano. Eso es lo que trata de hacer este libro, provocar que lo hagas. Podría decirte que las cosas son así o de esta otra manera, y a veces lo hace, pero no te pedirá nunca que creas ciegamente.

Las realidades de las que habla este libro tan solo las asimilarás con el corazón y experimentándolas. No trata de imponerte nada y si lo crees así detente inmediatamente y vuelve a leer eso, quizás se entendió mal. O quizás no es el momento de leerlo.

Todo son quizás porque no tenemos certezas. Por eso este libro se llama así. En el diccionario la palabra «quizá» o «quizás» es el adverbio que expresa la posibilidad de que algo ocurra, o sea cierto, pero sin la certeza de ello. Proviene del latín «qui sapit» que significa «quién sabe», y que luego derivará en el español antiguo «quiçab». No, no hay certezas, quién sabe, a lo mejor sí.

Estos quizás, ojalá, sean lo que provoque que tu maestro interior salga afuera para dejar claras las cosas. La vida es un «quizás», es fe, pero puede que la unión de muchos «quizás» lleve a algo que se acerque a la certeza y puede que entonces todo salte por los aires mostrando la realidad que hay detrás de todo, sin quizás.

Aquí no hallarás dogmas. Los dogmas oxidan el corazón y atascan la mente. Este texto son ejercicios para desatascar tu mente y arrancar el óxido de tu corazón. Este libro es acción, no palabras. No basta con leerlo, tendrías que ejercitarlo. Se asemeja más a un libro de instrucciones que a otra cosa. ¿Instrucciones de qué? Del ser humano. Ese manual que todos deberíamos traer de serie cuando venimos a este hermoso planeta.

Para algunos «iniciados» puede que lo que aquí se comparte pareciera básico pero quizás no lo sea. Los verdaderos iniciados saben bien que es mala señal cuando uno piensa que ya lo sabe todo.

Pensar que lo sabes todo es reconocer que no has aprendido nada. En lo sencillo se encierran las mayores verdades. Mejor no juzgar, sencillamente dejarse llevar. Este libro no tiene pretensiones, si solo ayuda a una persona ya ha cumplido su misión. Y eso ya ha ocurrido.

No se puede forzar a nadie a despertar, es lo primero que justamente se aprende al despertar. Es comprensible esa intención de ayudar, porque prima en ti el amor al ser tu esencia más profunda. Es lógica y hermosa esa ilusión por compartir, pero es la persona la que debe pedir ayuda. Ojalá este libro sea la respuesta a esa ayuda y dé paz al corazón.

Quizás la respuesta a todas las preguntas sea que no hay respuestas definitivas, que nadie posee la verdad. Quizás solo podamos acercarnos a esa verdad, pero lo que sí es verdad es que únicamente podemos hacerlo solos, en la más profunda intimidad. Es una danza mágica entre el TÚ y el TODO que te rodea.

Muchos libros tratan de encerrar la verdad, y ninguno lo consigue. Este tampoco lo hará. De nada serviría que este libro te diga que pienses de determinada forma. Eso no sería transmitirte sabiduría. La sabiduría se experimenta, se vive. Por lo tanto, este libro solo trata de hacerte pensar, te plantea retos, ideas de otros para que las vivas y si lo crees correcto en tu corazón las hagas tuyas, que formen parte de tu sabiduría. Pero de nada sirve que aprendas frases bonitas de memoria y repitas conceptos que tu corazón no entiende ni siente.

Quizás pienses que el tono de este libro es muy vehemente pero se hace con una sincera buena intención. A veces, para que las ideas nos entren de verdad y comencemos a reflexionar profunda y detalladamente, requerimos activar partes de nuestro ser que permanecían aletargadas, dormidas, necesitamos provocación.

Como verás más adelante hemos creado programaciones y hábitos de los que nos es complicado salir y que repetimos como autómatas. Para romper ese hechizo debemos sacudir la mente. Seguramente habrás oído la historia zen del maestro que le pregunta a su alumno cómo suena una palmada con una sola mano. Pareciera absurdo, pero en lo que consiste es justamente en dejar en *shock* a la mente acostumbrada a responder siempre de una manera y que, al no tener respuesta, pases a otro estado mental que te permite asimilar de otra forma la realidad.

Disculpa entonces, el tono que puedan tener estas palabras pero más tarde comprobarás que provienen del corazón y de alguien que te ama y respeta mucho. Ten paciencia y apertura. No es cuestión de convencer sino de hacer pensar cosas que quizás no te habías planteado, y que tú mismo crezcas, evoluciones, por tu propio medio, a tu paso y tu ritmo. Eres tu mejor maestro.

Lo que se pretende es que seas tú mismo, no otro. Que pienses, sientas y vivas por ti mismo, no la vida de otros. No hay mayores pretensiones en este escrito, solo caminar a tu lado y demostrarte que la magia existe y con ella tu poder y quien eres. Y tranquilo, la magia es algo muy diferente a lo que pensabas, lo vas a descubrir muy pronto.

No creas que se trata de teoría, de filosofar y especular, sino que lo que aquí hallarás será empírico, práctico y los resultados tangibles. Pero recuerda; o caminas tú o de nada servirá. Un libro para aprender a cocinar de nada sirve si no buscas los ingredientes, te colocas frente a los fuegos y comienzas a elaborar las recetas manchando tus manos. Luego, después de todo, podrás disfrutar más aún del resultado, no solo del placer de cocinar, sino el de degustar lo que has cocinado. Aquí se trata de lo mismo.

Todo lo que aquí se narra a muchos les parecerá absurdo, mientras que otros quizás lo conviertan en su libro de cabecera y lo guarden o regalen como resumen de sus pensamientos. Eso sería hermoso porque no hay nada como saber que alguien más en el universo piensa o siente como nosotros. No hay nada como hallar un libro que exponga nuestros enmarañados pensamientos y podamos pasarlo a otros diciéndoles: «Ese soy yo, o parte de mi yo más profundo y quiero compartirlo contigo». Es un acto de amor profundo, honesto y sincero.

O también puede que no sea el momento y estas palabras te parezcan vacías. Recuerda que solo tú das valor a las cosas, las impregnas de significado o las privas de ello.

Es posible que quieras cerrarlo después de algunas páginas. No pasa nada, seguro que volverás. Tardes meses o años este libro estará esperándote. Aparecerá una y otra vez en tu vida, como convocado y llamado a tu encuentro. Será un «acto de magia» para demostrarte que dicha magia existe.

Quizás para ti no diga nada nuevo, o quizás diga lo mismo que creías saber de una manera diferente, y que por fin sea semilla en tu corazón. Todo depende de ti, no de lo que hay entre estas dos portadas.

No hay nada nuevo, o quizás sí. Muchas cosas te sonarán, a nivel mental, o al nivel emocional más profundo. Te han acompañado muchas veces, pero no nos terminamos de creer que todo es más sencillo y hermoso; nos gusta complicarnos la vida. Es seguro que estas líneas guardan conocimientos que muchos autores han compartido y repetido a lo largo de milenios. Cada uno lo expresa a su manera, ojalá esta llegue a tu corazón y sea definitiva.

Es importante que asimiles que aquí no hallarás dogmas a los que aferrarte sin pensar. Este es un libro libre, sin ataduras, sin dueños. Es un libro que te enseña a experimentar, no a asumir experiencias de otros sin comprenderlas. Puede que te muestre ideas, pero para que pienses, para que llegues a tus propias conclusiones y tu mente se abra como una flor. No aceptes nada sin que pase por tu corazón, sin sentirlo, sin que te vibre. Esto es muy importante.

Algunos textos puede incluso que los rechaces y repudies al comienzo; es algo normal y está pensado que así sea. Recuerda que muchos serán una pura provocación con un fondo de amor y conocimiento. Muchas frases, términos y palabras están puestas para que te susciten opuestos y te hagan dejar de leer si no es el momento.

Es un filtro que comprenderás cuando llegue dicho momento y lo agradecerás. Sabes bien que personas provocadoras te han hecho conocerte mejor, saber donde están tus límites, marcarte y mostrarte nuevos caminos y sendas donde no habías explorado.

Lo ideal sería no dilatarlo mucho en el tiempo y darle una oportunidad, hacer el esfuerzo abriendo tu alma; no perderás más que unas horas y quizás ganes algo mucho más importante aún que el tiempo.

¿Crees que tienes cosas más importantes que hacer en tu vida? No hay nada más importante que tú, que conocerte. Dices que no tienes tiempo para esto y «esto» eres tú. Estás tratando de rescatar a alguien en el mar sin darte cuenta de que ni siquiera tú podrás regresar a la orilla.

Entonces es cuando un libro como este puede realmente salvarte la vida, cambiarla al menos. En realidad no hace nada, eres tú, pero a veces nos hace falta un jarro de agua fría para darnos cuenta que hacemos las cosas mal.

La gestión del tiempo es uno de los mayores problemas del ser humano actual y, desde ciertos planteamientos optimizadores, se podría tener tiempo para todo. Incluso ese tiempo puede dilatarse y dar cabida a hacer muchas más cosas de las que imaginas. ¿No te lo crees? Date la oportunidad de comprobarlo. Como mínimo perderás unos instantes de tu fugaz vida y, quizás, ganes una eternidad y una forma más consciente de vivir ese tiempo ganado. Déjate de excusas, este tiempo es para ti, para conocerte mejor, para aprender a crear más tiempo.

Si piensas que no tienes tiempo para perder en temas «espirituales» es que has firmado tu sentencia de muerte. Si no eres capaz de comprender que toda tu vida es espiritual, has perdido el norte y necesitas seriamente ayuda.

Por mucho que lo rechaces eres más que un cerebro y electricidad en tus neuronas. No cometas el pecado de darte cuenta del error justo cuando vayas a dejar este mundo. Sería muy triste y no sabes la vida tan diferente que te habrías perdido. Y si así lo decidieras da igual, será entonces cuando descubras de golpe la realidad.

Está muy bien ser escéptico, es sano dudar y, meditando, hallar la verdad que hay detrás de las cosas. Pero si se tiende sistemáticamente a no hallar ninguna verdad que no se pueda medir o, porque sea una verdad compleja o velada, sencillamente negar… entonces no hablamos de escepticismo, sino de negacionismo.

Y está científicamente comprobado que los demasiado escépticos, y sobre todo los negacionistas, son personas con vidas mucho más infelices y angustiosas que los que abren su mente y sus corazones. Seguro que los hay muy felices, pero ni de lejos tantos como creyentes. Ahí hay un dato científico a tener en cuenta, algo a meditar.

Hablando en parámetros estrictamente prácticos, tiene una vida más agradable y feliz, una persona que siente que hay algo más allá de un simple cuerpo físico, que quien piensa que es fruto del azar y que todo termina cuando muera. La psicología moderna como ciencia demuestra que, una persona que cree ver algo positivo en todos lados, tiene menos problemas y estos son menos dramáticos que en una persona normal o un pesimista.

Podemos «engañar» a nuestra mente, como veremos más adelante, y si lo hacemos de forma que seamos más felices... ¿Qué problema hay? Además, estamos siendo científicamente correctos.

Está demostrado que un creyente, crea en lo que crea, es mucho más feliz. Si además de creer pasa a lograr cierta certeza porque la vida le ha dado esas pruebas que tanto anhela, su felicidad se dispara. Más adelante hallarás un capítulo entero sobre qué es verdaderamente creer y qué es tener fe, pues milenios de conceptos errados de fe han hecho mucho daño a muchos buscadores de la verdad.

¿Tú quieres esas pruebas? Lo siento pero no están al alcance de los escépticos, ni de los que niegan de forma automática. El juego en el que estamos involucrados tiene unas leyes y éstas dicen que solo verán los que comiencen a dar sus propios pasos. Y nadie puede mostrarte sus pruebas, como mucho compartirte lo que hicieron para verlas. Y en eso consiste este libro.

La razón es muy sencilla, ya que este juego que muchos llaman vida, precisamente consiste en crear tu propia realidad. Si tú decides ver, verás.

Pero una cosa es tener curiosidad y otra miedo al vacío, a la nada. Ninguna de las dos sirve para ver. Solamente quienes lo reclamen con el corazón tendrán sus pruebas. No sin antes ponerse ellos mismos a prueba.

Dile a un monje budista o a un místico sufí que su mundo no es real, que lo que creen no es real y que su felicidad y su paz son fruto de su imaginación. Te dirá sabiamente que no importa, para él lo es porque vive ese mundo, esa felicidad y esa paz.

Dile a una persona que ha regresado de un estado de muerte cerebral que lo que ha experimentado no es real y que, esas ganas de vivir y esa felicidad, no merecen la pena ser considerados como fundamentos sólidos y serios.

Cualquier escéptico o negacionista que intente esto está perdiendo su tiempo y cometiendo una estupidez tangible digna de ser medida por la ciencia.

Solamente las hormonas y sustancias que el cuerpo genera por estados de estrés, miedo y angustia, pueden por sí solas amargar la vida a cualquiera. Eso sí que está demostrado. Además, también científicamente, está comprobado que una actitud pesimista genera que surjan multitud de enfermedades, o que se empeoren los estados médicos de los enfermos.

Nadie puede negar esto, por lo tanto… ¿Qué tanto mal hace autoengañarte y creer que la vida es algo más bonito de lo que nos dijeron? Aunque fuera todo mentira.

¿No es más inteligente esto que ese otro camino? Solo hay beneficios; en este caso, que estemos o no en lo cierto, no tiene peso ni importancia. Quizás a todos esos lo que les mueva a negar de una forma tan rotunda y criticar de una manera tan atroz sea en realidad una inmensa frustración por lo que experimentan y sienten esas otras personas. Pero pensar así solo les alejará de experimentarlo y sentirlo ellos. Mejor no juzgar, cada uno tiene sus motivos.

La duda es una dura prueba de fuego que la mayoría de las mentes científicas no pasan y si además no saben realmente lo que es la fe se complica todo. Es normal y está diseñado para que sea así. Hasta que la mente científica no madure y evolucione a una que va más allá, no podrá comprender la realidad que tiene delante de sus ojos y ésta podría, incluso, hacerle enloquecer dados sus limitados y cerrados paradigmas previos.

Es cuestión de predisposición y preparación. Su cerebro debe estar preparado, su cableado y circuitos internos deben haber sido configurados de la manera que permitan pasar un voltaje mucho mayor y no provocar cortocircuitos.

La información está ahí, delante de sus ojos, pero el solo hecho de no haberla visto durante tantos años puede provocarle una angustia y dolor tremendos si la contemplaran de golpe. Y ese puede ser el cortocircuito que dañe su mente física, su cerebro, y entonces realmente eche a perder la parte física que le permita ser una persona sana que viva una vida plena. Porque todo es equilibrio, la mente y el cerebro son base para algo más. Quizás no lo podamos aún medir ni palpar, como tampoco antes podíamos comprender nuestro sistema nervioso, pero eso no significaba que no existiera.

El falso escéptico criticará este libro y tratará de refutar y argumentar a su pesimista manera todo lo que pueda. Incluso irá más allá buscando asirse en cualquier detalle que pueda hacerle creer que él tiene la verdad y no este libro. Lo que no sabe es que ninguno de los dos la tiene y que este libro no trata, como él, de convencer a nadie, solo comparte, sin ansias ni intenciones. Además, este libro aunque no recopile verdades, aunque mienta, puede provocar en mucha gente paz y felicidad y su batalla por desacreditar todo no lo hará. ¿Cuál es analíticamente el mejor camino, el correcto?

Y sin embargo este libro llegará más lejos que todas las refutaciones, y una y otra vez aparecerá delante de los ojos de quien lo critica, hasta que decida reconocer que, como veremos adelante, contra lo que resistes, persiste. Y no hay ley científica que haya explicado eso.

El verdadero escéptico, el sano escéptico, duda de forma saludable y lógica. Y es capaz de asimilar los pequeños pasos que ve claros y aceptables. Poco a poco, este es un camino aparentemente lento, pero que no tiene por qué serlo. Eso sí, es progresivo y delicado. No tengas prisa, hacer las cosas sin pausa no es un buen método científico.

No hagas caso a nada de lo que haya aquí escrito, insisto; esa es la primera condición para seguir leyendo. Dúdalo todo, busca y rebusca dentro de ti y en tu experiencia si lo que aquí se dice puede tener algo de razón, pero no rechaces las cosas porque te parezcan diferentes o lejanas a tus paradigmas de pensamiento.

Si las propuestas te parecen demasiado etéreas y fantásticas ten paciencia, quizás la vida te sorprenda. Déjate sorprender, no pierdas la capacidad de ese niño que fuiste. No te adulteres, no seas un adulto que se prohíbe mostrar el niño que siempre ha sido. Por eso tenías miedo a crecer, porque temías perder tu esencia. No lo permitas, nunca, digan lo que digan los demás. Aunque te chantajee la sociedad con sus mentiras y sus presiones.

Este texto es solo una guía, un mapa del corazón, una gimnasia para la mente y el alma, un recopilatorio de ejercicios para conocerte y sacar las respuestas a tus propias preguntas. Dentro de ti está tu mejor maestro y la misión de este texto es hacerlo salir, provocar su presencia, llamarlo formalmente porque siempre debió estar ahí.

No hay nada fuera, todo está dentro. Solo que tú crees que está fuera, o así lo has querido creer. Ya es hora de dejar de engañarte. Es hora de dejar de adulterarte, detén ese crecimiento falso que solo te empequeñece.

No aceptes ninguna orden más que las de tu corazón. En realidad son las únicas órdenes verdaderas, no enmascaradas, y serán las que hagan navegar tu ser hacia puerto seguro en plena tormenta. Y recuerda, cuidado con los cantos de sirena, sobre todo tus propios cantos de sirena. Somos especialistas en justificarnos y engañarnos a nosotros mismos.

Los seres humanos no paramos de emitir juicios, incluso sin conocer lo que estamos juzgando y sin tener información real; es lo que llamamos «prejuicios». Deja atrás los prejuicios sobre libros similares y tu actitud acerca de temas espirituales/religiosos, sea positiva o de rechazo; seguramente este libro te sorprenderá y no va de eso, o quizás sí.

Los juicios constantes se convierten en el «ruido de fondo» de la intranquilidad, interferencias que no te dejan en paz, especialmente, cuando tratas de dormir o quedarte en silencio. Enjuiciamos nuestros actos, los de los demás, los pasados, los futuros, los presentes... Enjuiciamos todo lo que nos sucede, lo que nos puede suceder y lo que, probablemente, ni siquiera nos sucederá jamás.

El ego es un especialista en juzgar, vive de ello. Si comienzas a dejar de alimentarlo, lo dominarás. Lograrás que coma de tu mano, lo que tú digas, cuando tú digas, y no cuando lo dictamine él. Aprender a controlar y usar el ego te proporcionará una ventaja que ahora ni imaginas. Olvídate de eliminarlo, es parte de ti, como descubrirás más adelante, ahora solo debes domesticarlo porque, en este instante, es una fiera salvaje en tu vida.

Incluso leyendo ahora mismo esto, tu mente —más específicamente tu ego—, no para de emitir juicios sobre lo que estás haciendo, lo que hiciste o lo que debes hacer. ¿Quieres librarte de ello? Ya tenemos más cosas en común. Y pronto descubrirás que tenemos muchas más.

Todos vivimos buscando nuestra misión en la vida, pero la mayoría se menosprecia, desvalora su tarea en un universo donde todos y cada uno tenemos algo que hacer y que decir. Las personas buscan cuál puede ser su misión en la tierra, pero se conforman con la peor versión de sí mismos, no se ven grandes, ni fuertes, ni capaces. Siempre los demás lo son, pero no nosotros. Los demás merecen todo, logran todo y nosotros nos conformamos con las migajas.

No es así, eso no es cierto, y esto sí que es una gran verdad. Hallar la mejor versión de ti mismo es lo que mucha gente debería entender como su misión. Y no es algo baladí, es una gran tarea, una inconmensurable odisea. Pero poco podemos avanzar si no aceptamos nuestros propios retos, si no nos amamos, si no nos aceptamos como seres poderosos.

Olvídate de llamar la atención. No confundas el éxito, o llegar a ser alguien, con que los demás reconozcan públicamente tu mérito. Puedes triunfar en el más absoluto de los silencios. En un silencio hermoso y pleno. No necesitas el aplauso porque tu verdadera misión solo puede ser juzgada por ti mismo. Si tu meta acarrea una tarea pública y su reconocimiento, acéptalo también, pero que no sea el reto en sí, sino una vía, una consecuencia. Y si lo que atañe es polémica, crítica y presión social, igualmente, que no te distraiga, estás por encima de ello. Todo lo que te ataque te hará más fuerte, déjalo estar y no le des la importancia que no tiene.

La gente rehuye de su propio interior, quiere entretenerse con mil cosas externas para no pensar, por vértigo a sí mismos y a la profundidad que pueden hallar dentro de sí mismos. No saben lo que se pierden. ¿O sí?

Pero no importa, no juzguemos, cada uno tiene su tiempo, su momento. Tarde o temprano, en una existencia o en otras, llegará esa vida trascendental en la que decidan salir del círculo, de la espiral de búsquedas que solo tiene un propósito, hallarnos.

Esta temática, en parte, está de moda y vende en las librerías. Quizás este libro sea uno más entre otros interesantes títulos, pero quizás sea también para ti un libro especial, ese libro de magia que necesitas para desentrañar los sortilegios y conjuros de la vida. Con serlo para ti ya ha cumplido su mágica misión.

Aquí se te mostrará una realidad alternativa, o quizás la «verdaderamente real»; dependerá de ti, de tu intención y tu perspectiva. Se te mostrarán cosas de ti que desconocías y te las demostrará; tú establecerás si científicamente o no. Debes recordar que la ciencia solo acepta como demostrado lo que puede repetir en «laboratorio». Mientras, todo son teorías, solo hipótesis.

Tu laboratorio será tu vida y repetirás muchas cosas inimaginables ahora, cosas que te harán la vida más fácil y más plena, es decir, te harán VIVIR de verdad. Experimenta, por ti mismo, no des por sentado nada. Logra tus propias metas corriendo tú hacia ellas. Abandonando las teorías, las de otros y las tuyas; pasarás a la certeza, o de eso se trata, porque tendrás constancia de los resultados.

Aprenderás y comprobarás que las «casualidades» no existen y eso te abrirá los ojos a una nueva realidad que desconocías y de la que incluso quizás te mofabas. Deja que la ciencia lo demuestre, a su manera. Ten por seguro que lo hará y está cerca.

Mientras tanto, todo esto será para muchos cosas de locos, de esos que se hacen gurús y tratan de inventarse una paranoia para darle sentido a su vacua vida, creerse mejores y diferentes que los demás, vivir sin dar golpe y tragarse sus propias mentiras. Mejor dejar de juzgar, ¿verdad?

Estamos ya cansados de recetas y de consejos externos, de teorías e hipótesis defendidas muchas veces con vehemencia y radicalismo. Todos dicen tener una verdad que no se ve y, por lo tanto todo es especulación a simple vista. Este libro en parte también lo es, no nos engañemos. Pero no sirve de nada tanta teoría hasta que no se hace viva en el día a día, hasta que realmente no te cambia la vida.

Es probable que la forma en que haya llegado este libro a tus manos ya sea algo que te haga pensar, algo extraña, algo «mágica». Cuando termines de leerlo corroborarás cuánto.

Quizás averigües qué es y cómo actúa verdaderamente la «magia»; o lo que es lo mismo, la vida misma, la realidad. Una magia científica, y por lo tanto, que podremos repetir y asimilar en nuestra vida diaria. Vamos a llamarlo magia, por darle un nombre; tú también lo harás, para no complicarnos.

La ciencia debería estar al servicio del ser humano, pero pareciera que es la ciencia la que dice al universo cómo debe ser. La ciencia no es más que un reflejo del ser humano en sí, de su impaciencia, su soberbia, de sus miedos y su ego; pero también de su deseo de conocerlo todo, incluido uno mismo, y de su anhelo de hallar respuestas.

Mejor no usar la ciencia como ese «clavo ardiente» al que aferrarnos porque, aparte de quemarnos, podemos arrepentirnos luego debido a su falta de rigor y de estabilidad en el tiempo.

Además, ¿no fue la mística de antes lo que ahora demuestra la ciencia? ¿No hay tantas cosas que antes eran anclajes y que hoy la ciencia explica? Puede que lo que ahora la ciencia y la sociedad dicen que es imposible deje de serlo. A la ciencia se le escapan muchas cosas. Negarlo, he hecho, como se hace, es ser poco científico.

Si en realidad pudiéramos saber cómo funciona todo, sin duda eso nos ayudaría a ser más felices, a lidiar mejor con los retos y «problemas» que te encuentras en el camino. ¿Merece la pena al menos intentarlo? Como decía el maestro Yoda: «No, no lo intentes. Hazlo o no lo hagas, pero no lo intentes.»

Si estás pasando por un periodo estable de tu vida quizás es el momento de profundizar y llegar más lejos. Si estás pasando un mal momento en tu vida, es también seguramente el momento de profundizar y zanjar de una vez tus problemas yendo directamente a la causa, no regodeándonos con los síntomas.

Debes olvidar cómo te han dicho que funciona el universo. Estamos contaminados con directrices y decretos que la ciencia y la sociedad no paran de hacer y que, en su mayoría, no son más que especulaciones basadas en otras especulaciones. Quizás vivimos conforme a conceptos que podemos cambiar, o que hemos comprendido mal. O que nos han hecho comprender mal.

Crea tus propias verdades, tus propios puntos de anclajes en la vida, firmes, sólidos. Deja de depender de los juicios externos y arma tu propia estructura conforme a lo que realmente vas a poder ver y tocar. Tienes la oportunidad de cambiar las reglas del juego. Solo tú decides.

CAPÍTULO DOS

Este libro no te pertenece, nada te pertenece.

Seguro que te ha pasado; prestar un libro y que nunca más regrese. Es algo común. Bueno, puesto que cuando prestamos un libro es porque apreciamos a esa persona, y ya que quizás va a desaparecer de nuestras manos, mejor hacerlo de una forma especial, extraña, como este libro en sí.

Este libro es tuyo, aunque realmente es muy seguro que dejará de serlo muy pronto, en cuanto termines de leerlo. Casi seguro que lo regalarás y lo harás de una forma muy especial, con una emoción especial, ya verás. Este dar y recibir, en parte, nos ayudará a comprender de esa forma especial que el otro no es más que una parte de ti, que no hay nadie ajeno a tu persona y que todos los seres con los que interactúas los has convocado tú.

Este dar y recibir también te hará entender de una forma diferente los límites entre los demás y tú, el «tuyo» y el «mío» y cómo cuando das, recibes.

Dar es mejor que recibir, SIEMPRE, mucho mejor. ¿O no sientes más ilusión cuando regalas que cuando te regalan a ti algo? Quizás este libro te lo ha regalado alguien. Y ahora mismo estarás comprendiendo que esa persona te lo ha regalado porque te aprecia y porque quiere compartir contigo estas reflexiones deseando que te ayuden. Te lo ha regalado porque te ama.

Sí, TE AMA. Dejemos de tener miedo de usar las palabras adecuadas y de expresar las emociones correctas. Gran parte de nuestro problema es que no somos precisos, honestos y sinceros a la hora de hablar. Sentimos una cosa y decimos otra parecida pero no la correcta, y eso es incoherencia. Pareciera que nos avergonzamos de nosotros mismos y, en realidad, eso es lo que ocurre. Así no se puede crecer, ni ser feliz, ni relacionarte bien con los demás creando hermosos ambientes, ni tampoco algo tan relevante como aceptarte y amarte.

Si supieras que dentro de un día vas a dejar este mundo… ¿Cambiarías tu forma de hablar y relacionarte con esas personas? ¿Con las conocidas y desconocidas? ¿Cómo cambia las cosas ser consciente de eso? Quizás este sea tu último día. ¿Qué harías hoy diferente si lo fuera?

Deja de justificarte para no ser tú mismo. ¿Te da vergüenza ser buena persona? Tienes un problema entonces, uno de incoherencia, que es el mayor de los problemas porque es un autoengaño, insisto. Y cuando te engañas a ti mismo te haces daño a ti mismo. Luego te quejas de que estás enfermo. Aquí tienes la causa.

Dejemos de tener vergüenza de ser nosotros mismos y expresarnos como somos verdaderamente. Si no, jamás podremos crecer ni llegar al fondo. Quizás tienes confundidos los CONCEPTOS que dan significado al verbo AMAR, y prefieras decir que esa persona «te quiere» o «te aprecia». Como tú quieras, pero debes saber que «te ama» y, pronto, entenderás lo que esto quiere decir. Antes tenemos que redefinir algunos CONCEPTOS, entre ellos el del amor.

Si el libro que tienes en tus manos proviene de otra persona, conocida o no, es porque te ama. ¿Cómo? ¿Cómo va a amarme un desconocido? O bueno, ¿apreciarme o quererme? Es fácil. ¿No amabas tú a tus hijos antes de haberles conocido? ¿A tu pareja antes de haberla visto por primera vez? ¿Al creador de toda la belleza que te rodea sin saber quién ni qué es?

El amor es algo que muchas personas confunden, llaman a demasiadas cosas amor. Más adelante, un capítulo entero, hablará sobre ello. Es fácil amar, pero lo hacemos tan mal que incluso nos hacemos daño a nosotros mismos.

No importa cómo haya llegado este libro a tus manos, es un acto de amor, de otro hacia ti o de ti mismo (si te lo compraste), que es igual de hermoso y mágico. Puede que el libro se lo regalaran a otra persona y ella repita este gesto contigo. Hermosa cadena de amor. Incluso si tú lo has comprado, debes saber que es un bello regalo de tu subconsciente, valóralo. Acéptalo. Estate muy atento a los mensajes de tu yo interno, puede que sean la antesala a llamadas de atención más graves, como alguna enfermedad o accidente. No le dejes tener que recurrir a su última salida.

Regalar es algo maravilloso. Entregas lo mejor de ti, poniendo tu amor en el acto en sí, y algo de ti pasa al otro. Pero siempre queda fragancia en la mano que da rosas. Este libro es parte de ti y lo será más aún dentro de poco, por lo que regalarlo a alguien es entregar una parte de ti y eso es un hermoso regalo.

Si alguien te ha regalado este libro debes saber que eres importante para esa persona, y mucho más de lo que imaginas. Ya lo entenderás dentro de unas páginas. De hecho, esa persona que te lo regala te siente como parte de sí misma.

Cuando lo regales tú, sentirás un cosquilleo en el estómago, como al estar enamorado. Sabrás bien a quiénes debes regalárselo. Serán personas especiales para ti, importantes; y quizás este libro sea la mejor manera de hacérselo saber, de ser honestos, sinceros, de abrir tu corazón, sin miedos.

Y si ya se lo has regalado a las personas que sientes importantes para ti, puedes ir más allá, dar un paso que, quizás, te cueste trabajo porque rompe tus paradigmas.

Aunque te parezca una locura, te sorprenderán los resultados. Abandona este libro, en un autobús, en un banco del parque, en el alféizar de una ventana, donde quieras. Confía y ten por seguro que acabará en las manos de la persona adecuada, la que justamente lo necesite. Quizás así llegó a tus manos.

Y te diré más, si dudas por algún instante que estés solo, que no haya más gente como tú en el mundo o cerca de ti, en tu ciudad o tu barrio... haz el ejercicio de escribir tu e-mail en la primera página de este libro; si lo deseas, un mensaje y abandónalo donde mejor consideres. Ni siquiera haría falta que dejes tu e-mail, pero como aún no confías del todo en el poder de la magia, en tu poder, querrás ponérselo fácil al universo.

Tranquilo, él sabe cómo ingeniárselas y tú lo descubrirás en la medida en que te dejes sorprender. Y al hacer eso, ya intuyes lo que sucederá. Desatarás un cambio en tu futuro, sembrarás encontrarte, tarde o temprano, con otros guerreros de la luz, tendrás la primera prueba de que no estás solo y de que creas tu propia realidad. Déjate sorprender con paciencia y serenidad, siembra y luego podrás cosechar lo que has dado a los demás. Si das esperanza la tendrás.

Volvamos a las instrucciones de uso. Nada de lo que aquí se dice es obligatorio, pero sí aconsejable para que opere la «magia» del libro. Deberás regalarlo, aunque no estás obligado a nada porque no lo has estado jamás en tu vida. Durante tu existencia escucharás muchas veces la palabra «debes» pero tú eliges, siempre puedes hacerlo.

Recuerda que eres tú quien decide, siempre. Tú has optado por hacer, o no, cosas que los demás te han dicho que se deben hacer o que siempre se han hecho. Pero, porque algo se haya hecho siempre de una manera, no demuestra que esté bien hecho, ni que deba continuar haciéndose así. Así se crean los hábitos y los conceptos, y también los malos hábitos y los errados conceptos. Ten cuidado de asumir sus dogmas.

Recuerda que tu vida es en sí el camino que desdibujan tus actos de sometimiento o de rebeldía. Camina, mira atrás y observa tus pasos en la arena; caminas solo y así debe ser.

Podrás y se te aconseja regalarlo —y te gustará la idea, ya verás—, aunque nunca dejará de ser tuyo, sino de varias personas; y eso lo hace más especial y mágico.

Este libro, de alguna manera, lo has escrito tú, a tu propia forma, con tu propio lenguaje. Luego lo entenderás. Las frases te resuenan por dentro, y quizás hayas sentido la necesidad de marcarlas o subrayarlas. Es buena señal.

Muchas veces leemos un libro y hallamos frases que nos llegan al corazón. Queremos y creemos que las recordaremos, pero se esfuman nada más pasar la página. Es una muy buena costumbre subrayar las frases que no quieras olvidar de los libros que lees y, eso, te pido por favor, que hagas aquí.

Bien, vamos a subrayar, pero como este es un libro muy raro, deberás hacerlo de una manera muy rara. Hazlo con lápiz, eligiendo un color y haciéndolo de forma suave, para que luego no sea molesto para la siguiente persona a quien se lo regalarás; ya que esta persona subrayará a su vez sus propias frases en otro color.

En primer lugar, sería ideal que releyeras este libro desde el capítulo uno de nuevo y fueras subrayando las frases o ideas que te vayan pareciendo interesantes o importantes. Es solo una sugerencia, siempre puedes elegir, recuerda.

No, no será algo pesado, te gustará la experiencia y es importante. De hecho vas a experimentar algo muy especial, pues al volver a leer el mismo texto hallarás cosas de las que no te habías percatado y entenderás otras que no habías comprendido bien. Termina este capítulo y hazlo, si crees que es buena idea.

Vamos a experimentar cómo cambia nuestra realidad al cambiar nuestro enfoque y nuestro nivel de atención. Lo vas a comprobar en esa segunda lectura. Por supuesto luego puedes hacer las que quieras, siempre hallarás sorpresas e ideas nuevas.

Recuerda que cuando estudiamos para un examen subrayamos para guardar en la memoria la relevancia de esas frases y acordarnos. Es un ejercicio de asimilación. Y además servirá para que cuando lo lea otra persona posteriormente, medite por qué para ti esa frase ha sido importante. A unos les llamarán la atención unas frases y, a otros, otras. Cuando halle una frase subrayada entrará en conexión contigo, tratará de sentir qué sentiste tú para hallarla importante y, seguramente, eso despertará en esa frase un poder especial, algo que antes había pasado desapercibido. Si te das cuenta serás co-creador de este libro, lo escribirás también y le darás tu energía, tu amor.

Y no te preocupes, si lo que quieres es guardar este libro y «poseerlo» en tu biblioteca, tarde o temprano alguien te lo regalará, volverá a ti. Y no será un vulgar libro que tú compraste, sino uno más mágico, puesto que te ha llegado a través de alguien a quien realmente importas. ¿No es eso mejor aún?

¿No te preocupaba tu dinero, tu inversión? Sea el libro que compraste, u otro que te dan, no has perdido dinero. Es una metáfora de la vida. Con nuestro esfuerzo hacemos algo nuestro y luego lo damos a los demás. Solo si ese acto es sincero, hace que lo que das regrese, de modo que nunca necesitarás nada porque siempre entregarás todo. Tu inversión en los demás, en su dicha y su felicidad será una inversión a largo plazo en tu propia dicha y felicidad.

La ley más importante de tu vida es esa. Lo que recibes es lo que das. Lo que haces tiene unas consecuencias, acción y reacción, causa y efecto.

Seguro sabes que si sales a la calle enfadado nadie te sonreirá pero, en cambio, si regalas sonrisas, mucha gente te las devolverá. Si eres amable tienes más posibilidades de que se te devuelva esa amabilidad y que todo fluya correctamente. No, la vida no es todo maravilla, pero la ACTITUD nos cambia la percepción que tenemos de ella.

Cuando tú haces actos ilógicos de entrega y amor a los demás, provocas que eso pueda hacerse real en tu vida. Mientras no lo hagas, jamás será realidad para ti porque, sencillamente, has decretado que no es posible.

Deja una flor en el asiento de un desconocido, o escríbele un papel que diga: «Eres un ser maravilloso y te deseo lo mejor en este día». Puede que te parezca estúpido pero, si hubiera más estúpidos en el mundo, seríamos más felices y quizás un día, cuando más lo necesitases, hallarías un mensaje de esperanza que te motive y te haga sonreír.

Recuerda ahora lo que decíamos acerca de amar a alguien que no conoces en persona. ¿Si hallaras esa nota en tu asiento dudarías que esa persona te ama aunque no te conozca personalmente? ¿Y si tú la dejas, puedes decirme que no sientes amor por esa persona, sabiendo que será un extraño?

Es injusto limitar nuestro amor a un círculo de personas y, si lo hacemos, es por miedo, solo por miedo. Como si no tuviéramos amor suficiente para todos. La vergüenza es un tipo de miedo al qué dirán, a qué consecuencias tendrá. La incertidumbre es otro miedo, siempre pensando que puede pasar algo malo cuando es más posible que suceda algo bueno.

Amar sin límites agranda nuestros límites y cuanto más amemos más infinitos seremos. Suena extraño y confuso, pero es realidad. Como ves, marcamos frontera a nuestro ser mientras delimitamos nuestro amor. Y abrir el corazón despliega una magia poderosa, abre puertas y ventanas, muestra infinitas posibilidades antes invisibles.

Nos quejamos de que nadie se para a ayudarnos si se nos avería el auto en la carretera, pero... ¿cuántas veces te paraste tú a ayudar a un desconocido en la carretera?

Dar y recibir es el equilibrio del universo, es la ley más trascendental. Nos quejamos a veces de que somos buenas personas, pero los demás no lo son con nosotros. El verdadero dar no puede esperar recompensa ni funcionar por miedo, jamás. El temor es parte del proceso, pero cuando ves que funciona te confías más, hasta que no puedes parar y ese miedo desaparece.

Tarde o temprano este libro regresará a tus manos. Seguramente sea de la forma menos esperada, la más mágica, pero sucederá. No pierdas la esperanza. Sabes bien que es un ejercicio de creación en tu vida, que eres creador de tu realidad. Lo lograrás; solo ten paciencia y no dejes que la duda te venza.

Es normal que dudes, no pienses que por dudar has perdido, pero no te dejes abatir. Busca el equilibrio de tener más certeza que duda. Es un ejercicio igual a otros miles de ejercicios. Al comienzo cuando aprendiste a caminar dudabas, pero tras mucho practicar te diste cuenta de que se te daba cada vez mejor. Incluso las caídas te enseñaron a mejorar tu técnica. Cae al suelo, pero levántate. Puedes dudar, pero no te rindas.

Si te rindes, estás cortando las alas de la magia en tu vida, estás limitando tu poder. Estás impidiendo, tú mismo, que esa realidad pueda suceder en tu vida porque dudas de ella y de tu propio poder. Así zanjas la posibilidad de que eso suceda en tu vida, lo alejas. Decretas que no sea posible, igual que en cualquier momento podrías decretar lo que quieres que se haga realidad en tu vida.

Todo este universo es acción y reacción, causa y efecto. El simple hecho de tomar del suelo una lata que alguien arrojó como basura en el campo hará que tu mundo cambie. No lo hagas esperando ese cambio, hazlo de corazón y sencillamente ocurrirá. Quizás no te percates, no hoy ni mañana, pero sucederá. Si quieres entenderlo como un acto mágico hazlo, pero esta magia es sencilla, recoges lo que siembras, recibes lo que das.

Quizás estás pensando ahora que la vida ha sido injusta contigo, que has dado mucho y que has recibido poco, mal o nada. Por favor, no te limites, no juzgues, ni lo hagas contigo mismo de una forma tan dura. Date la oportunidad de ir más allá. Por muy injusta que creas que haya sido la vida contigo, por muy dura, trágica y dramáticamente que te haya tratado debes recordar que todo forma parte de un plan, aunque no lo entiendas aún. Y no del plan de nadie externo, sino tu propio plan, por muy duro que sea aceptarlo.

Date esa oportunidad, porque es complicado ver más allá cuando el dolor se aloja en nuestro corazón. Confía en ti mismo, o en este libro, o en lo que quieras, pero confía.

Ojalá este libro te ayude pronto a comprender todo. No te rindas, sigue leyendo y quizás más adelante este texto sea bálsamo para tu corazón y te dé algo de paz. Y quién sabe si te haga ver otra realidad que no habías contemplado y te descubres a ti mismo hallando respuestas. Por favor, te lo ruego, sigue adelante. Si te caes, levántate, más fuerte.

Si sufres es porque tienes un corazón en el que sientes ese dolor. Si sufres es porque aún estás vivo y si estás vivo es porque tienes algo que hacer, una tarea pendiente. Una mucho más grande de lo que imaginas... porque estás vivo.

Pese a que la utopía retrospectiva se ha convertido en otro dogma, no siempre todo pasado fue mejor y lo mejor está siempre por llegar. Por mucho que te ancles en un pasado maravilloso, tú sigues aquí como testigo de tanto amor, para mantener vivo ese recuerdo que quizás esté más vivo de lo que piensas.

Y si sufres, entonces, eso significa que aún te amas y que ese amor que crees tu debilidad es en realidad tu fortaleza, ya que sufrimos porque amamos mal. ¿Cómo que amamos mal? ¿Cómo que no sé amar? ¿Me vas a decir tú a mí que no he sabido amar todos estos años?

Quizás sí. Este libro no puede ser condescendiente porque tú no puedes permitirte ser condescendiente contigo mismo. No lo querrías, no sería justo. Lo que aquí lees quizás no sea lo que quieres escuchar, pero dale la oportunidad, quizás no sabes todo, quizás hay aún cosas que conocer y eso no significa que no seas sabio, ni que tu vida haya sido mal ejecutada o, sencillamente, que lo hayas hecho mal. No te cierres, eso solo te limita, te apaga, te destruye. Eres mucho más y puedes llegar mucho más lejos.

Explicar lo que es verdaderamente el amor y lo que significa en realidad amar bien no es sencillo. Lo haremos en uno de los capítulos, porque es algo extenso, profundo y muy importante. Antes debemos asentar algunos otros conceptos para hacerlo más fácil de entender y asimilar. Y lo lograrás, lo comprobarás.

Sigamos con algo más sencillo, sentando los cimientos aunque no lo creas. Estábamos desentrañando la razón de por qué este libro no es tuyo y será más tuyo que ningún otro. Estábamos delineando cómo tu futuro se desdibuja ante ti como el fruto de tus actos del presente y lo acumulado de tu pasado.

Dicen que para saber si alguien es realmente una buena persona esta debe serlo siempre, aunque nadie la esté observando. Siempre hay alguien que te está observando, tú. Tú y el universo entero. Esta realidad forma parte de la coherencia que hará sentir plenitud en tu vida y rediseñará un futuro, un destino, una realidad nueva para ti.

Recuerda también que lo que atraes y convocas en tu vida no solo es fruto de tus actos, sino de tus pensamientos. De hecho tus actos están condicionados por tus pensamientos. Tus hábitos son la costumbre de reaccionar muchas veces de la misma manera, estúdiate y verás cómo somos animales de costumbres.

Quizás quieras cambiar algunas de ellas al darte cuenta de que no actuamos de la mejor manera, ni logramos lo que pretendíamos. A veces nuestros hábitos nos dañan, sin darnos cuenta. Y si reconociéramos cuáles lo hacen, podríamos eliminarlos creando nuevos hábitos, reprogramándonos.

Por eso es tan importante dejar de enjuiciar todo, y más cuando nos hemos, o nos han acostumbrado, a pensar mal. Sí, ya comenzamos a conocernos, o mejor dicho, a «reconocernos» ¿verdad? Así que deja de juzgar las circunstancias y de limitar tu realidad, date alas para volar.

Deja de tratar de vivir la vida de los demás, y de vivir para gustar a los demás. Comienza a vivir tu propia vida, a tomar responsabilidad de tus actos, tus pensamientos y tus emociones.

Nunca dejarás satisfecho a todo el mundo y siempre te parecerán más los insatisfechos que los que te acepten. Nunca te sentirás más pleno que siendo tú mismo, que decidiendo en tu propia vida, aunque te equivoques algunas veces. Nunca serás más feliz que cuando asumes tus errores como propios, al igual que tus aciertos, cuando te sabes protagonista indiscutible, íntimo y total de tu vida.

Vivimos en una realidad donde necesitamos relacionarnos, donde la empatía es una experiencia y donde todo es equilibrio, pero debemos definir nuestros roles y papeles. Los de los demás en nuestra vida y los nuestros en las de los demás.

Los juicios nos destruyen porque perdemos el tiempo especulando sobre la vida de otros. Centrémonos en nosotros, no de forma egoísta, sino para crecer. No juzgues, ni tampoco lo hagas contigo tan severamente. Sencillamente, no juzgues.

Aunque seas una persona madura, con una edad, o una muy joven y te creas sin experiencia, quizás te has dado cuenta de que has creado algunos malos y destructivos hábitos. No te justifiques, ni tampoco te amargues. No pasa nada, todos lo hacemos, forma parte de la condición humana, de equivocarse y aprender de los errores. Necesitas los errores para aprender de ellos. Son básicos e imprescindibles en esta escuela de experiencia real que has elegido.

Nada nos pertenece. Hacemos acopio de cosas materiales e incluso de algunas inmateriales como ideas, frases o reflexiones. Vuelve a ser un acto de inseguridad, de necesidad de reafirmarnos para sentirnos tangibles y materiales.

No es fácil hallar una verdad en tu interior y certificarla como cierta y útil en tu vida. Pareciera que siempre debe tener el beneplácito y la aprobación de los demás, cuantos más, mejor.

Buscamos cobijo en asociaciones, clubes, nacionalidades, religiones y cualquier agrupación de seres humanos. Anhelamos identificarnos con banderas, leyes, juramentos y estatutos, para sentirnos protegidos y justificados. Nos sentimos arropados en masa, sabiendo que otros piensan supuestamente igual que nosotros. Qué triste es buscar la verdad fuera, no bastarnos con lo que hay dentro de nuestro corazón y ser todos iguales, ¿no es así?

Carl Gustav Jung, el conocido psiquiatra discípulo y rebatidor de Sigmund Freud, dijo una vez: «Todos nacemos originales y morimos copias.»

Buscamos fuera lo que realmente tenemos dentro. De modo que nada de lo que hallemos fuera realmente nos reconfortará jamás, ni nos llenará ese vacío. Nos mentimos, pero sabemos la realidad.

El miedo al vacío nos hace desesperadamente buscar ideales, defenderlos y hasta morir por ellos. Todo para sentirnos realizados. Pero sabemos que todo ello son solo cosas temporales, fugaces, que pierden su perspectiva si las ves desde la distancia adecuada y que dejarán de perder sentido en unos pares, cientos, o miles de años. Tú no, tú seguirás existiendo.

Es muy triste contemplar cómo se aferran las personas a lo material. Ahora la materia es necesaria, forma parte del juego y debemos aceptarla, pero perder la perspectiva nos hace perder el rumbo y nos desequilibra.

Toda la materia son las piezas del juego y es correcto, loable y necesario jugar. Eres un ser físico en un mundo físico, pero a la vez eres un ser espiritual en un mundo espiritual. Ambos se conjugan, se entremezclan, casi sin fronteras. Debes aprender a pasar las fronteras y a conocer las leyes que rigen cada uno.

Eres un ser físico, en parte, por ahora. Así que todo lo que eres físicamente es igual de sagrado que tu parte espiritual e intangible, inmaterial. Y todo lo que te rodea físicamente también lo es. Forma parte de lo mágico que te rodea, tú lo creas y lo alejas de tu existencia, por lo tanto es sagrado.

Aprende a no desprestigiar nada ni a despreciarlo, porque eso significa tenerle miedo. Aprende que realmente todo es sagrado si forma parte de tu vida. Lo es lavarte la cara, de igual manera que recitar una oración. Lo es respirar, como lo es cualquier acto religioso. Y lo es absolutamente todo lo que quizás has creído que no lo era. Es sagrado el sexo, ir al baño y bostezar, porque forma parte de tu esencia, de tu vida, de tu ser. No te avergüences de nada de lo que eres. Todo es sagrado y saberlo te hará ver un mundo más sagrado aún.

Sagrado significa santo, que tiene origen en lo divino. Como profano supuestamente es lo contrario. Pero no hay dualidad, como ya veremos. No existe, pues, algo sagrado y algo que no lo sea. No hay opuesto a lo divino, porque no hay opuesto a Dios. No hay más que luz, la oscuridad es la ausencia de esta luz. Hablaremos de ello más adelante.

Si todo lo que te rodea es sagrado dejas de querer alejarte de muchas cosas que pensabas eran profanas. Puede que no lo hicieras conscientemente pero lo estabas haciendo. Miles de años pensando igual, generación tras generación, hacen mella. Pero las reglas del juego son otras y, cuando se conocen, la realidad cambia para esos jugadores.

Lo importante ahora es no olvidar quiénes somos en realidad y por qué estamos jugando. ¿Y cuáles son las reglas del juego? Las que siempre has sabido.

La razón por la que muchos millonarios se hacen con el tiempo más millonarios aún no solo es por su capacidad de invertir ese dinero, sino porque que ya han cruzado el umbral de saberse capaces de hacerlo. Para ellos es obvio que no es imposible. Han roto esa limitación.

Para esas personas el dinero no es algo profano, es sagrado. En sus mentes lo es, incluso pueden rendirle culto confundiendo su sacralidad.

Pero vamos más allá, a una de las más importantes reglas del juego: saber que te mereces todo, todo lo bueno, todo lo maravilloso. Se saben capaces y merecedores de lograr todo lo que se propongan, y como son tenaces, al final lo logran.

Por eso hay muchos millonarios o gente de éxito que ha rehecho sus fortunas y sus vidas tras, incluso, perderlo todo. La capacidad de creernos o no capaces de lograr algo es una de nuestras mayores limitaciones y la sociedad está diseñada para anular y bloquear a los seres humanos e impedirles avanzar. No por conspiración, sino por repetir una y otra vez formas de pensar limitantes y ver siempre las metas factibles para otros, nunca para nosotros.

Si creemos que algo es imposible nunca lo lograremos. Está fuera de nuestras capacidades de proyección y siempre lo estará mientras pensemos así. Si es imposible, ¿cómo vamos a merecerlo?

Para esos millonarios todo es posible. Pueden tener todo. Si quieren un coche, solo tienen que elegir cuál, igual que elegir casa, reloj, barco y todo lo que quieran. La delgada línea que separa lo que es suyo de lo que no, es muy pequeña, es tan solo el dinero, el cual les sobra, y es la llave, nada más que la llave que abre las puertas hacia lo que desean.

Ese coche deportivo que desean es ya suyo, nada más verlo por la calle a otra persona, o en el concesionario de coches. Se cumple, en el instante, su decreto al universo, pasando por los dos filtros. Sabe que es posible y sabe que se lo merece. No tienen tapujos en ver algo como profano, exento de divinidad o imposible. Lo quieren y lo aceptan, por eso lo consiguen. Quieren algo y lo materializan, está a su alcance, pero no tanto por su dinero sino por su actitud.

El resto de los mortales, para tener un Ferrari, primero debemos ingeniar y crear la forma de hacerlo posible, sobre todo a través de la economía y de convencernos de que nos lo merecemos y lo necesitamos (esto último también es importante).

Hay mucha gente que se ha hecho millonaria precisamente por esto. Han deseado algo y lo han hecho con tal fuerza que han logrado creer que era posible y que se lo merecían. El dinero no era más que una llave para lograr su meta, y así debe de ser. El dinero no es más que eso, no es la meta. Confundirlo puede dar al traste con todo.

Tras lograr el dinero que necesitaban y que para ellos no era más que un medio, luego han convocado una realidad donde eso se hacía posible, y el hacerse millonarios con un exitoso negocio no era más que una vía para su otra meta. Y, como para ellos el dinero no es menos sagrado que su propia vida, lo atraen sin problema. Si el dinero es impuro para ti jamás llegará, porque así lo decretaste. Deja de etiquetar, deja de juzgar. Permite que la magia suceda como les sucede a otros.

Por eso conocemos tantas historias «milagro» de personas que han salido de la nada. A veces, que los demás nos repitan tanto que algo es imposible, es la espoleta para disparar nuestra fuerza más interna, aunque para la mayoría es su condena y cadena más férrea.

Muchas personas han creado de la nada negocios, ideas o proyectos que les han sacado de la más cruel miseria. ¿Por qué no vas a ser tú una de esas personas? ¿Qué te diferencia? No hay nada imposible, solo tú determinas lo que es para ti imposible y lo que no.

Harás surgir ideas de donde no existían, innovarás porque creas de la nada, recuérdalo. Los más exitosos negocios no consisten en repetir lo que otros hacen, sino en innovar. Quizás mezclan algo tomado de un mercado y transfieren la idea a otro, o inventan alguna idea que nadie se había atrevido a materializar. Sea como sea, innovan, esa es la esencia y proviene de tu creatividad y tu certeza en que eres capaz y lo mereces.

Ojalá este libro te haga sacar lo mejor de ti, descubrir lo que incluso ignorabas que eras capaz. Ojalá ganes mucho dinero haciéndote consciente de tus capacidades y te hagas una persona mejor, con el corazón más grande, que no olvide que el dinero no es tan importante y es solo una vía. Ojalá este libro sea la semilla del éxito de miles de personas en un futuro cercano.

¿Sabías que el término «ojalá» proviene del árabe «insha Aláh» que significa literalmente «que así lo quiera Dios». Ten por seguro que Dios lo quiere, otra cosa es que tú te lo creas.

Por lo tanto «ojalá» que confíes en ti y rompas tus propias limitaciones y trabas. Déjate sorprender. Esto es muy importante, deja de ser un adulto serio. Nunca pierdas la capacidad de asombro de cuando éramos pequeños y el sentido del humor. Una forma de medir el nivel de evolución de un ser humano y su equilibrio, es el sentido del humor.

Una persona desequilibrada y con miedo raramente lo tendrá. Es seguro que te ha pasado que, cuando te han dado una maravillosa noticia, te encuentres canturreando o silbando por la calle, hasta bailando. Hacer bromas es un reflejo de nuestra felicidad, de querer compartirla y contagiarla a quienes tenemos delante. Es pura salud del corazón y su estado esencial y original. Y ese es tu estado inicial. Debes regresar a él.

Sigamos con las instrucciones. Si deseas compartir este experimento con otras personas más, puedes conseguir otro libro en blanco y subrayar, si lo deseas otra vez, lo que te llegó al corazón. Será un ejercicio de reconfirmación.

Y es seguro que, en una segunda completa lectura, hallarás nuevas sorpresas, tal y como comprobarás en un rato. Reaccionarás de forma diferente y te servirá para comprobar cómo evolucionamos y mutamos.

Una mutación es un cambio genético que por «casualidad» mejora la especie. Los nuevos seres que nacen con esa mutación sobreviven o no dependiendo de si realmente ha mejorado su condición, si supone alguna ventaja sobre los demás. Los más débiles no llegan muy lejos y raramente se reproducen, no pasando al final esa mutación a sus descendientes en su ADN.

¿No estás llegando a una mejor versión de ti? Eso es lo que le está pasando al ser humano. Está renovando su esencia, por muchas vías. Está mutando y está despertando, aunque casi ni se aprecie. Los que no están listos no perduran y, pronto, la especie se limpiará a sí misma por su pura esencia, el amor. Quien no fortalezca el gen del amor en su ser, sencillamente, no hallará lugar en este mundo.

Este libro es un libro mutante que crea mutaciones. Y, como es mutante, es extraño, imprevisible y misterioso. Si así lo decides, puedes pasarle este libro tan raro con tus anotaciones y subrayados, y los de esa primera persona, a otra tercera. Pero no tienes por qué hacerlo y puede quedarse en dos. Tú decides, siempre decides tú. También puedes arrojarlo al fuego, o tirarlo a la basura, porque te dé miedo su capacidad transformadora de la esencia de quienes lo leen y despertar genes dormidos.

Sea como sea, este libro se llenará de color. Pasará de un triste blanco y negro a ser un paisaje lleno de esperanza. Si son más de dos, se empapará más aún de vida, del amor de muchos seres y se hará un libro más mágico y poderoso. Porque nosotros tenemos el don de dar poder a las cosas, de hacerlas mágicas.

Además, los huecos que quedan en blanco en los márgenes o saltos de página, son para que apuntes lo que surja. Ideas que nacen de tu alma espontáneamente, déjate llevar.

Quizás no las entiendas en ese momento, pero esas palabras puede que sean para otra persona, para alguien que lea el libro posteriormente; vete a saber cuándo y cómo. Entonces este libro será en parte tuyo, más tuyo que nunca y más tuyo de lo que habías entendido al comienzo.

Conviértase, pues, este libro en un libro de hechizos mágicos que de color a la vida de muchas personas, no solo a ti. Será la primera lección que querrás compartir; que el otro no es más que una parte de ti, una extensión. Que no hay tanto que nos separe ni nos diferencie, que todos estamos enlazados.

Para terminar este capítulo y, antes de que releas desde el comienzo y subrayes, te pediré un favor especial. Si alguna de esas frases realmente te hacen vibrar y sientes la necesidad de compartirla urgentemente, hazlo. No coartes a tu corazón, no limites sus llamadas de atención. Haz caso a tus corazonadas y déjate sorprender de adónde te llevan.

En estos tiempos ya no tomamos notas, de hecho se nos está olvidando escribir con tinta. Era una buena costumbre para integrar dentro nuestras ideas y metas pero, sobre todo, era una hermosa manera de compartirlas. No pasa nada, todo evoluciona y debemos adaptarnos, crecer con los cambios.

Una manera actual y de moda de hacerlo es en los medios sociales. Ni siquiera tienes que escribir nada si no quieres, tan solo haz una foto al texto y compártelo en tus redes sociales. Descubrirás que este camino que te parecía solitario no lo es y que no eres la única persona que pensaba así. Este acto te demostrará que siempre tendrás compañía y el sendero se hará más hermoso con otros caminantes igual de «locos» que tú.

¡Espera, aquí sí que te he pillado! ¡Ahora estás pensando que el autor es un genio del marketing! ¿Otra vez haciendo suposiciones y emitiendo juicios? Aysssss… Bueno, es normal, llevamos milenios haciéndolo, no vamos a parar de la noche a la mañana. Los cambios radicales son difíciles.

Bueno, también quizás no andamos descaminados y todo sea una operación de «marketing» muy bien armada. ¿Y no es la vida misma eso, saber venderse? ¿No es aprender qué tienes para ofrecer a los demás?

Da igual si es o no marketing. Sea como sea, ya sabes la respuesta. Sí, esa misma. Da igual, no importa ni lo que pienses ni lo que sea, lo importante es la esencia y la tarea final de este libro en ti, solo en ti. Si quieres compartir tu parecer sobre este libro, hazlo libremente, sea para bien o para mal. Solo recuerda que si te ha servido a ti, desear que le sirva a otros será un acto de amor que, finalmente, te regresará.

Y si algo debe hacerse, merece la pena y es bueno, hazlo. Deja de pensar lo que dirán los demás. Déjate guiar por tus corazonadas. Son eso, tu corazón guiándote.

Está demostrado científicamente que el corazón se adelanta a lo que va a suceder. Unos experimentos mostraban fotografías aleatoriamente a los sujetos y, cuando llegaba una fotografía desagradable, el corazón comenzaba a latir más rápido unos segundos antes. Realmente, quizás no es el corazón el que se adelanta a los hechos y sea el cerebro enviándole la señal al corazón. Sea como sea, es importante dejarnos guiar por él, hacer caso a sus corazonadas. Te guiarán bien, ya lo verás.

¿Estás dispuesto a escucharte entonces? ¿A confiar en ti? Si estás preparado comencemos esta aventura juntos, o como todas las grandes aventuras ya ha comenzado sin darte ni siquiera cuenta. El tiempo es relativo.

Quedan muchas sorpresas. Ve al primer capítulo y subraya si así lo deseas. Hallarás nuevos significados a algunas frases y párrafos. Nos vemos en breve.

CAPÍTULO TRES

La vida puede ser mágica.

No caigas en el error de otorgar el mérito de nada de lo que te suceda a algo externo. Tanto sea positivo como negativo. Sé responsable de tu vida.

Tú convocas todos los actos y personas a tu alrededor. Quizás suene un poco ególatra, pero ahora debemos retomar el papel fundamental de nuestro YO como creador de la realidad, que tome el control. Así que nos viene bien un poco de amor propio, que nada tiene que ver con el Ego, como veremos más tarde a fondo. Muchos años con conceptos errados confunden a cualquiera, confía en ti.

En tu vida te suceden muchas cosas; unas las etiquetas como buenas y otras como malas. El hecho de etiquetar es ya un error, pero lo analizaremos luego. ¿Te has planteado alguna vez por qué te suceden esas cosas y qué hacer para cambiarlo, para controlarlo? ¿Las has asumido como inalterables e inmutables y a ti como víctima sin salida de ellas?

La mayoría de las religiones relegan tu destino a un Dios o seres espirituales externos. La mayoría de las filosofías dicen que el poder está en ti rechazando la tesis anterior pero le dan un cariz extremadamente pesimista y vacuo. Lo que este libro te propone para que medites y analices es la verdad que hay tanto en las religiones como en las filosofías. Como siempre nadie tiene la verdad completa.

La religión promueve principalmente un sometimiento a Dios y la palabra proviene del latín «religare» que significa «volver a unir». ¿Unir qué? Al ser humano con Dios, en teoría. Lo que sucede es que siempre estuvieron unidos. El hecho de vender la idea de unirte con Dios, cuando nunca has dejado de estarlo, suena contradictoria. Al menos con un Dios que no es lo que muchos han estipulado o creído. ¿Para qué quiero unirme con un Dios externo, con barba que habita en las nubes? No, ya entenderemos más adelante que Dios no es eso, o quizás ya lo intuyes.

Gran parte de la estructura de la mayoría de las religiones se basa en pedir a Dios lo que queremos que nos ocurra y dar gracias porque creemos que se nos concede, es relegarle el control de nuestras vidas y el destino de estas. También, asumir sin comprender que todo lo que nos sucede y no queríamos era su voluntad. Algo suena extraño ahí, algo no termina de encajar.

Este libro tiene el deber y la misión de hacerte sentir responsable. Así lo has decretado tú y, por ello, has hecho aparecer este libro en tu vida; para hacerte pensar y, sobre todo, sentir acerca de tu responsabilidad.

¿Responsable de qué? De tu vida, de tus decisiones, de tus actos, de tus errores y de tus triunfos. Responsable de todo lo que te sucede. Por lo tanto, creer que tú no tienes control, es hacerte irresponsable. Y Dios te aseguro que no desea que le relegues tus responsabilidades, para algo te las dio a ti y te dio la libertad de decidir.

Es muy delicado el equilibrio que debería tener el ser humano entre su propio poder, responsabilidad y la humildad de pertenecer a un todo. Ojalá con algunos ejemplos lo comprendas mejor.

Muchas personas relegan todo control en sus vidas a un azar externo, a un caos, o a fuerzas y seres exteriores que condicionan y mueven sus vidas. Tu vida no es el capricho de ningún ser externo. En todo caso, es tu capricho y lo que desees hacer con ella. Pensar que estás bajo el capricho de un ser superior es pensar en un ser superior muy limitado, poco evolucionado y muy lejano al concepto que a la vez otorgas a ese Dios. ¿Un Dios caprichoso que juega contigo e ignora tu sufrimiento por formar parte de tal juego? Algo falla, algo es incoherente. ¿No te lo habías planteado? No, ese Dios no existe, es demasiado humano.

Y pensar así significaría muy poco amor por parte de ese Dios o esos seres externos. Sin hablar de que coartarían totalmente tu libertad. Sería una existencia realmente miserable, tristemente, la que es para muchos. Pero la verdad es otra, una mucho más hermosa.

Sí, es cierto que hay seres que superan nuestro entendimiento, pero la inmensa mayoría son seres evolucionados que saben muy bien que el amor está intrínsecamente ligado a la libertad. Jamás se entrometerían ni nos manipularían. Si quieres hablamos de ellos en otro libro en el futuro. Y claro, por supuesto, también hay un ser superior a todos, un creador de todo lo que ves y lo que no ves; la idea que tienes de Dios. Y Él seguro que conoce y practica esa libertad para con nosotros. ¿O lo dudas?

De la misma manera que hablamos de seres más evolucionados que nosotros, también hay seres perdidos y desorientados, pero ignóralos. Más adelante hablaremos de ello, pero poco, ni siquiera merece la pena mencionarlos. De cada millón de seres, quizás uno o dos, podrías definirlos como negativos o almas desorientadas. No tienen mucho poder en ti si no se lo das y no son más que eso, seres que tarde o temprano se darán cuenta de que andaban el camino incorrecto y verán la luz. Quizás esto dé paz a tu alma, es la verdad; ojalá sea así para ti.

Olvídate por un momento de Dios, luego volveremos a Él y si lo deseas lo trataremos más profunda y extensamente en otros libros. Quizás todo esto esté provocando reacciones en ti. Ahora depende de tu estado y tu evolución querer seguir adelante, o plantarte por miedo a que tus paradigmas establecidos se vean afectados. Solo piensa una cosa; si son realmente sólidos, no te hará ningún mal leer estos párrafos y, quizás, te refuercen tus creencias. No tienes nada que perder y mucho que ganar, aunque lo suyo sería que no fueran creencias, sino certezas.

Si por unos instantes sacamos a Dios de la ecuación, quedas tú como responsable de tu vida. ¿Qué pensarías ahora si pudieras tener la certeza de que todo lo que has atraído a tu existencia lo llamaste tú? ¿Y cómo reaccionarías si supieras que elegiste ese destino para tu propio bien, para tu propia evolución? No es fácil, pero estás dando pasos de gigante.

Vamos a tomar los mandos de este carruaje donde habías soltado las riendas y otorgado el dominio a tus caballos. Al saberte tú al control de tu vida, tomas responsabilidad sobre lo que te sucede y dejarás de culpar a los demás de tus males. También dejarás de creerte que no mereces lo mejor siempre, algo indispensable.

Quizás lo más hermoso de la forma de pensar de algunas religiones es la gratitud. El dar poder a algo externo se confunde a menudo con un falso acto de humildad. Como si fuéramos nosotros poquita cosa y todo lo bueno viniera de fuera sin tener nosotros capacidad ni control. Es hermoso sentirse humilde y agradecido, pero no podemos confundir términos. Por supuesto que recibimos muchas bendiciones de fuera, mucha ayuda y mucha luz, pero si todo ello nos relega a un segundo plano y nos hace sentir inferiores no está siendo algo positivo en nuestras existencias, en nuestra evolución. No hemos venido a experimentar eso, sino a ser responsables, a crecer, aunque a veces no sea fácil.

El sometimiento a la voluntad de Dios que promulgan algunas doctrinas es hermoso, pero se confunde mucho con un régimen de esclavitud, no de amor. Dios no es ningún tirano ni tampoco ningún ser que desee siempre marcar la diferencia entre el amo y el siervo, que pretenda estar Él por encima siempre de ti. Ese es un Dios con miedos, limitado y demasiado humano. Dios va más allá de eso y ese amor al que tantos aluden consiste en su propio acto de amor mayor, el darnos la completa libertad. Y va más allá, hasta experimentar en nosotros mismos esa libertad, formar parte de nosotros, de nuestra experiencia, de nuestro ser.

En realidad lo que tendríamos que hacer es dar gracias a Dios por darnos el poder. Darle gracias por relegarnos la responsabilidad. Es un inmenso acto de amor y debemos estar agradecidos. Debemos hallar el equilibrio entre sentirnos humildes y a la vez poderosos. Sin ese equilibrio no podremos ejercer el poder que nos ha conferido Dios, el de crear nuestra propia realidad. Si relegamos todo a otros y no tomamos el control, nuestras vidas serán un desastre y jamás hallaremos el equilibrio, la paz y la felicidad.

Por ejemplo, cuando aprendas más adelante en este libro a que la abundancia entre en tu vida y no te falte nunca de nada, puedes agradecer a Dios que siempre tengas lo que necesites; pero habrás aprendido a hacerlo tú y serás consciente de que eres tú quien ha comprendido las reglas del juego y provocas que el universo conspire a tu favor y te dé todo lo que quieras pedirle.

El dar gracias es un grito positivo al universo diciendo que aceptas más, es abrir puertas. Es la primera llave para aceptar que es potencialmente real que se cumplan tus deseos, pero el relegar en un agente externo la realización del acto y el poder para materializarlo, hace que el mecanismo falle y se oxide.

Es completamente real que recibes ayuda de fuera, que existen esos seres más evolucionados de los que hablábamos. Pero, como hemos dicho, respetan tu libertad y tu crecimiento. Pueden, y de hecho te ayudan, pero no como tú crees. No cumplen tus deseos, sino que colaboran contigo para que los materialices tú.

Su más ardiente deseo es, justamente, que te des cuenta de que tienes tanto poder como ellos. Su amor por ti es tal, que no pueden hacer las cosas en tu lugar y coartar tu libertad. Es como si tú ahora tras despertar y tomar el control de tu vida comenzaras a creerte superior a los que aún no lo han hecho y no te pusieras a tratar de ayudarles a que vivan su propia experiencia queriendo tú vivirla por ellos. Eso no se puede, es imposible.

Sería estúpido e injusto que un hermano mayor o un padre se presentara a los exámenes de su hijo en la escuela. Si realmente le ama, lo que hace es prepararle, como le sea posible, transmitirle valor y experiencia si puede, pero nada más. Tú entenderás de estas palabras lo que quieras entender, pero estoy seguro de que algo dentro de ti vibra con ellas.

Estaría bien ser una persona agradecida y te hará crecer mucho el dar gracias, pues es un acto de humildad que alimenta el vínculo que tienes con todo lo que te rodea. Puedes dar gracias constantemente, es una buena costumbre hacerlo cada mañana, cada noche y cada vez que algo te dé calor en el corazón. Te cambiará la vida algo tan simple, ya verás; o mejor dicho, ya sentirás.

Las oraciones no son más que eso, un acto, un ritual para dar gracias y pedir. Pero solo recibimos respuesta a nuestras peticiones si somos coherentes. Como cuando mucha gente reza lo hace algo tan externo, tan dependiente de fuera, lo anulan. Anulan su propio poder y anulan la opción de ayuda externa para usar ese poder, para asistirte.

La oración es un ritual para saberte merecedor de lo que pides, para llamarlo y hacerlo realidad. Pero eres tú quien decide darse el permiso para que se cumpla. Eres tú quien tiene el poder para hacerlo. En alguna ocasión algún ser externo puede interceder para ayudar, pero lo hace para canalizar tu propio poder, es tu obra, eres tú quien la hace realidad. Ese ser solo te guía, no lo hace por ti. Si ese ser ve que pretendes que hagan el trabajo por ti, no te va a dejar que te salgas con la tuya, porque sería ir en contra de tu camino, de tu propósito. Y como te respeta y te ama no hará por ti lo que debes hacer tú. Quiere que seas responsable, no alimentar tu falta de madurez espiritual.

Por eso la mayoría de las oraciones son en vano y nada se cumple de ellas. Además, sabemos muy bien en el fondo de nuestros corazones cuando algo que pedimos no tiene sentido con nuestro real propósito en la vida y/o sabemos que es un capricho superfluo y pasajero. No vamos a permitir desviarnos del camino por ello.

Tú puedes pedir a Dios, a todos los santos lo que quieras. Pero si tu ser interno sabe que no es lo correcto para ti, que no forma parte de tu aprendizaje y que no encaja en tu camino... no se hará realidad. Al fin y al cabo, eres tú el que cumple y materializa en tu vida todo eso. Por supuesto que con el consentimiento de Dios, si así quieres entenderlo, pero eres tú quien suele boicotearse a sí mismo y negarte lo que pides. A veces, ya ves que con mucha sabiduría, aunque no lo parezca.

La oración no es pedir algo, sino pedir permiso para realizar ese algo y pedir la guía para cumplirlo. Ya sea la oración un acto repetitivo de unas palabras ya establecidas o tus propias palabras, tienen una intención detrás, una petición. Casi siempre se pide algo, algo que no tienes y quieres. Puedes pedir para los demás pero también estás entonces interfiriendo el camino de los otros y debemos respetarlo. Es nuestro mayor acto de amor, como hacen con nosotros.

Si rezas de corazón porque alguien sane de una enfermedad, lo que estás haciendo es enviarle energía, una muy poderosa. Y eso funciona. Pero no lo confundas con que se haga realidad lo que pidas, son cosas diferentes y es fácil de comprender. Por ejemplo, nos metemos en la vida de los demás, no respetamos que, igualmente, ellos tienen sus caminos y han optado por atraer a sus vidas diversas experiencias. Y da igual que sean positivas o negativas (siempre según tus etiquetas).

Si alguien ha optado por vivir una experiencia determinada, es su elección y debemos dejar de hacer de padres de los demás y centrarnos en nosotros mismos, de igual manera que no queremos que los demás se metan en nuestra vida y nos condicionen. No vamos a librarles de nada por mucho que recemos. Suena quizás egoísta, pero más tarde comprenderás que es así y por qué.

Así que por mucho que reces con toda tu alma para que una persona que amas sane, puedes enviarle mucha energía, y le será útil pero, si esa persona había optado en lo profundo de su ser el no sanar, no podrás hacer nada. Debemos asumirlo y respetarlo. Suena duro, pero es la verdad y, comenzar a comprender cómo funciona, sí que te da cierta paz dentro del caos y el dolor.

Una y otra vez pedimos cosas que por mucho que creamos no forman parte del camino que deberíamos llevar y, como tu ser interno lo sabe, no te hace mucho caso y no da vía libre a tus deseos. Tú te crees que no te sale nada bien y que nadie te escucha ahí afuera. Sin embargo, sí que tienes ayuda y, menos mal que no te sales con la tuya, porque tu camino está por otro lado, otro mejor, siempre.

Pides conseguir un trabajo, pero como no te crees merecedor de un buen trabajo, ni tampoco sabes lo que realmente quieres, no lo obtienes. U obtienes trabajos denigrantes hasta que aprendas a usar tu poder y saber que te mereces lo mejor siempre. Eso lo veremos más adelante.

Puedes rezar para aprobar unos exámenes, pero quizás ni siquiera estás estudiando. O estás estudiando algo que no te servirá en tu futuro y erraste en la elección; y, por mucho que reces, vas a suspender hasta darte cuenta de tu error. Puede que lo mejor que te suceda sea que te suspendan, que te expulsen, que te echen del trabajo o que te deje tu pareja. Todo es relativo y quizás ante ese cambio tu vida comience a cambiar, para mejor.

Porque quien hace cumplir lo que deseamos somos nosotros mismos. Fuiste tú quien te suspendiste, te expulsaste o te echaste del trabajo. Deja de quejarte. Quieres darle poder a algo externo, pero el poder está en ti. No dejes que tu "subconsciente" tome la responsabilidad, que tenga que tomar el control tu subconsciente para sacarte las castañas del fuego.

Es cierto que hay algo maravilloso ahí fuera, y por todos lados, incluso dentro de ti. Algo que algunos llaman Dios, pero está esperando a que tú te ayudes, o a ayudarte a través de ti. Está esperando tu permiso, o lo que es lo mismo, estás esperando tu propio permiso. Pero no, eres especialista en boicotearte, en crear cortocircuitos en el sistema para que no funcione y además te quejas.

Le pides a Dios que te libre de un problema, pero quizás ese problema te está enseñando algo que ignoras y persistirá hasta que lo comprendas. Eres tú quien convocó ese problema para aprender una lección, pedirle a Dios que te libre de él es pedirle que haga el examen por ti.

De esa manera, no nos movemos, no co-creamos, no nos impulsamos hacia delante, sino que nos quedamos parados. Ojalá todo esto que estás leyendo, te ayude a comprender el mecanismo y quites las trabas, repares los cortocircuitos y eches aceite a este sistema tan oxidado. Tu vida va a cambiar. Pero actúa, de nada sirve este libro si se queda en teoría. Muévete, convierte las palabras en experiencia.

Para montar en bicicleta debemos estar en movimiento. Si te paras te caes hacia un lado. El equilibrio de la bicicleta se halla cuando está moviéndose e igual sucede en tu vida. No hallarás equilibrio quieto, hierático, apático y dependiendo de los demás, o de algo externo siempre. Buscas caminar asido a otro, que tire de ti, que te empuje. Eso no es a lo que has venido, así que no te lo permitirás.

Siempre pidiendo en vez de actuar, de moverte, sin miedo a caer. Experimenta, es lo mejor que puedes hacer para comprobar si lo que aquí se dice es cierto o no lo es.

Las religiones han tratado de ayudar siempre, como muchas filosofías y formas de pensamiento. Desde el Cristianismo hasta el Zen, el *Mindfulness*, el Budismo, el *New Age*, el Yoga o cualquiera que desees nombrar. Pero, muchas veces, solo eran unas ruedecitas para no perder el equilibrio y nunca llegábamos a lanzarnos a andar solos, sin miedos. Si cualquier método te aprisiona y potencia tus miedos, debes dejarlo atrás. Era maravilloso, pero solo para el comienzo, para lanzarte y darte impulso, seguridad y fuerza. El resto del camino no puedes andar con ruedecitas. Para tomar velocidad y llegar lejos debes ir solo. Si las necesitas es que algo falla.

Igual debe pasar con este libro, ser solo una pequeña ayuda. Una vez logres aprender a vivir en equilibrio, olvida este libro, como olvidas las ruedecitas al aprender a montar en bicicleta. Solo acuérdate de él si ves alguien que no para de caerse de la bicicleta y golpearse. Recuérdale que unas ruedecitas quizás puedan ayudarle a desarrollar el equilibrio.

Al saberte responsable de tu vida, al sentirte agradecido, la coherencia hace presencia, y ésta no es más que ese equilibrio. Las personas no son malas ni buenas, como nada en el cosmos, solo están o no equilibradas, tienen más o menos armonía en su ser. Y nunca olvides que es la coherencia la medida de tu equilibrio como ser humano. La coherencia de lo eres, con lo que piensas, con lo que dices y con lo que haces.

Vivir la vida de verdad, de forma despierta, significa ser coherente y consecuente. Si cambias tu vida, tú tienes el mérito; no un libro, ni un maestro, ni una religión, ni una planta de poder, ni un viaje iniciático.

Eres tú quien da los giros, quien cambia, quien camina. Insisto, tu vida es lo que quieras que sea; otra cosa es que no creas merecer ciertas vidas, o las veas imposibles.

¿Te imaginas la dicha que puedes sentir en lo profundo de tu ser al darte cuenta de tu poder? ¿Al comprobar que eres un ser maravilloso amado hasta niveles inconmensurables capaz de todo? ¿Al saber que eres mágico y que la vida es mucho más mágica de lo que habías creído? Pues así es, ve creyéndolo y ve asimilándolo.

Este libro no es especial ni mágico realmente. Eres tú quien eres especial y la magia está en ti porque tú lo has materializado. ¿Otra vez con la magia? Pues claro, pero sabes bien que seguramente no se trata del CONCEPTO de magia que antes tenías.

A veces, nuestra vida está marcada por los conceptos que tenemos de las cosas. Si pensamos que una cosa significa algo concreto, lo haremos realidad en nuestra vida y eso puede apartarnos de la verdadera esencia de ese concepto, o de la realidad que es para otros. Quizás aquí esté la respuesta a por qué otros logran ser felices, o tener éxito y nosotros no.

Debemos aprender bien los verdaderos «conceptos» de las cosas. Comencemos con la MAGIA. Hacer magia no significa ilusionismo, como se ha entendido en los últimos años. El ilusionista te hace creer que ves algo que realmente no es como se te muestra, o mejor dicho, te distrae para hacer lo que él quiere y que tú pienses o veas otra cosa.

Pero aquí vamos a hablar de magia verdadera, nada de ilusiones falsas. Vamos a referirnos al más ancestral concepto de magia, que es uno que muchos desconocen porque ni siquiera saben de dónde proviene esa palabra.

Los Magos eran una tribu persa que estaba especializada, como una especie de casta sacerdotal, en diversos rituales que fueron evolucionando según su propia historia. Por eso, los Reyes Magos vienen de Oriente. Eran sabios que dominaban muchas artes; astrología, medicina, filosofía y por supuesto, espiritualidad.

Magia proviene del latín «magīa», y como el griego «μαγεία (mageia) nos llega del persa «maguš», cuya raíz magh- significa algo así como SER CAPAZ, TENER EL PODER DE. Es decir, los «magos» eran los que eran capaces de lograr cosas, los que tenían el poder de lograr cosas. ¿Qué cosas?

En sánscrito la raíz «may», significa obrar, mover, hacer, lograr. ¿Qué lograban hacer los magos? ¿Qué movían?

¿Entiendes ahora cuando decíamos que la magia es lo que te permitirá obrar tu vida, lograr lo que te propongas, permitirte realizarte como el ser que realmente eres?

¿Comprendes ahora que la vida es magia? Porque la vida es lo que tú quieres que sea y le das forma con tu acto, tu poder, tu fuerza. No creas nada de la nada porque todo se transforma, nada se destruye o se crea. Usas la energía del universo, la fuerza que lo conforma, para obtener lo que necesitas. Transmutas esa energía en tu realidad.

Esa magia de la que hablamos se parece mucho a «la Fuerza» de Star Wars. Al fin y al cabo hablamos de lo mismo, de una energía que todo lo engloba, que todo lo forma, de la que estamos hechos todos y todo.

Esa energía es el amor, pero bien sabes qué tipo de amor. Es el amor puro, la esencia del amor. ¿Conoces esa frase de que Dios ama tanto que se convirtió en amor puro? Por ahí camina todo. De alguna manera Dios por amor mutó, se transformó. Y como nada se crea ni se destruye... ¿en qué se convirtió? En esto, en todo lo que te rodea y en ti mismo. Más adelante lo verás más claro si te cuesta entenderlo.

Sí, sé que estás pensando ahora en el «Lado oscuro». Sí, claro que también existe, ¿lo habías dudado? El cine, como mucha literatura y mitos, tienen mucho más de real de lo que imaginas. El Lado oscuro por supuesto que existe y no es más que el uso indebido de la Fuerza. Existe la luz y existe la oscuridad, pero la oscuridad no es más que ausencia de luz, recuérdalo bien.

Cuando el amor no se usa bien, cuando se ausenta, es fácil perder toda esperanza de que la vida tenga un hermoso sentido y uno se vuelva egoísta solo pensando en lo tangible y cercano. La magia negra no existe, luego hablaremos de ello, pero la magia con fines egoístas solo lleva a quien la realiza a hallar la oscuridad más negra de su alma y de la propia vida que se despliega ante ella. Todo es coherencia, y la vida te muestra tu propia incoherencia hasta que equilibres todo.

Al fin y al cabo, ese lado oscuro no es más que otro camino, uno paralelo y doloroso, pero un camino más. Todos hemos pasado por él y forma parte de nuestras vidas, pero no como algo negativo, sino como la oscuridad que nos recuerda que buscamos la luz, aunque sea para ver con claridad la verdad.

Sí, entonces eres un Jedi, pero no necesitas espada láser, ni te persigue ningún imperio. Puede que haya pequeños imperios tratando de expandirse, atrapados por el lado oscuro, pero son eso, parte de un todo mayor. Recuerda que el lado oscuro de la fuerza es eso, un lado, y uno pequeño porque lo que conforma todo es la fuerza en sí. Tú eliges cómo usarla.

Dejemos el universo lejano y volvamos a esta galaxia. Como ves, nada tiene que ver esta magia con lo que quizás teníamos entendido. Asociamos en el presente que algo que aparece por acto de magia viene de ninguna parte, que sencillamente se hace realidad de la nada. Esa no es la verdadera magia, ni es el concepto que debemos comprender de ella. Nada se crea ni se destruye. Para una vez que la ciencia nos da una base, debemos usarla. Dentro de poco la ciencia dará fuerza a todo lo que aquí se te comparte, lo verás.

Materializar no significa que lo hayas hecho surgir de la nada, sino que has hecho «conspirar al universo» —como dice Paulo Coehlo— para que esté ahí cuando tú lo necesitabas, para encontrarte con él.

En tu vida aparece la persona que necesitabas, pero no llega de la nada, siempre estuvo ahí, solo que se hizo presente en tu realidad ahora. Igual pasa con todo cuando lo necesitas; con un trabajo, una gasolinera, una persona, un taxi o un libro.

Pero eso no es científico, pensarás. Al universo no le importo yo, ni le importa mi vida, soy yo el que vivo en él y tengo que jugar sus reglas. Ah, estupendo ¿y desde cuándo conoces tú las reglas o las conoce a la perfección la ciencia? ¿No hemos quedado en que la ciencia está aún por descubrir muchas cosas? ¿Y tú? Quizás es al contrario, tú pones las reglas y todo está diseñado para que juegues tu partida del modo que quieras.

Mejor dejemos de especular y volvamos a librarnos de prejuicios para expandir tu mente, pues eso significa abrirla, no cerrarte, ni dejarte llevar por tus elucubraciones y tu ruido interno. Quizás el universo entero tenga más interés en ti de lo que imaginas. Pronto comprobarás si es así.

Tienes el poder de crear, siempre lo has tenido. Usa la fuerza. De hecho no paras de hacerlo, pero no eres consciente de ello. Tienes perdido el control y dominio de tu facultad, y lo haces tan bien, que tienes el don de crear y ni siquiera ser consciente de ello.

Achacas al destino, a la casualidad, a la vida o a la suerte todo lo que te acontece. Y sabes que no es así. Deja de CREAR ese velo que tú has colocado entre tus ojos y la realidad. Tú lo hiciste, y solo tú debes y sabes quitarlo.

Y recuerda bien cómo funcionas al crear. Convoca para ti, para nadie más. Crea tu propia realidad y ésta a su vez cambiará la de los demás. Pero, respeta a los demás y a sus caminos. Es un acto de amor dar esa libertad, como han hecho contigo.

Puedes pensar que es egoísta, pero debes pensar en ti y materializar lo que necesites tú. Por esencia, eres un ser compasivo que ama y se solidariza con los demás, y eso puede ser un problema si no lo gestionas correctamente. Lo veremos más a fondo en otro capítulo y lo comprenderás con ejemplos.

Debes saber que tienes ese poder y otros muchos más; te lo demostraré. Es lo que llamamos magia, pero insisto, solo por darle un nombre. Iremos poco a poco, con un método, como la ciencia y lo marcará este libro, ojalá te sea útil.

Vas a ser capaz de hacer cosas que no imaginabas y tu concepto de la realidad va a saltar por los aires (si es que no ha sucedido ya en tu vida). Lo que pensabas que era imposible, pronto dejará de serlo y, es obvio, que quizás te cueste. Ten paciencia. El universo conspira constantemente, de hecho no para de hacerlo y lo hace en tu favor. Porque eres tú el que da las órdenes al universo y gira a tu alrededor, porque tú eres el universo en sí.

Quizás pienses que entonces tienes mala suerte porque te tocan cosas no muy positivas. No seas tan pesimista. La vida, tu vida, es un reflejo de lo que ERES. Recuérdalo.

Puede que hayas estado toda tu vida asociando lo que sucede al azar. Te tocó esto y aquello, y eso no es más que justamente el universo conspirando para que te toque, eres tú, llamándote la atención. Y cuando te pasan cosas buenas te dices que tienes SUERTE. Deja de jugar contigo, date cuenta de las reglas del verdadero juego, de tu poder, de tu control.

¿Suerte? ¿Y eso qué es? Sabes bien que la suerte no existe, no al menos como lo entendías hasta ahora, ni la buena ni la mala. Otra cosa es que pienses que todo es AZAR, es decir, aleatorio, casual. Debemos hablar correctamente y usar los términos adecuados. Si no, partimos de bases erradas y confundimos todo porque, ya hemos visto, los conceptos son la base para todo. Suerte no es lo mismo que azar. Y azar es caos, es desorden, es una aleatoriedad, sin lógica, ni razón.

¿Crees realmente que en el universo hay algo aleatorio, caótico, sin razón, lógica o orden? ¿Crees que todo es realmente azar? Es decir, como con los dados; que los lanzas y puede salir cualquier cosa estadísticamente. ¿Realmente crees eso? Pues si lo crees, debes saber que no es así y lo vas a comprobar pronto, en tu propia vida. Este libro no habla de teorías, las baja a tierra. Tú experimentarás lo que aquí lees, si así lo crees y lo quieres. Y si no será este solo un libro de ciencia ficción.

Claro, tú te quejas porque muchas veces no te toca lo que tú querías, pero ¿realmente sabías lo que querías? ¿Sabías lo que era «lo mejor» para ti? ¿Cuántas veces te pasó algo teóricamente bueno y luego se torció? ¿Y lo contrario? Todo es relativo. ¿Sabes realmente lo que es lo mejor para ti? ¿Lo que te otorgará crecimiento, lecciones, aprendizaje, paz y felicidad a largo plazo? ¿Tuviste buena o mala suerte entonces?

Quizás es mejor no dejar todo en manos de alguien que no sabe lo que quiere, ni lo que realmente le conviene, ¿no crees? Por eso ideamos a Dios fuera de nosotros, le culpamos de lo malo que nos sucede y ni siquiera nos acordamos cuando nos pasan cosas buenas. Es fácil buscar culpables y causantes fuera y no tomar responsabilidad.

Dios es muchísimo más de lo que imaginas, no tiene las limitaciones que le das, ni la conducta humana que le aplicas. Dios te ama tanto, que solo desea que tomes responsabilidad de tus actos y te da libertad para ello. Por eso se dice que Dios es padre/madre. Nosotros, como padres, queremos que nuestros hijos maduren, se valgan por sí solos y, por amor, debemos no protegerlos siempre. Eso, llevado a niveles que no podemos comprender, es el amor de Dios y, cómo actúa Él a través de nosotros, es algo que solo podemos sentir, no comprender. Por eso a Dios no podemos tocarle, sino sentirle.

Si supieras ver siempre el lado bueno de lo que te sucede, todo cambiaría. Entonces, te darías cuenta de que nada es azar. Pero no, nuestro pesimismo, incluso, nos lleva a rendirnos y decir que nos arrastra el caos, el azar, la suerte. Hasta somos tan hipócritas de llamar a eso DESTINO. Cuando eres un pesimista atraes lo que llamas mala suerte porque solo ves el lado malo y siempre hallarás el lado malo de todo lo que acontece. Incluso llamarás a más experiencias que te demuestren que debes cambiar y no pararás de decir que solo te suceden cosas malas.

Sin embargo el optimista siempre atrae lo que llamarías buena suerte, y sabes bien ya lo que realmente le está sucediendo, no hace falta que te explique nada.

Todo sucede de la misma manera, igual que este libro acabó en tus manos de forma extraña, fortuita, azarosa, mágica o como quieras llamarlo. De la misma manera, te han sucedido muchas cosas en tu vida, pero quizás no les diste relevancia, ni te planteaste lo especial que tenían. Este libro estaba enlazado a ti, unido contigo, igual que todas esas situaciones que te pasaron. Las convocaste, como al libro, como haces igualmente con personas y momentos.

Para comenzar, entiende y acepta que todo está unido. Todo ese universo está unido. La ciencia así lo ha demostrado ya. Si no lo sabías es problema tuyo, por falta de información. Pero incluso tu corazón ya te estaba informando, ¿a que sí? A ver si le hacemos más caso. Se llaman corazonadas, recuérdalo. Siente la fuerza en ti.

Pues sí, todo el universo está enlazado. De hecho TODOS esos universos, porque la ciencia pronto se dará cuenta y «decretará» que esto es así. A los universos les da igual que la ciencia diga si es uno, o si son muchos multiversos, así que no importa. También le da igual lo que nosotros pensemos que es. Sencillamente estamos unidos, de alguna forma; aunque no lo entendamos, lo estamos.

A lo mejor el universo, multiverso, o como sea, tiene unas leyes que desconocemos. Bueno, a lo mejor no, es seguro que las tiene. Quizás el universo, por dejarlo así, entiende una de esas leyes, o un compendio de ellas, bajo el nombre de lo que tratamos de explicar como «magia».

El universo nos ofrece ese poder o, quizás nosotros al crear nuestro propio universo, nos lo concedemos y formamos las leyes y las reglas del juego.

Magia es hallar a la persona adecuada en el momento adecuado en el lugar adecuado. ¿Nunca te ha pasado? Venga ya, no tengas deducciones poco científicas. Si te ha pasado, así es, y no importa aceptarlo. Y te pasará más, en cuando aprendas el mecanismo. Como intuyes ya, esa persona y tú estáis conectados, a un nivel que ni imaginas y que la ciencia pronto dirá que siempre supo.

Piensas en alguien con quien no tenías contacto desde hacía años y... te llama por teléfono. Piensas en una canción y suena en la radio. Son muchos ejemplos, deja de oscurecer tu recuerdo, de negarte a ti mismo tu propia realidad. Te han pasado esas y otras sincronicidades mucho mayores. Son eso, sincronías. Sincronizas una realidad con otra, una parte del cosmos con otra y las unes. Tú convocas las piezas del puzle y le das forma. Eres el dueño de tu realidad y de tu destino.

Oye, y pensándolo bien... si estoy conectado con personas que conozco... ¿por qué no voy a estar conectado a su vez con otras personas que no conozco?

Efectivamente, tienes razón; estás conectado, a todas. Estás conectado con todo, incluso... —¿y por qué no?— con el mismo reino vegetal y mineral. Pero esos mundos, por no llamarlos seres, no tienen consciencia, no están vivos realmente —seguro que estás pensando. Ah, ¿sabes tú entonces lo que tiene o no consciencia de sí mismo? ¿Vida? ¿Lo sabe la ciencia? Mejor dejemos de especular, de dar cosas por sentadas o supuestas y de emitir juicios. O peor, de jugar con los juicios de otros.

La ciencia ya ha demostrado que las plantas sufren dolor y que crecen mejor cuando se las considera y se las cuida, cuando se las ama. Masaru Emoto demostró que el agua se altera según las emociones que se le proyecten. Sí, la ciencia está haciendo adelantos muy grandes, pero a veces se le quedan demasiado grandes, o son desconocidos o ignorados adrede. A veces nos llega solo lo que les interesa, o no nos llega porque no les interesa a otros.

Pareciera que el ser humano es en esencia un pesimista crónico. No quiere ver atisbos de magia en la vida y constantemente se niega esa realidad. Se torpedea a sí mismo una y otra vez como si le gustara esa melancólica soledad.

Pero menos mal que eso es solo un lado de la balanza y cada vez pesa más el otro. Hay muchos libros maravillosos llenos de valiosísima información. Cada vez hay más valientes que comparten lo que llegan a descubrir, sin miedo a críticas y a que los llamen locos.

Este libro no lo ha escrito ningún científico reputado, ni ninguna persona eminente con respaldo para decir nada, pero quizás sea un libro especial para ti. Así de simple. Este libro es un libro cualquiera, uno en blanco, pero donde has escrito lo que necesitabas recordarte, eso lo hace mágico.

Si fueras capaz de creerlo, cualquier libro podría ser mágico. Harías la pregunta, abrirías donde quisieras al azar y aparecería la respuesta. Esta técnica, la han usado muchos a lo largo de toda la historia. En el futuro si quieres puedes usarla aquí, con este libro. Serás tú quien inconscientemente abra por la página adecuada y ponga la vista en la frase adecuada.

No tiene mucho misterio. Tu mente recuerda todo este libro después de leerlo, lo graba. Otra cosa es que no lo recuerdes conscientemente, pero bajo hipnosis podrías hacerlo. Por lo tanto sabe qué página abrir, la convoca y lo que necesitas recordar aparece.

Igual sucede con muchas otras cosas. Convocas lo que ya sabes que necesitas, tienes esa información, aunque no sea a nivel consciente. ¿Ves la maestría que escondes? Solo hacía falta hacerte pensar un poco.

Muchas personas son buenas, es decir, tratan de no hacer mal a los demás, sencillamente por miedo a un castigo en esta, o al final de sus vidas. Se comportan de una determinada manera porque una ley externa les dice que así debe ser. ¿No es eso triste y extraño? ¿No preferirías no hacer mal a los demás sencillamente porque no sale de ti, porque sencillamente no eres así?

Piénsalo, ya estás dando, si no los diste hace tiempo, los primeros pasos hacia tu interior y lo que realmente te mueve, a conocerte realmente. Es posible que acabes de descubrir que eres mejor persona de lo que pensabas. Eres una buena persona, sí, lo eres. No actúas por miedo, sino por amor. Eres lo que eres porque así es tu esencia, nada tiene que ver con el exterior.

No importa tu nivel de «evolución», o de «despertar», a la hora de leer este libro. Despertar es solo haber comenzado a querer cambiar las cosas, a cambiar tu realidad impuesta por los demás, por sus leyes y sus juicios. Despertar es saberte algo más que un mero cuerpo físico, limitado y finito. Despertar es cambiar a una visión real de la vida, a una percepción real de ti y de lo que te rodea.

Eso que te imponen los demás es su realidad, su sueño, o más bien una pesadilla. Por eso lo de «despertar». Si quieres añadirle el adjetivo de «espiritual» estupendo. Da igual, las etiquetas son solo eso, etiquetas. Una mecanismo inconsciente y simplificador que tenemos los humanos a la hora de procesar la información.

La vida es lo que creemos que debe ser. Tu vida actual es lo que te has convencido que debe ser tu vida. Y por supuesto, Sí, la respuesta es sí; puedes cambiarla. No tienes otra porque no crees merecer otra, así de simple. En un próximo capítulo verás con qué crueldad, injusticia y estupidez te has tratado, no eches la culpa a nadie externo. Pero es algo normal, no te preocupes. Además, darte cuenta —si no lo ha sido ya—, será una de las mayores cosas que descubrirás en tu vida. Confía.

Comienza por saber qué quieres, fantasea con la realidad que deseas. Tu imaginación es la vía, es la forma en que se materializa la vida, es la fórmula de la magia. Sueña, y sueña con fuerza, sin miedo, con amor.

Y hablando de sueño debes saber que cuando nos vamos a la cama viajamos. Todos hemos escuchado la frase de: «Lo consultaré con la almohada». La decimos cuando queremos expresar que esperamos meditar algo y tomar una decisión mientras dormimos. Y es así, debemos aprender a usar esta técnica.

Por lo tanto, desea con fuerza y decreta qué vida quieres. Y suéñala, vete a dormir y suéñala. Pide ayuda en tus sueños, cierra los ojos dándote la orden de hallar respuestas y ayuda donde quiera que vayas. Pero recuerda que te pueden asesorar y guiar, pero solo tú actúas, solo tú tienes el poder de cambiar las cosas.

Cuando dormimos, pasamos a otros estados de conciencia mientras nuestro cuerpo y mente descansan. El ser humano no puede estar muchos días sin dormir o muere. No solo es por ese descanso, ni porque al dormir la mente acomode pensamientos y necesite ordenar todo. Es porque, mientras dormimos, conectamos de una manera más profunda con nuestro verdadero ser, y recibimos esa guía y ayuda.

La mayoría no se acuerda, pero muchos sí pueden. Incluso son capaces de tomar conciencia mientras lo hacen y dominar sus sueños. Pero muchos de ellos no son ensoñaciones y fantasías de la mente, sino verdaderos viajes a planos que van más allá del tiempo y del espacio.

Los onironautas existen y es una realidad demostrada. Sea como sea, no hace falta a aspirar a tanto si aún no lo deseas, pero puedes, antes de irte a la cama, pedir la ayuda que necesites a tu propio ser o a quien tenga a bien guiarte. Funciona realmente. Muchos grandes científicos y pensadores han despertado de pronto con ideas maravillosas gracias a que, en sus sueños, obtuvieron respuestas que eran incapaces de visualizar despiertos.

Además, en el sueño contactas a través del tiempo con tu Yo del pasado, y puedes aprender a curarlo si aún te provoca dolor algo que arrastras. Y también puedes contactar con tu Yo futuro, porque el tiempo no existe realmente más allá de este plano. ¿Te gustaría preguntarle cosas? ¿Pedirle guía? Vas a poder, ya lo estás haciendo.

CAPÍTULO CUATRO

Este libro lo escribiste tú.

Este libro es tuyo, es para ti, de hecho «lo has escrito tú» ¿Cómo que lo he escrito yo? Eso no es científico. Bueno, dejemos volar un poco la imaginación. La imaginación ha sido la esencia y semilla de todos esos descubrimientos científicos que tanto te importan.

Si aún te cuesta, convéncete de que es un recurso literario para fantasear un poco y no hacer tan aburrido este libro. ¿Aceptas el reto? Ya verás, tú sigue leyendo.

Desde que naciste has estado tratando de averiguar qué haces aquí. Puede que te hayan hecho relativizar esa búsqueda o, incluso, que te hayan hecho creer que cuestionarte eso es algo absurdo. Tú sabes que nunca se ha apagado ese fuego y que te es necesario para seguir adelante.

Porque los demás pueden decirte cualquier cosa, pueden engañarte, pero tú no puedes engañarte a ti mismo. Así que, desde pequeño, has seguido planteándote las mismas preguntas, sobre todo cuando la vida da giros y te hallas ante su inmensidad fuera del vértigo del día a día.

Tienes una cita pendiente, una que no puedes eludir. Porque eres tú mismo llamándote, reclamando tu propia atención. ¿Te vas a hacer caso esta vez? Llevas mucho tiempo mandándote mensajes, pero los ignoras, como Matthew McConaughey en la película Interestelar.

Sí, esa idea, que puede parecerte de película de ciencia ficción, es más real de lo que imaginas. Date tiempo, no prejuzgues de nuevo, abre tu mente y tu corazón. Merece la pena, ya lo verás.

Te explicaré eso de que lo has escrito tú, aunque realmente te lo estás explicando a ti. Imagina que por un instante pudieras, como en la película, retroceder al pasado en una hipotética máquina del tiempo, o un viaje espacial que lo permita.

Imagina que pudieras escribirte una nota y dejársela a tu yo del pasado para guiarle con todo el aprendizaje que desde entonces has almacenado. En el futuro tu sabiduría es obvia, conoces más de la vida, la experiencia te ha permitido obtener muchas respuestas. Conoces tus decisiones y tus posibles futuros, igual que tus posibles pasados. Eres la persona más indicada para darte consejos, quien te conoce mejor.

Si te cuesta, no importa, cree que esto es solo una novela, pero permítete soñar; fantasea con ello. Todo lo que imaginamos puede hacerse realidad, justamente este libro trata de enseñarte cómo.

¿Comprendes ahora que saquemos al autor del libro de la ecuación? En este momento eres tú hablando contigo mismo y nada debe interferir.

Si te suena raro esto de que el autor se refiera a sí mismo en tercera persona, o creas que este es un libro canalizado, desengáñate y ten paciencia. Puedes, si lo deseas, leer los dos últimos capítulos y conocerás al autor y el cómo y porqué surgió este libro. Quizás te sorprendas y no sea ese tipo de persona que piensas. Deja de juzgar.

Tú eliges, siempre lo haces. Puedes echarle un vistazo y luego regresar a esta página. O quizás creas que no es necesario.

Lo primero que pensarás es que, en el hipotético caso de creer esa teoría, cada uno tendríamos un yo futuro y que, este libro, no puede estar escrito por ti en el futuro, siendo el mismo para todo aquel que lea estas páginas.

Es una buena cuestión y la respuesta es sencilla. Aunque cada uno tenemos vidas diferentes en las que experimentamos realidades diferentes, lo que se cuenta en este libro es común para todos. Lo podría haber escrito tu yo futuro o el de cualquiera. Con tiempo suficiente, vida tras vida, la experiencia vital nos lleva a las mismas verdades, a las mismas conclusiones aunque sea por diferentes caminos.

Todo es cuestión de tiempo, de experimentación. Y a eso hemos venido a este planeta, a experimentar. Este plano, este lugar —por llamarlo de alguna forma—, no es más que una especie de escuela de experimentación física donde tú y sólo tú has optado venir, para aprender, para conocerte mejor, para experimentar tu propio poder, tu propia existencia y tu propio amor.

Este libro no puede privarte de esa experimentación, eso sería injusto y antinatural. Lo que está haciendo es orientarte, para que no pierdas el tiempo en caminos más lentos y dolorosos, motivarte para que te ilusiones y sepas que estás en el buen camino, nada más.

Es un camino hermoso, sea cual sea el sendero, pero estamos en momentos clave, tiempos decisivos donde cualquier ayuda es bien recibida. Ojalá este libro aporte algo al cambio. Ojalá decidas dejarte iluminar un poco el camino por tu propia luz y, ojalá, este libro ayude a que sea una luz más grande y poderosa que ilumine a otros a su vez.

Comenzaste a caminar hace mucho. Y llegas aquí por voluntad propia, de una forma muy valiente. Porque olvidar todo es complicado, muy complicado. De hecho es la prueba más dura para demostrarte que, pase lo que pase, sigues siendo, en el fondo de tu ser, el que siempre fuiste y que, al final, recordarás quién eres porque es tu esencia y nadie puede engañarte ni pervertirte. Es una complicada prueba de fuego para saberte fuerte, incluso bajo la más nebulosa amnesia.

Tu olvido y las manipulaciones de otros igual de perdidos que tú, te han hecho hacer muchas cosas que no formaban parte de tu esencia. Pero no pasa nada, era necesario. Unos a otros os las habéis hecho para experimentar, para despertar; forman parte del camino. No tienes enemigos, solo seres igual de confundidos que tú con los que has lidiado, te has unido, has amado y habéis tratado juntos de hallar la salida.

Sí, yo sé muy bien que atisbas ahora mismo ese poder, esa presencia, esa realidad. Ahora no mirarás igual a la próxima persona que se cruce contigo, ni la próxima puesta de sol, el cielo, el mar, o la vida misma. Formas parte de un todo maravilloso, antes era teoría, ahora es realidad para tu corazón.

Sentir dentro de ti tu más pura esencia es el primer paso para recordar quién eres y qué haces aquí. Por ahora debemos ir despacio. Experiencia tras experiencia aprenderás sobre ti y sobre todo lo que te rodea. Tarde o temprano, por ejemplo, te darás cuenta de que eres co-creador de tu realidad, que solo el amor es el camino, conocerás que la muerte es solo un cambio de estado, que puedes regresar, aprenderás por qué no recuerdas nada y llegarás a saber muchas cosas más.

Es algo básico; ensayo y error. Solamente que quizás aún no has tenido tiempo, no lo recuerdas, o estás en un periodo donde optaste por no recordar y hasta renegar. Habrá alguna importante razón, no seas duro contigo mismo. Más adelante hablaremos de ello.

¿Has pensado en lo que te he dicho antes? ¿Si te escribieras una carta qué te dirías? No te engañes. Recuerda que te conozco bien y te leo el pensamiento, que soy tú mismo en el futuro. Sabes bien que no te escribirías las típicas nimiedades vitales siempre relacionadas con tus tragedias y triunfos.

En el futuro habrás llegado a la madurez de comprender y aceptar que los momentos malos de tu vida fueron los que más te enseñaron, aunque no lo hayas comprendido aún. No querrías ahorrárselos a ese tú, porque sabes que son necesarios y te han forjado tal y como eres.

Volvamos a esa carta del futuro. ¿Qué te escribirías? Sinceramente, ¿Qué mensaje te dirías? Recuerda que ahora sabes lo que es amar porque tuviste experiencias en las que comprobaste lo que realmente esperabas y necesitabas de una relación.

Recuerda que ahora sabes que eres más fuerte de lo que pensabas entonces, por todas esas duras pruebas a las que te has enfrentado y salido triunfante aunque a veces con magulladuras. Recuerda que tienes más esperanza porque has visto que siempre había luz al final de todos los túneles oscuros y terroríficos que has superado.

¿Confiarías en ti? ¿Aceptarías tu propia guía, escucharías tus propias palabras? La respuesta es tuya y solo tuya. Tú decides ahora si cerrar este libro o seguir leyendo. Tú decides qué deseas que sea este libro, si un puñado de tonterías y desvaríos que escribe un loco, o justo lo que necesitabas escuchar.

Lo importante es que TÚ DECIDES. Recuérdalo bien. Nadie puede ni debe decidir por ti. Tienes a todo el universo esperando tu decisión, recuerda que estás conectado.

Una vez estaba este libro ya escrito, el autor descubrió, una vez más por causalidad, que la base de esta realidad que se te propone ya está demostrada científicamente. Era necesario incluir algunas líneas y hablar de ello, servirían a muchos a tener más confianza en lo que este libro comparte. Parece que, al fin y al cabo, no estábamos tan locos ni tan mal encaminados. ¿No querían ciencia?, pues aquí llega al rescate. Más sincronías de la vida mágica.

Justo antes de dar la última revisión previa a enviar el libro a imprenta, llegó al autor la información sobre Jean-Pierre Garnier Malet y su teoría de «El desdoblamiento del tiempo» (The Doubling Theory). En ella, Garnier demuestra que podemos pedir consejo a nuestro yo del futuro y que nos guíe. Es más, lo demuestra científicamente. Era mi deber añadir seis nuevos párrafos, que son estos que lees.

Podemos entenderlo o no, pero lo demuestra; aunque importa poco si no fuera cierto, como no importaba hasta que el autor supo de la existencia de Garnier. Recuerda que, quizás, no comprendes cómo funciona internet, ni cómo llega a tu teléfono o computadora; pero lo hace y está demostrado científicamente que se puede. Hay cosas que no caben en nuestra cabeza, pero que son reales.

Y Garnier no es precisamente un don nadie, sino un eminente doctor en mecánica de fluidos muy reputado y respetado entre la comunidad científica. Esta misma ley ha permitido cálculos hasta ahora imposibles y explicaciones muy profundas acerca del funcionamiento del cosmos.

El autor de este libro se quedó perplejo al conocer a Garnier y lo que exponía, lo cual es muy similar a lo que aquí se te comparte. Pero la verdad es que no se sorprendió mucho, está ya acostumbrado a estas «causalidades» y «sincronicidades». A ti te comenzará a pasar igual. Poco a poco, verás normales estos pequeños actos de magia, hasta que se hagan cada vez más grandes. Son pasos necesarios.

Una vez más la sincronía existe y todo encaja. La verdad siempre llega, no importa de dónde ni cómo, pero llega si se la llama cuando el propósito nos trasciende y proviene del corazón. Aunque Garnier habla de una conversación más personal con tu propio yo, este libro trata de ahondar más allá en una información genérica común, como antes mencionamos. Son, pues, respuestas generales que a todos nos sirven pues las compartimos. Son, para entendernos, las reglas básicas del juego. Aunque hay más, muchas más.

Garnier se centra más en una suerte de guía personal en la que, al plantearle tus dudas a tu otro yo, él te responda con decisiones inmediatas concretas. Este libro no puede darte esas respuestas, pero te demuestra que puedes hacerlo, te dibuja un mapa general de respuestas completas futuras y de verdades mayores que, quizás, orienten esas respuestas concretas.

Tu yo futuro escribió algunas hojas para ti, por lo que este, de alguna manera, es el único verdadero libro de «autoayuda» pues eres tú mismo ayudándote a ti mismo, sin que nadie externo participe. De hecho, no hay nadie externo, no hay dualidad, aunque eso lo abarcaremos más tarde y tratarás (hablo en futuro pues) de hacerlo de forma bastante sencilla y comprensible; aunque ahora no lo parezca.

Quizás no sea fácil comprender lo que te estoy proponiendo, tómate tu tiempo si lo necesitas o sigue adelante confiando en que lo entenderás. Es complicado porque la programación previa que traías impedía ejecutar ciertos programas. Había cosas que te habías prohibido pensar, no entraban en tu paradigma de creencias factibles y lo rechazabas.

Ten cuidado con rechazar todo aquello que de primeras no entiendas. Sabes bien que muchas cosas no las puedes entender con la mente pero sí con el corazón. No puedes entender por qué amas a ciertas personas, pero darías la vida por ellos. Pero aún así las amas y es real que cometerías y cometes locuras por ellos, locuras irracionales.

Los conceptos equivocados arrastrados durante milenios son parte de esa programación. Ideas erradas que nos han repetido una y mil veces y que de tanto escucharlas y decirlas nosotros, ya nos es imposible no asimilar otra cosa. Y si los conceptos más importantes en nuestras vidas arrancan de ideas erradas tenemos bastante mal cimentado todo. Si partimos de una base que no es sólida o está equivocada poco podemos construir encima. Y así ha sucedido.

El ser humano ha sido el peor enemigo para el propio ser humano. Se ha hecho mucho daño y ha construido su propia jaula. Sí, le han ayudado y alentado a veces, pero él solito cierra la puerta de su cárcel cuando puede escapar cuando lo desee, pues tiene también la llave.

Se ha fabricado sus propias rejas y tras esos barrotes pide libertad sin darse cuenta de su poder. Por ejemplo, uno de esos barrotes que le aprisionan, de esos conceptos que le atan es el de pecado.

Debemos comprender el verdadero significado de la palabra «pecado» pues ha sido adulterada y manipulada en exceso. Pecado significa ERROR. Debemos desligarla de toda connotación distinta. Atendiendo a las traducciones originales de los textos cristianos la palabra «pecado» es la traducción del griego «jattá'th» y del hebreo «hamartia».

La traducción literal de ambas es ERROR. Incluso tiene connotaciones comunes asociadas a los similares términos de «fallar» o de «no lograr la meta, el destino o el propósito original». Nada tiene que ver ese PECADO con los tintes oscuros y negativos que le dan muchas religiones.

Cuando «pecamos» sencillamente nos «equivocamos». Y sería un ERROR tremendo pensar que la vida puede estar vacía de errores. Necesitamos los errores para mejorar, para hacernos más fuertes, para saber discernir lo que queremos de lo que no, lo correcto de lo incorrecto.

Negar esto es ser un ingenuo. El ERROR, y por lo tanto, el PECADO, forma parte de nuestras vidas y es NECESARIO para nuestra evolución. No hay ser humano en la tierra que no haya cometido errores, cosas que le hubiera gustado hacer de otra manera si volviera atrás, y benditos son estos porque nos permiten evolucionar.

Muchos de los grandes hombres primero fueron personas que cometieron muchos errores. Conocieron sus limitaciones y cuándo no actuaban bien tras reconocer sus fallos. Debemos despejar de la mente la idea de que alguien maravilloso es alguien que no comete errores. Siente en tu corazón la verdad de que darías más valor a una persona que se equivocó y enmendó su error que a alguien que nunca ha sido tentado.

Estamos ante una negación de nuestra propia esencia, una manipulación a la que pocos arrojan luz ni se percatan de ella. Y está al alcance de todos, solo investigando y pensando un poco. Conocerte es conocer la vida y las reglas del juego. Pero ya ves lo importante que es conocer bien las reglas y no caer en trampas que desvirtúan el juego.

Estás tomando las riendas de tu vida e insisto, tu vida no va a ser la misma. Verás con nuevos ojos la realidad que te circunda y la esencia del ser de luz que en verdad eres. Esto es solo el comienzo, vas a sorprenderte de todo lo que vas a descubrir si experimentas.

Pero debes ser consciente de que ahora mismo eres tu peor enemigo. Es seguro que estás, en este instante, aún luchando con muchos estereotipos mentales que entran en contradicción con las ideas que te se están exponiendo. No te preocupes, es normal. Si no tuvieras esa lucha interna es que no eres humano, es algo natural.

Ahora mismo estás luchando contra miles de años de pensar de una forma concreta cerrada y blindada. Contra hábitos y programaciones repetidos trillones de veces en tus existencias. Y aún quedan muchos conceptos errados por reparar a lo largo de este libro. Estás luchando contra malas costumbres que has adquirido al perder la memoria de quién eres y tras tirar la toalla muchas veces. Pero saldrás victorioso, siempre es así, no lo dudes.

Tan solo tienes que volver a reprogramarte, a saber identificar de dónde vienen tus bloqueos, tus contramedidas y tus limitaciones. Es más sencillo de lo que parece, pero requiere tesón y disciplina.

Hasta ahora, has actuado bajo la premisa de que eres un ser limitado, ignorante y víctima. Has vivido bajo el yugo de creer muchas mentiras que te han acotado tu capacidad de crear tu propia realidad.

Como pensabas que el éxito solo se logra tras mucho esfuerzo, has decretado que debes sufrir. Como pensabas que trabajar significa hacer algo que no te gusta, así ha sido siempre. Como pensabas que la vida era injusta, has desdibujado una vida acorde a tus ideas.

Fíjate qué poder tienes. Como es lo que creías que debía ser, así has creado tu realidad. Pero igual que has creado esta podías haber creado otra.

Son tantas cosas las que hemos hecho al revés, que es un poco tedioso reprogramar todo, pero es posible y, con paciencia, se puede hacer fácilmente. Comencemos con dejar de hacer caso a tu exterior, sobre todo a lo que la sociedad ha dictaminado y decretado como indiscutible. Deja de hacer caso a los demás, y tampoco quieras cambiarles.

Es muy común que, al hallar ciertas verdades, tengamos la imperiosa necesidad de compartirlas y la ingenua intención de ayudar a quienes nos rodean para que descubran lo que nosotros. Debes respetar su albedrío, ya llegará el momento y la mejor manera de hacerlo es con tus actos. Sé luz que ilumina a los otros, no los quemes. Sé el faro que atraiga a la gente que está perdida y deja que te pregunten ellos mismos cómo has logrado encender ese fuego, esa luz interna. Y que tu ejemplo sea muestra de tu teoría, sin tener que decir ni una sola palabra. Olvídate de convencer a nadie, aunque les veas sufrir, aunque te ataquen. Recuerda que lo hacen porque están perdidos, igual que tú antes.

Nos duelen los demás porque les damos poder. Deja de hacerlo, corta por lo sano. No se trata de creerte ahora tú superior, sigues siendo parte de una masa que es víctima de sí misma. Solo deja de darle importancia a sus juicios, a sus excusas, a sus quejas y sus llantos.

Muchas personas solo viven de emitir juicios y especular sobre ellos y los de otros. Su mundo gira en torno a algo muy triste. También se decepcionan porque hacen suposiciones y tienen expectativas de la gente y de sus actos. Luego se quejan diciendo que los demás les fallan.

Nadie puede fallarte si no tienes expectativas. Cuando haces las cosas con el corazón, no esperas recompensa alguna; lo que venga, llegará; o quizás no llegue nada. Y si viene algo, genial; tanto sea positivo, negativo o neutral. Perdemos mucho tiempo prestándole atención a asuntos que, si reflexionáramos un poco, veríamos que son absurdos y hasta nos perjudican.

Nuestro cerebro, nuestra mente, es una especie de supercomputador. De la misma manera que un ordenador guarda información y la usa cuando le conviene y usa «programas» que gestionan esa información. Pero tú no eres tu mente, tú no eres tu cerebro. Es una herramienta, nada más.

Nuestra alma es quien rige esa computadora, pero si dejamos que ella tome el control y nos dejamos guiar por sus parámetros de funcionamiento, siempre surgirán modos de supervivencia y reacciones muy básicas, casi animales; con el perdón de los animales.

El cuerpo humano físico no es más que un traje. Una especie de robot para que nos metamos dentro y podamos movernos en este mundo físico y sus leyes. ¿Y quién se mete? Tú, tu verdadero yo, el resto es el cuerpo como estás comprendiendo.

Necesitas aprender a controlarlo y saber cómo funciona. Conocer cómo moverlo y cómo, aparatos que trae consigo, te ayudan a interpretar la realidad que te circunda como cámaras, sensores y herramientas similares. Eso no eres tú, son instrumentos a tu disposición, así que nunca pongas el robot en piloto automático.

Si bajas a las profundidades del mar no podrías aguantar la presión, ni respirar. Necesitas un traje de buzo o un batiscafo. Tú no eres el traje, ni eres ese submarino pero, sin ello, no podrías estar ahí, en ese lugar y experimentar. No confundas tu traje con quien eres realmente.

Después de tantos años en las profundidades del mar, puede que pienses que, esa forma torpe de caminar y el depender de tubos y cables, es completamente necesario y forma parte de ti. Pero no es cierto.

A lo largo de la vida programamos nuestra mente ante hechos y dejamos escrito cómo debemos reaccionar ante ciertos acontecimientos. Lo hacemos por aprendizaje, es decir, por el ejemplo de otros o por ensayo y error.

Por ejemplo, copiamos las actitudes de nuestros padres. Si nuestros padres nos muestran miedo a los insectos nosotros, muy seguramente, reaccionaremos igual porque así lo hemos programado. Si ellos reaccionan así, será por algo y lo imitamos.

A veces, sucede todo lo contrario, por variables —como en computación— circunstanciales, podemos querer reaccionar opuestamente a nuestros padres. Quizás motivados por un deseo de llamar la atención o sencillamente por llevar la contraria.

Creamos hábitos, programas, aunque podríamos llamarlos mejor virus, que nos hacen reaccionar de maneras preestablecidas. Estamos programados por nosotros mismos y por la sociedad. Es importante conocer esta realidad y cambiar lo que se deba cambiar. Así como usar estas técnicas, una vez sabemos cómo funcionamos por dentro.

Imaginemos pues que si nuestros mayores nos muestran una actitud precaria ante la vida y un miedo constante ante el futuro, nosotros asimilaremos eso.

Hay, pues, una serie de programaciones muy dañinas que nuestros padres nos han heredado. Sin mala intención pero nos han marcado con ellas y debemos desprogramar, desinstalar esos datos urgentemente de nuestras mentes.

Tu ordenador va muy lento con tantos programas instalados, la mayoría basura y contraproducentes. Necesitas descargarte tu última actualización del sistema operativo, cambiar todo de raíz y volver a instalar los programas que realmente necesitas, haciendo una buena criba de sus funciones.

Además, así te libras de virus que ni siquiera sabías que tenías instalados y que estabas contagiando a otros con quienes te relacionabas. Formatea tu mente, de cero, mejórate, crece, no tengas un sistema anticuado, lento y sucio. Y, la base de esta limpieza, es reprogramarte.

En esto se basan muchas filosofías, antiguas y algunas modernas, como por ejemplo la PNL (Programación Neurolingüística). Pero no son más que un estudio y desarrollo de técnicas milenarias de autoconocimiento y autoanálisis. Igual sucede con otras nuevas técnicas como la psicomagia y formas similares. No son más que una modernización y actualización de métodos tradicionales de pueblos ancestrales y el chamanismo más puro. Luego nos extenderemos en rituales y actos mágicos para comprender por qué funcionan y cómo lo hacen.

Ahora debes entender y aceptar que, de tanto repetirnos algo desde niños, lo hemos asimilado y aceptado como «verdad». Al ver a nuestros mayores y a quienes nos rodean actuar conforme a esas leyes, las asumimos como correctas y como únicas. Pero quizás todos hayamos aportado nuestro granito de arena al creernos algo que no era cierto, o que incluso nos dañaba. Ha pasado muchas veces.

«El dinero es malo» —nos han inculcado constantemente. «Lávate las manos después de tocar el dinero. Quién sabe quién lo habrá tocado». Si repudias el dinero lo expulsas de tu vida y jamás lo atraerás a ella. Tienes tantos prejuicios del dinero que te contradices constantemente. Lo quieres pero lo rechazas y como crees que no lo mereces realmente lo alejas de ti.

Es muy común el concepto errado de que si logras ganar un dinero es porque se lo quitas a otro. Como que no hubiera suficiente dinero para todos y si tú ganas un poco más es porque se lo robas a otro que tendrá entonces menos. Es un pensamiento estúpido pero muy real. Estas son el tipo de programaciones más dañinas y las cuales las llevamos grabadas a fuego. Es urgente librarnos de ellas y si las reflexionas un poco verás lo absurdo de sus raíces.

Sí, es complicado. Son muchos milenios repitiendo los mismos patrones y reforzados por tradiciones, ritos, costumbres e incluso por la propia religión. Seguro que en tu memoria tienes bien grabado el texto bíblico que dice: «Es más fácil que un camello pase por el ojo de una aguja que para un rico entrar en el reino de Dios».

¿Te sorprende? Quizás todo es cuestión de información. Porque entre los estudiosos de la Biblia ya está aceptado hace mucho que se trató de un error de traducción, ya que el término griego «κάμηλον» (kamēlon) no se refiere al animal, sino las cuerdas con que se amarraban los barcos.

Por pura lógica se comprende que, a lo que se refería, era a la complicación de hilar un cable tan grueso en una aguja, no a meter un animal. Si se cometieron confusiones como esta, imagina cuántas más hay y cuántas se usan para justificar actos errados. Y ni siquiera entremos en las manipulaciones que se han hecho a lo largo de la historia.

Otra frase controvertida, que también ha empujado a la gente a pensar que el dinero y tener una buena posición económica es contraria a ser espiritual, es la que leemos en el bellísimo sermón de la montaña: «Bienaventurados los pobres en espíritu, porque de ellos es el reino de los cielos»

Primero que no dice «de espíritu» sino «en espíritu» y no significa para nada algo referido a pobreza física. Es más complicado y, si realmente te interesa, es algo que debes investigar por tu cuenta. Y, fíjate de paso, en que no habla en futuro, sino en presente. El reino de los cielos ES de los pobres en espíritu; no es una promesa, es una afirmación.

Nada tiene que ver con que repudies ser rico o tener dinero. No es un voto de pobreza, Dios no quiere que seas pobre y te falten cosas, sino que tengas todo lo que necesitas y tengas para compartir.

Como ves toda esa programación y repetir equivocadamente estas ideas generación tras generación nos hacen mella. Todas esas frases se nos quedan grabadas y nos condicionan subconscientemente. Luego es una realidad que repudiamos el dinero de la misma manera que lo deseamos.

¿Y cómo vas a atraer dinero a tu vida si a la vez estás queriendo tenerlo lejos? Es una contradicción que te bloquea la creatividad y tu capacidad de co-crear la realidad.

Trabajar significa sufrir, nos han hecho creer. «El trabajo dignifica», «Ganarás el pan con el sudor de tu frente». «La vida es un valle de lágrimas».

Motivadores frases como esas, se nos han grabado a fuego en la mente de tanto repetirlas y nos las hemos llegado a creer. Por lo tanto, asumimos y convocamos en nuestra vida que solo podemos hallar trabajos donde experimentar esta realidad.

Hemos aceptado de nuevo un significado para un «concepto» y al asimilarlo así no comprendemos que pueda ser otra cosa. Y, por lo tanto, todo lo que no sea eso, lo alejamos de nuestra vida y lo etiquetamos como imposible.

Vamos a seguir cambiando CONCEPTOS para lograr reprogramar nuestra vida y ampliar horizontes, para llegar donde antes no podíamos, porque nosotros mismos nos limitábamos.

El trabajo no tiene por qué ser un sacrificio ni un tormento. ¿Por qué trabajar debe ser hacer algo que odias para ganar una miseria? Ambos, trabajo y dinero, están unidos, mal unidos y mal programados.

Quizás te cueste asimilar que el trabajo no tiene por qué ser sacrificio y he aquí el primer escollo. Es como cuando te deben corregir una mala postura con la espalda. Duele al comienzo porque lo has hecho mal, pero merece la pena el esfuerzo, la recompensa es muy valiosa. De ti depende esforzarte o no, pero luego no te quejes. Aquí tenías la solución.

«¿Tú piensas que el dinero nace de los árboles?» ¿Cuántas veces habremos escuchado eso? Así destruimos nuestra capacidad de proyectar una vida en que el dinero fluya de forma natural y sencilla. Lo negamos, lo rechazamos.

Igual sucede con la idea de que quien gana mucho dinero es porque lo ha ganado de forma fraudulenta o, al menos, oscura. Más tarde hablaremos del tema.

Incluso volvemos a caer en el error de juzgar y decir que, si vemos a alguien que no está todo el día trabajando, es un perezoso, un vago. O peor, si vemos que trabaja en algo que le gusta, decimos absurdamente que eso no es un trabajo, que es un «hobby». Qué estúpidos somos y cuánto daño nos hacemos a nosotros mismos.

Esa falta de confianza en nosotros mismos nos condena, esa ausencia de fortaleza y confianza en nuestra propia capacidad nos aliena. ¿Debe una persona, que en dos horas al día gana más dinero que tú, y más que de sobra para vivir, trabajar hasta las ocho horas hasta alcanzar las que tú trabajas para ser digno de tu respeto?

En vez de querer alcanzar su meta, tratamos de destruir su logro. Y no es más que por envidia. Que salten en tu interior todas las alarmas cuando sientas envidia o la sientan por ti. Que la envidia te haga darte cuenta de que estás actuando de forma incorrecta y estúpida. Pero, tómalo como algo positivo, como esa señal de aviso que te permite transmutar eso en algo positivo, en una oportunidad. Si sientes envidia, por alguien debes saber que puedes lograr eso que envidias.

La envidia no sirve para nada, es inútil y autodestructiva, solo valórala como alarma. Cuando envidias a otra persona, quieres lo que esa persona tiene. Somos capaces de hacer daño solo para que esa persona pierda lo que envidiamos, para supuestamente quedarnos más tranquilos, por ejemplo, porque creemos que no lo merece.

Ese es uno de los actos más horribles que puede cometer un ser humano y una semilla para perderte en lo peor de ti.

Pero, aunque no hagas daño, solo sentir la envidia, en vez de alegrarte por esa persona, ya está proyectando una realidad oscura en tu vida. Te estás autoboicoteando. Estás creando la realidad de que, si tú logras alcanzar las metas que envidias, otros te envidiarán a ti. Y el rechazo y miedo a esa realidad te aleja, más aún, de lograr esos propósitos que tanto ansiabas.

Admiras a esa persona porque logra lo que tú no, por eso la envidias. Porque la envidia no es más que admiración malentendida y deformada. Qué hermoso sería trasmutar toda la envidia que sentimos y que sienten por nosotros en admiración. El mundo cambiaría, nuestro mundo y nuestra realidad cambiarían.

Qué hermoso sería contemplar a todos aquellos que han llegado lejos, que han alcanzado lo que nosotros pretendemos alcanzar y admirarles. Qué hermoso sería sabernos capaces de lograrlo también nosotros y ponernos en marcha en vez de perder nuestras hermosas energías en envidiar y odiar, en tratar de hacer daño a los demás para bajarlos a nuestro nivel. Qué incoherente suena esto y qué hermoso puede ser. ¿Quieres que tu vida sea así? Comienza por admirar y dejar de envidiar.

CAPÍTULO CINCO

Sé guionista de tu propia vida.

Te pones metas en tu vida y tú mismo tienes miedo de no lograrlas si las evocas mucho, como creyendo que, alguien externo y más sabio, decida por ti y al verte ansioso te castigue. Es normal, es una programación típica arrastrada tras milenios. Todos funcionamos de forma muy similar y lo vas a comprender con algunos ejemplos.

Tienes un proyecto, un negocio que deseas comenzar. Y ya comienzan las dudas. No sabes si pensar en tu vida futura cuando todo haya salido bien o si eso «gafará» el proyecto. Recuerdas todas esas veces en las que dabas ya algo por hecho y de pronto desapareció. Ya no sabes cómo afrontar este nuevo sueño, quieres hacerlo bien.

Si te proyectas demasiado pensando en cómo ese negocio te cambiará la vida, te sientes en parte mal, como si un orgullo mal comprendido te boicotease. Y así es, te estás boicoteando a ti mismo.

Piensas que, si te imaginas solucionando tus problemas económicos, viviendo mejor, siendo más feliz… estás cortando la potencia a que la vida te sorprenda. Como si el universo fuera repartiendo suerte y no quisieras llamar la atención para tener más posibilidades. Te quieres hacer la víctima, mostrarte humilde y pequeño para recibir esa mano ganadora.

Te ves logrando el éxito y diciendo a los demás que no lo esperabas, que no era para tanto, que te sorprende. No, no debe ser así, debes estar orgulloso porque lo que has logrado, lo hiciste tú solo. Pediste al universo algo, luchaste por ello, trabajaste y lo conseguiste.

Quizás te consuele saber que esto le pasa a todo el mundo, hasta que aprende el juego de la cocreación. Puede que te ayude saber que, hasta el mismo autor de este libro, pasa por lo mismo que tú. Pero no va a dejar de proyectarse e imaginarse viviendo el éxito de este libro. Puede que, para él, sea importante fantasear con un futuro donde este libro venda millones de ejemplares, se traduzca a muchos idiomas y, lo más importante, ayude a millones de personas. Y como es algo lícito, como es algo que se ha trabajado con amor y tesón, así será.

Esa manera de pensar, esos miedos, son comunes. Nos han repetido muchas veces que somos seres frágiles que dependemos de un azar externo, o un capricho divino sin sentido. Eso enloquece a cualquiera y conduce, inevitablemente, a un estado de bloqueo en el que ya no sabe qué pensar ni cómo actuar.

Si te montas en un auto, te pones el cinturón de seguridad. No tienes que pensar que te lo pones por si tienes un accidente, pues sería estúpido hacerlo por miedo y la precaución es solo un seguro, no provoca que suceda. Igual debe suceder en la vida. Puedes hallarte pensando ideas paralelas que puedan suceder, buenas o malas, pero no te obsesiones ni te condiciones. Enfócate en lo positivo, sabe que lo mereces y fantasea, porque es tu herramienta creadora.

Tú creas tu realidad y, por lo tanto, tienes ese poder y esa responsabilidad. Y debes aprender a dominar ese poder como quien aprende a nadar. Lo primero es que sabes que tú eres dos partes, tu consciente y tu subconsciente. A nivel consciente puedes decidirte a crear, por ejemplo, la realidad de que necesitas un trabajo y lo especificas y detallas. Pero, a nivel subconsciente, te pesan demasiado los paradigmas tradicionales y lo que la gente piense si lo logras.

El nivel consciente no llega a ser tan poderoso como el subconsciente, que siempre es mucho más de la mitad. Es un sistema de seguridad, para que no decidas cosas a lo loco y realmente co-crees lo que le conviene a tu ser. Si fuéramos capaces de aunar estas dos fuerzas y ponernos de acuerdo, podríamos co-crear cualquier realidad, sin límites.

Debes saber con certeza que la «suerte» no existe. Tu vida no cambiará ni un ápice si llevas o no tu amuleto de la suerte, si tocas madera, o si se te cruza un gato negro. Pero como eres co-creador de tu realidad sí que puedes autoconvencerte de que va a pasar algo malo tras pasar por debajo de una escalera y, como lo crees, se hará realidad. Deja de pensar así y toma esa fuerza para lo positivo, no para lo negativo.

Seguramente, el anterior ejemplo de cómo nos da miedo visualizarnos cumpliendo un objetivo, nos hace darnos cuenta de cuán estúpidamente nos juzgamos, lo crueles que somos con nosotros mismos y cómo no damos libertad a nuestra innata capacidad creadora.

Y es algo que nos acompaña en la vida, desde metas grandes a pequeñas circunstancias diarias. Igual te pasa cuando llegas a un lugar donde sabes que es difícil aparcar. ¿A que sí? E igual si juegas a la lotería, o esperas el resultado de cualquier cosa que no dependa de ti. O eso crees.

Y es que perdemos el control cuando creemos que las cosas no dependen de nosotros y nuestra mente comienza a especular y jugar pero, sobre todo, a boicotearnos. ¿Por qué tendemos siempre la balanza hacia lo malo? Seamos más inteligentes. Somos especialistas en menospreciarnos y eso debe cambiarse urgentemente. Nos gusta la tragedia, el drama, como en el cine y los libros.

No tengas, jamás, miedo a visualizarte logrando algo y en aceptar el mérito, tanto de tu trabajo y tu lucha por conseguirlo, como de la fuerza con la que lo has atraído y materializado de tanto pensarlo y verlo realizado.

Siente con fuerza que vas a lograrlo, que pronto será una realidad en tu vida y verás señales por todos lados. El visualizarlo te abre puertas y ventanas para cumplirlo. Y pondrás hasta a la mente y al ego a trabajar para ti. Cuando uno se va a comprar un coche de determinado modelo y color, de pronto, cree ver por la calle solo ese modelo y ese color. O, cuando una mujer se queda embarazada, solo ve embarazadas por todos lados.

Esto no es magia, o quizás sí. Es, más bien, que estás cambiando la forma de trabajar de tu mente. Recibes mucha más información en tu cerebro de la que crees. La recibes por todos tus cinco sentidos y por algunos otros más.

Como ya enunciaba Aldous Huxley en su hermoso y mítico ensayo «Las puertas de la percepción», poseemos una especie de válvula o filtro para percibir de nuestro entorno lo fundamental para nuestra supervivencia. Sin este filtro, nuestros sentidos recibirían tal cantidad de información que nos harían perder la cordura. Pero, tu subconsciente, sí que guarda esa información y hasta la procesa y nos afecta. En este mismo sentido, el poeta y pintor William Blake, decía: *«Si las puertas de la percepción se depurasen, todo se mostraría ante el hombre tal cual es, infinito»*.

En esas ocasiones, tu cerebro resalta todos esos coches de tal modelo y color, que son estadísticamente los mismos que antes, pero ahora te llaman la atención, se te presentan de manera consciente. Tu consciente solo accedía a un 5% o 10% de la realidad, pero tu subconsciente procesaba el resto e incluso guardaba información que más tarde puede usar y afectar a tus decisiones. Por eso es tan importante. Si eres capaz de usar este mecanismo para provocar que tu consciente tome consciencia de algo que antes pasaba desapercibido, comenzaras a dominar tu subconsciente y lograras una herramienta poderosa. Si eres capaz de usar esta técnica y en vez de ver autos ver otras cosas que necesites las hallarás siempre en tu camino, las convocarás y tu vida cambiará.

Igual sucederá si abres esas ventanas, si te concentras visualizando tus metas logradas, porque tu cerebro te ayudará a hallar todas las circunstancias beneficiosas para lograrlo y todas las opciones que puedan llevarte al éxito.

Date cuenta cómo tu propio cerebro y tu mente están a tu servicio, pero casi nunca les sabemos dar las órdenes correctas, ni sabemos ponerlos a trabajar. Aprende todos estos recursos y no tendrás límites. «*Nosce te ipsum*», rezaba en el templo griego de Apolo en Delfos, conócete a ti mismo y descubrirás un potencial inimaginable.

Cuando abres ese potencial y pones todo tu ser a tu servicio, la vida se muestra como algo maravilloso. Entonces, todo lo que hagas, será como ese amuleto de buena suerte, todo lo que toques, te dará buena suerte.

Y, si no lo logras a la primera, no pienses que hiciste algo mal. No era el momento y por eso erraste en algo, o no acertaste en alguna decisión que no permitió que se materializase. Aprende de los errores, porque si sucedieron era porque debías aprender. A veces, la meta no es cumplir ese reto, sino aprender del camino, de tu error. Muchas veces, el no lograr un propósito, nos hace darnos cuenta de que podemos optar a otro mayor, y solo nos damos cuenta de cómo depurarlo, o mejorarlo, cuando hemos trabajado para lograrlo.

Sea como sea, ten claro que nunca erraste en verte con el sueño cumplido, en el soñar y proyectarte en ese futuro. Eso jamás será un error. No lo olvides.

Proyecta tu vida. Dibuja un gran árbol con todo lo que quieres lograr en ella. Sueña alto, no te infravalores, pero tampoco confundas las cosas y quieras los sueños de otros. Entonces, entrarías en incoherencia y no se cumplirá nada de lo que quieres, porque tú mismo sabes que no te será beneficioso ni es tu verdadera meta. Tú no puedes engañarte, sabes diferenciar muy bien tus sueños de lo que la sociedad te ha dictado deben ser tus sueños.

Deja de tener miedo al qué dirán. Los sueños de otros no te darán felicidad, los tuyos sí. Puede que sean sueños humildes, pequeños para otros, pero para ti son grandes, maravillosos e inmensos. Olvídate de que el éxito sea siempre lograr algo que otros aplaudirían, quizás tu éxito va más allá de los aplausos y no los necesitas realmente. Deja de tener miedo, enfréntate a lo que está fuera de todo lo que conocías, fuera de tu zona de confort. Es cierto que allí es donde la magia aparece, jamás en la zona de confort.

Tus miedos siguen aferrándote a lo que conoces, como ese simio que temía salir del bosque que conocía, o internarse en la noche que no le permite ver hacia dónde camina. Nos calma y sosiega sentirnos en manada, protegidos por la ausencia de responsabilidades que conlleva dejar a otros las decisiones.

Dejamos que los demás PIENSEN por nosotros y hemos llegado a querer que SIENTAN por nosotros. Es una aberración para con nosotros mismos, como seres humanos. Sal de tu zona de confort, porque mientras no salgas de ella, tu paradigma, tu forma de concebir la realidad y tu papel en ella, bloquea que veas esa otra realidad.

Y tu zona de confort no significa que estés demasiado cómodo y todo sea fácil. Al contrario, seguramente sufrirás mucho, pero como lo ves cotidiano, te has acostumbrado a esa desidia y esa rutina. Salta, huye, sé valiente y sal fuera.

Estará delante de tus narices, pasarán cosas mágicas delante tuya y tú no te darás cuenta. A tu alrededor la gente puede verlas y te contarán sobre ello, pero tú seguirás con tu ceguera, con un velo delante puesto por ti mismo, por miedo.

Atados es complicado que nos aventuremos a pensar y menos a concebir una realidad aparte. La sociedad aliena rápidamente al diferente, lo aparta como método eficaz de eliminación de los peligros que la harían tambalear. Recuerda que decidimos hace mucho que los demás pensaran por nosotros y eso se convierte en hábito.

Somos nuestro peor enemigo a veces, nuestro más cruel carcelero y torturador. Nos ponemos nuestros propios límites y nos los creemos. Nos tragamos nuestras justificaciones y las hacemos verdaderas al rendirnos. Y es una pena que esto suceda porque destruye toda posibilidad de que la magia haga aparición en nuestras vidas. Dale remedio, cambia.

Todos queremos sentirnos especiales. Vemos una película o leemos un libro y soñamos ser el protagonista, por sentirnos diferentes, únicos, valorados e importantes. Todos buscamos esa vida que nos dé sentido, que nos haga sentirnos realmente especiales y valorarnos.

Pero no nos damos cuenta de que somos los que escribimos el guión de nuestra propia película, de nuestra vida, y que puede convertirse en una película de acción de esas que vemos emocionados, o una hermosa historia de amor, de entrega, de valentía o fortaleza. Podemos ser guionistas y protagonistas de nuestra propia película; léase vida.

Es lamentable que para muchos la vida sea una aburrida telenovela. Incluso hay algunos que parece que se sientan atraídos por los dramas ajenos más truculentos y las desgracias más atroces. Así destruyen sus propias vidas e, incluso, sus feas realidades les carcomen el alma hasta autodestruirse.

La principal causa de que el ser humano pierda su rumbo es que no se valora y no conoce su potencial, no se conoce a sí mismo. Muchas veces para buscar ese vacío, lo llena de erradas reflexiones, de errados conceptos e ideales que, realmente, hacen que esa vacuidad nos duela más y nos sintamos más desorientados. Pero, la solución es más sencilla de lo que pareciera y está más cerca de lo que nadie cree. Dentro, sí, dentro de nosotros están todas las respuestas.

Cuando un ser se atormenta y el dolor por lo que la vida le presenta le supera, puede cometer uno de los mayores errores que un ser pueda hacer. Cuando no se ve salida y se opta por quitarse la vida, el ser activa en sí mismo un sistema de aprendizaje muy complejo y duro, mucho más duro que esa realidad que le oprime. Insisto en que nadie castiga, es uno mismo quien se autoinflige una consecuencia a sus actos.

Sí, hay muchas circunstancias por las que un ser puede decidir quitarse la vida, pero no estoy hablando de cuando un ser da la vida por otros, ni cuando nuestro cuerpo no es más que un saco molido de dolor, inservible para siempre y tenemos la completa certeza de ello; aunque, quién sabe si aún quedan cosas por aprender y que compartir. Tu misión quizás supera tu propia consciencia.

Se trata de desesperación existencial, lo de confundir qué es lo que te hace estar vivo. El problema es que, por mucha desesperanza, tristeza, dolor y angustia que sientas, al quitarte la vida multiplicarás todo ello por diez y lo harás en un mundo, en una realidad, donde su densidad hará todo más confuso aún, por un tiempo donde no existe el tiempo.

Es como estar deprimido y soñar esa noche, tendrás horribles pesadillas y tormentosos sueños. Al mundo de los sueños llevarás tu depresión y se hará más enredada y confusa aún, angustiándote, más si cabe, porque los sueños pueden ser extraños y retorcidos, más que la realidad.

Porque hay dos tipos de sueños. Los que usa la mente para tratar de organizarse durante la noche y los viajes que nuestra alma hace buscando aprendizaje. Si cuando nos dormimos no buscamos esa ayuda en el viaje, quizás nos quedemos vagando sin sentido y, además, lo que nuestro cerebro trata de organizar, es una maraña de rarezas que nos atormentarán más aún.

Cuando cambiamos de estado, es decir, cuando morimos, nos llevamos a ese otro plano la realidad que vivimos. Elige bien cuándo morir porque, lo que sientas en esos momentos previos, será el equipaje que llevarás al otro lado. Y eso tiene solución. Vive cada día como si fuera el último. Vívelo con intensidad, con pasión, con tu corazón palpitando, no con tu mente parloteando necedades.

Y deja de preocuparte por lo que sucederá cuando te marches, como también deja de preocuparte acerca de dónde han ido las personas que amas y se han marchado ya. Sabes bien las respuestas, tu corazón te lo ha dicho muchas veces, pero te dejas abatir por el miedo, el vacío y por lo que los demás digan.

Dentro de tu corazón sabes que el alma es inmortal. Sabes que cuando naciste ya tenías un recorrido y, aunque no recuerdes casi nada, tu corazón sí recuerda. Has podido durante décadas callarle, convencerte de lo contrario, pero no puedes engañarte a ti mismo.

Sabes muy bien que has estado aquí antes, que por eso tienes aprendizajes que compruebas otros no tienen. Una y otra vez, te has sorprendido incapaz de hacer cosas negativas que otros podían hacer sin remordimientos. ¿Qué había de diferente si incluso vuestras vidas son parecidas? Sí, lo que hay de diferente va más allá de esta vida que recuerdas nítidamente porque tu corazón sí recuerda mucho más.

Sabes perfectamente que hay muchas cosas que tienes asimiladas y que otros no. Sabes distinguir perfectamente el bien del mal y sabes lo que es la empatía. Eso ya es un gran paso y es seguro que lo has aprendido en complicadas experiencias donde tenías que vivir los opuestos. Sabes bien que la venganza no sirve para nada, porque ya la ejercitaste y solo te dio más sufrimiento, como sabes bien que pensar solo en ti, ignorando a los demás, al final te acarrea graves consecuencias, que todo te repercute y, si eres más inteligente, te regresará el bien que das.

Por eso hay seres que, aunque sus vidas sean una continua tortura, sus almas solo saben dar amor. Por eso hay seres que, aunque todo a su alrededor sea amor, no tienen dificultad en hacer el mal. Ahora mismo estás elaborando una lista interminable de respuestas, y así es. Siempre lo has sabido. ¿Por qué hace falta que alguien externo te lo diga? ¿Eso le da más fuerza? No, siempre tendrá más fuerza si proviene de lo más profundo de tu ser. Y así debe ser. Que este libro no sea más que un recordatorio, el mérito de profundizar en ti mismo es tuyo y solo tuyo.

Llevas muchas vidas viajando por el universo. ¿Acaso pensabas que tus vidas se circunscribían solo a este pequeño planeta esmeralda? Desengáñate. Lo sabías muy bien, así que no te hagas el sorprendido. ¿Por qué crees que te empapa el alma de dicha el contemplar un cielo estrellado?

¿Nunca te hallaste absorto y extrañamente nostálgico mirando una puesta de sol con colores violetas, rojos y púrpuras? ¿O de dónde piensas que proviene esa extraña melancolía cuando te despiertas regresando del sueño? Sí, en el sueño también viajas, a muchos lugares, ya lo hemos dicho; además de ese otro tipo de sueños reparadores donde encajamos las piezas del día vivido.

Pero no nos vayamos tan lejos, estamos en el ahora y en el aquí. Ya que tienes ahora un poquito más de paz en tu corazón al corroborar que eres inmortal, no debes olvidar que eres responsable de tu hacer ahora, no luego ni antes. Vive el presente, para crear un maravilloso pasado y un prometedor futuro. Sí, puedes cambiar tu pasado, más tarde aprenderás a hacerlo, y por supuesto también cambiar tu futuro.

Nadie sabe cuándo te marcharás. Ten las conversaciones que querrías haber tenido de saber que eran las últimas. Di te amo a quien quieras decirlo, haz las cosas que querías hacer, vive de la manera que te gustaría vivir. SE QUIEN QUIERAS SER AHORA, NO LO POSTERGUES PARA LUEGO.

Si actúas así no importa cuando te marches, porque te llevarás armonía y paz. Además, mientras estés aquí, serás plenamente feliz, tengas lo que tengas, porque sabrás estar satisfecho. Y recuerda no hacer esto por miedo, sino por amor. Ama la vida, no temas la muerte. Porque la muerte no es más que un cambio de estado, un paso, y la vida es todo, incluso más allá de la propia muerte. Recuerda que el gusano piensa que encerrarse en el capullo significa el fin, y no es más que el despertar a una realidad mayor y más plena.

Pero no esperes a morir para abrir tus alas, para mutar y cambiar tu realidad. Puedes «morir en vida», que es un paso iniciático que muchas culturas y filosofías han promulgado. El turbante musulmán para los sufíes es un recordatorio de que algún día morirás, es la mortaja de tu entierro. Vive, plenamente y la muerte no tendrá ningún peso negativo ni una mayor relevancia, sino la plena satisfacción de saberte, ahora, VIVO y ser consecuente con ello. El místico sufí sonríe siempre a la vida y, cuando llega la muerte, también le sonríe.

Si tenemos dicha y felicidad, eso viviremos en el otro lado, hasta que decidamos qué camino continuar en ese periodo entre vidas. Es como una recompensa, unas vacaciones, un descanso tras lo logrado aquí, aunque realmente es la propia inercia de la vida, de la VIDA mayor que trasciende todas las vidas.

Pero si te marchas de aquí con angustias, odio, o anclado a cosas materiales, banales o sed de venganza, por ejemplo, tendrás un periodo de confusión total hasta comprender que perdiste el rumbo y escogiste mal. Hasta que comprendas que no es culpa de nadie externo, que solo tú has sido el responsable.

Es una especie de limpieza de todo lo que tú no eres. Es una purga, por eso algunas filosofías lo han llamado Purgatorio. Tienes tanta suciedad que requieres un baño integral, uno liberador, pero que requiere que te frotes agresivamente la piel, y eso duele.

Llegarás a un otro lado donde debes comprender que todo eso no te sirvió de nada. Eres tú quien lo hace, nadie externo, recuérdalo. Lo decretaste antes de venir y sabes que es la mejor manera de librarte de ello.

Así que cuando te quitas la vida para librarte de todo eso, ese periodo se convierte en una agonía complicada. Se convierte en un vagar que pareciera eterno y en soledad, pero es así porque no verás a quienes traten de ayudarte, ni aceptarás su ayuda ensimismado en el mismo problema que te llevó allí, cuando creías que te librarías de él quitándote la vida.

En ese periodo entre vidas sufrimos o disfrutamos de lo poco que nos llevamos de esa vida anterior. Pero no tiene otra función que el autoconocimiento, que la asimilación de nuestros actos y nuestra toma de poder y control. No es castigo y, por lo tanto, esas etapas de desorientación y angustia no son el infierno. Es cierto que muchas veces se han confundido esos periodos con el llamado infierno, o el purgatorio. Pero eres tú quien los vive, quien los reclama y quién decide salir de ellos. Y por supuesto, no son eternos. Eso tenlo por seguro.

Si, cuando estás vivo, la desesperanza te hace estar ciego ante la realidad, imagina cuando pasas a otros estados donde todo se potencia y donde tu ceguera te hace perder el control. Cuando tomas ciertas drogas, lo único que hacen es multiplicar y potenciar tu estado de ánimo, de modo que, si se está deprimido, convierten esa experiencia en una pesadilla sin límites. Esto es igual.

Y si es complicado salir de ese estado es porque tu misma angustia te hace castigarte. Muchos seres quedan vagando en ese éter porque no se dejan ayudar, no escuchan. Se les dice que se perdonen, que no sean tan crueles y duros consigo mismos, pero incluso creen que Dios está enfadado con ellos por lo que han hecho y que no les permitirá entrar en el «cielo». Por eso quedan varados en ese fango creado por ellos mismos.

Es complejo luchar contra la tristeza cuando empapa tu alma. Es la peor de las enfermedades porque es una enfermedad del alma, no del cuerpo. La depresión es, básicamente, un desequilibrio emocional en el que el ser no se ama porque pierde el sentido de su propia existencia.

La depresión es vacío y falta de amor. Pero es un amor que no puede bombearse desde fuera, por eso es tan complicado sacar a alguien de una depresión. Además está el ego y el amor propio, que nos hace exigir que salgamos solos de ese agujero o nada. Esa es la única salida, la interna.

Ese vacío y ese amor deben llenarse por méritos propios. El mismo ser debe hallar el sentido de su vida y lo puede hacer poco a poco, buscando una pequeña luz en su interior. Entre toda la oscuridad, encender una pequeña vela que le permite buscar la salida, aunque sea una tímida luz fugaz.

Esa luz podemos encenderla solo si nos damos permiso. Durante la depresión el ser pasa a un modo de pausa, de adormecimiento. Es un sistema de autodefensa para no sufrir. El dolor es tan grande que nos auto-sumimos en un trance, en un coma inducido.

Pero tu alma está despierta, agonizando mientras se hunde en un océano de oscuridad, lanzando un SOS continuo y atisbando al horizonte por si se acerca alguien a ayudarte. Realmente no buscas a «alguien» ni ese mensaje espera a «alguien», porque nadie puede ayudarte, no te dejarías. Pero, como siempre, buscamos fuera culpables y salvadores. Es momento de aceptarnos como seres más fuertes y sabios de lo que creíamos, de resurgir de nuestras propias cenizas.

Deja de buscar fuera, todo está dentro. Enciende tu luz interna, deja de buscar fuera. Lo que realmente reclamas es esa iluminación, es un aferrarte a cualquier cosa que te recuerde que puedes lograrlo, que eres capaz. Esa es tu verdadera esperanza, como el náufrago que se aferra con fuerza a una tabla que flote en medio del océano. Por mísera que fuera puede salvarte la vida.

Y esa tabla puede ser casi cualquier cosa. Un amanecer, una frase, una canción, un recuerdo, una sonrisa o un libro. No habría mayor honor y mérito para este libro que ser tabla para algún alma que se encuentre a oscuras. Solo por esa persona ya tiene sentido este libro en sí.

CAPÍTULO SEIS

El origen.

Quizás todavía sigues dándole vueltas a quién habrá escrito esto y si esa persona es ejemplo de todo lo que aquí se escribe. Quizás has escuchado un rumor, has sacado conclusiones de algún hecho, has leído algo que dicen acerca de esto o lo otro.

Pero al llegar a ti ¿te ha hecho bien, es positivo lo que te cuentan? ¿Lo sabes cierto? ¿Te es de utilidad saberlo o, incluso, puede velarte y dañarte la realidad que tratas de observar? Si no lo conoces busca el llamado triple filtro socrático y seguramente tu realidad comenzará a cambiar si lo utilizas.

Deja de enjuiciar todo, de enredarte en reflexiones especulativas que seguramente se alejan y te alejan de la realidad por muy inteligente que te creas. Además, solemos pensar mal, como dice el triste y errado refrán: «Piensa mal y acertarás». Olvida si quien lo escribe gana dinero o no con este libro, si es un iluminado o un loco, si todo es verdad o si todo es mentira. Mira más allá de todo, toma una visión completa, no te pongas límites. Estás por encima de esas cosas.

Conozcas o no al autor, debes ignorarlo para saberte y sentirte solamente tú como interlocutor con el que estás dialogando. Fantasea si es necesario. En tu vida lo haces mucho, ahora merece la pena y es una excelente herramienta. Haz el esfuerzo.

Si lo prefieres imagina que el autor es alguien a quien estimas mucho, alguien que te quiere bien y cuyas palabras siempre te han ayudado. Es importante que te sientas a gusto leyendo, sin juzgar. Esto es esencial para que funcione el libro. Conforme leas más páginas te olvidarás de ello, ya verás. No importa el origen y luego lo comprenderás mejor, cuando este libro comience a hacer efecto; ¿dónde? En tu vida. ¿Cuándo? Ya ha comenzado desde que iniciaste su lectura. Y recuerda experimentar, que estas palabras no queden solo en bonitas palabras subrayadas, sino en cosas tangibles y reales que te ayuden a caminar y a conocerte.

De hecho quien escribe el libro está también aprendiendo a la vez, conociéndose a sí mismo, tomando sus lecciones; algunas bastante duras y, por eso, es necesario que firme con su nombre en vez de escudarse en el anonimato, algo que sería muy sencillo y que él quería hacer. ¿Imaginas publicar tú este libro? Bueno, lo estás haciendo, pero me refiero a que si imaginas publicarlo en tu vida y momento actual. ¿No pensarían que no estas bien de la cabeza, como mínimo? ¿No condicionaría tu vida entera? ¿Sobre todo si tiene mucho éxito y llega a mucha gente?

Para el autor es una complicada y dura lección de coherencia y trabajo interior, pues él dista mucho de ser el sabio, el loco, o el idiota que pueden pensar muchos que fuera al leer este libro. Por mucho que se ignore, no será fácil enfrentarse con la opinión y los juicios de quienes le conocen personalmente, y que puedan achacarle que su persona no refleja estas enseñanzas, que no existe esa coherencia que predica el libro en su vida, que por qué se las da de sabio cuando no lo es o, sencillamente, por haber escrito algo tan extraño y con estas pretensiones.

Pero esas son las lecciones que debe aprender él, las que ha convocado en su vida y las que, si se las ha propuesto será porque le harán avanzar y evolucionar. ¿Y tú? Quizás en el futuro tengas que cumplir un reto similar y decidas abrir tu corazón sin importarte lo que digan los demás. Lo harás, en esta vida o en otra, y te sentirás orgulloso. Ya lo verás.

Por si quieres saberlo, para el autor este libro es, ha sido o será un antes y un después en su vida. Es un compromiso, una apuesta y un reto. Él irá aprendiendo, a la par que tú, las mismas lecciones y algunas extra, porque como dice Richard Bach en su maravillosa obra *«Ilusiones»*;

«Enseñas mejor
lo que más necesitas
aprender.»

«Aprender es Descubrir lo que ya sabes.
Actuar es Demostrar que lo sabes.
Enseñar es recordarles a los demás
que saben tanto como tú.
Sois todos aprendices,
ejecutores, maestros».

Puedes pensar que se equivoca o que no, que tiene malas intenciones u otras ocultas o, incluso, cosas raras como que es un ser superior con conexión directa a la divinidad, o canaliza información de otro plano u otra galaxia. Todo eso no tiene importancia y seguramente no será cierto.

Pasa igual al leer textos supuestamente de origen divino como libros revelados o inspirados como la Biblia y similares. Lo importante no es quién los haya escrito sino si lo que encierran es algo que puede ayudarnos a evolucionar y a ser más felices. No le des tanta importancia al origen de las cosas, puedes hallar verdades maravillosas en cualquier lado. Si abres los ojos y el corazón verás señales en cualquier lugar.

Otorgar las cualidades y virtudes que queramos al autor solo deformará la realidad y nos perjudica a nosotros mismos. Y la realidad ya está bastante adulterada con el bombardeo constante de malas noticias lejanas y cercanas. Debemos mantenernos al margen de todo eso, pues solo provoca que estemos más perdidos y experimentemos dolor y desesperanza.

Ese dolor que sentimos por leer en la prensa acerca de los actos atroces de otras personas y el sufrimiento de otras, solo nos provoca eso;

dolor, pero no cambia en nada los hechos. ¿O quizás sí? ¿No estamos todos conectados? ¿Ese mundo dejaría de existir si lo ignoráramos? Hay algunas corrientes de pensamiento que hablan acerca de esto. Sea o no cierto, vamos a ir más allá.

Y es que en realidad, lo creas o no, lo entiendas o no, como hemos repetido, todos estamos conectados. Pero, de la misma manera, cada uno debemos experimentar nuestras propias existencias y realidades, debiendo respetar y aceptar lo que cada uno haya convocado en la suya, en su vida. Si lo ha hecho debe haber una buena razón, ¿quiénes somos nosotros para cuestionarla, juzgarla o tratar de comprenderla?

Algunos seguro que criticarán estas palabras sin comprenderlas. Dirán que esta es una actitud muy egoísta que solo pretende huir de la realidad y encerrar al individuo en una burbuja autocreada. Bueno, si así lo quieren pensar es lícito y respetable. Incluso no importaría si esto último fuera cierto. Lo importante es que funciona, que realmente el respeto a las decisiones de los demás les ayuda a entender sus actos y nos ayuda entender a nosotros los nuestros. No juzgar da mucha paz y si el individuo que así piensa logra cierto éxito y posición podrá entonces realmente ayudar a esos desfavorecidos que decían ignoraba egoístamente mientras que los que critican no hacen nada porque tienen una economía pésima y tampoco tienen tiempo para echar una mano.

A veces, nos embarcarnos en misiones que nos quedan grandes, queriendo salvar al mundo y salvar a los demás. Y eso solo empeora las cosas e, incluso, nos pierde, en el dolor, en la duda, o en nuestra propia impotencia. Por eso, este libro, de alguna manera, es delicado y complejo, sobre todo para el autor.

Retomemos, por un instante, un importante asunto para concluir el tema de las depresiones. Quizás, este libro no sea más que una excusa del autor para salir de su propia depresión, de su propia oscuridad. Quizás, se ha inventado todo esto para hallar una salida fantaseando sobre su existencia. Da igual. Si le ha funcionado, da igual. Y si te funciona a ti también. ¿Importaría si fuera mentira? Mientras te haga feliz, mientras te de paz, mientras funcione. Aunque, quizás, fantaseando nos acerquemos más a la verdad de lo que podamos imaginar.

Lo importante es que si estás deprimido, o cuando lo estés, debes recordar que no hay mayor orgullo que saber que se ha salido uno mismo solo de su propio agujero, sin ayuda de nadie externo.

Es muy común en las depresiones que se recaiga por la necesidad de ese orgullo bien entendido, de haberse sentido capaz de salir sin ayuda. La mejor manera de ayudar es a ciegas, sin que sepa esa persona que está siendo auxiliada. Todos tenemos nuestro amor propio y queremos sentirnos autosuficientes. En realidad estamos unidos todos, pero es esta separación la que nos crea la percepción errada y tantos quebraderos de cabeza.

Por eso, este libro tiene este formato y esta forma. Pero no creas que es un invento para justificarlo sino que, en realidad, tú eres yo y yo soy tú. Y en lo más profundo del tú ¿sabes quién eres? Seguramente sigues atormentado por una vocecita interna que no para de hablar y a la que te sientes ajeno. Es el ego, pero es una parte de ti, una necesaria. El ego, a veces, nos pone duras trabas en el camino, pero forma parte del juego, debemos usarlo, no que nos use.

El ego es un caballo. Podemos caer en el error de dejarle que guíe como en piloto automático, o incluso tener que llevarlo encima. Puede ser un lento y perezoso lastre o, por el contrario, podemos optar por cabalgar sobre él y se convertirá en un veloz y poderoso aliado que nos llevará más rápido y lejos a nuestras metas.

A estas alturas ya te habrás fijado que muchas frases comienzan con un «recuerda». Y es así por una razón. Todo esto ya lo sabías, en mayor o menor medida, ya conoces todas las lecciones de este libro. Pero has convocado este libro en tu realidad para recordártelas o, a modo de libreta de apuntes, para remarcarlas. No olvides subrayarlas.

Siempre has sabido todo esto, por eso te resuena por dentro cuando lo lees. A veces, lo que nos resuena nos provoca rechazo, porque nos sabemos haciendo justo lo contrario y somos conscientes de que no andamos bien. Del mismo modo, hallamos a muchas personas en nuestra vida que nos caen mal, en realidad porque son un espejo que nos muestra cosas que no nos gustan, o no aceptamos de nosotros mismos. Tú convocas esas personas para aprender, no las juzgues.

Nunca te enfades. No imaginas el equilibrio que puede traer a tu vida lograr no enfadarte jamás. Si nada ni nadie logra enfadarte, no logra alterar tu armonía interna porque sabes de la relatividad de las cosas.

Sabes, para comenzar, que a veces te suceden cosas que no querías y/o no muy agradables que luego te reportan cosas beneficiosas. Y, aunque también sucede lo contrario, debemos sacar en conclusión, que todo es relativo y que es nuestra actitud la que puede hacernos invulnerables a todo esto, darnos una perspectiva mayor y no amargarnos la vida. El hecho de trocar algo que iba a enfadarte en una lección o aprendizaje te hace crecer. Es un acto muy inteligente de evolución.

De enfadarte no vas a sacar nada bueno, solo un dolor de estómago y que empeores la situación. Enfadarte con alguien porque ha dicho o hecho algo o lo ha dejado de decir o hacer es inútil. Recuerda dejar de tener expectativas de las personas y sus actos. Así todo te sorprenderá, sin estar esperando nada a cambio de lo que das o dices.

Enfadarte porque suceden ciertas cosas en tu vida no tiene sentido. Sobre todo por cosas sobre las que supuestamente no tienes control. Aprende a tomar el control de tu vida, como hemos explicado, en vez de perder el tiempo quejándote o llorando.

No gastes tu energía en un acto inútil. Cuando te enfades por algo siente, en lo más profundo de ti, que no sirve para nada y no tiene sentido hacerlo. Como no tiene sentido enfadarse con el otoño porque llena de hojas tu jardín, o con la lluvia porque cae cuando tú no querías que cayera.

La paz que dará a tu espíritu el no enfadarte te abrirá puertas a una nueva realidad, aunque ésta sea tan solo la inteligente manera de ver la vida y una actitud que te haga ver soluciones, mientras otros siguen clamando al cielo y golpeándose contra muros.

Enfadarse no sirve absolutamente para nada, nada positivo al menos, y es uno de los más claros signos de inmadurez emocional en el ser humano. El acto de enfadarse es un teatro, una escenificación que arrastramos de cuando éramos niños para mostrar nuestra desaprobación y descontento con la ansiosa y urgente esperanza de que los adultos nos concedan el capricho de ver cumplido lo que pedíamos.

Una vez comenzamos a salir de la infancia, seguimos repitiendo patrones porque los asumimos como hábito, aunque no tengan efecto. Si nuestra educación ha permitido de manera negativa que nos salgamos con nuestros deseos y caprichos, cuando nos enfadamos, tenemos un problema típico de madurez que complica mucho nuestra capacidad de lograr éxitos. El problema radica en que si nos han convertido en «caprichosos» basamos nuestra vida en la aprobación y ayuda de los adultos, o de quienes representan más adelante esos roles como, por ejemplo, la sociedad o la pareja.

La sobreprotección de los padres, a veces, es el principal escollo para la madurez de una persona y es tan peligrosa como el abandono completo, o más. Crea individuos completamente dependientes que no saben vivir por su cuenta ni en sociedad.

Cuando de adultos nos enfadamos es porque tratamos de mostrar, a la persona que nos ha hecho reaccionar, nuestra desaprobación, dolor o, sencillamente, que acceda a cumplir nuestros deseos. Pero, si se expresa verbalmente en una conversación nuestra insatisfacción, tenemos más probabilidades de lograr éxito y, aunque no lo logremos, conseguimos no perder energía en este acto y no contaminar al resto de nuestro día y de relaciones con esa persona.

El acto más estúpido viene dado de trasladar ese enfado a los demás, que nada tienen que ver con tu conflicto con esa otra persona o situación. Los otros no tienen culpa alguna, pero tratamos de demostrar nuestro pesar para buscar que se compadezcan de nosotros y, quizás así, hallar solución o, al menos, consuelo. Pero sigue siendo un acto ingenuo que, normalmente, solo lleva a estropear nuestra relación con los demás y a condicionar en negativo nuestro día y nuestro futuro. Una persona enfadada no ve más allá de sus circunstancias y no hallará soluciones, sino más problemas.

Cuando nos hayamos reaccionando de forma brusca, agresiva, o con rabia, debemos percatarnos de que hay algo inestable en nosotros en ese momento, que ese enfado nos está afectando y, si lo analizamos de forma sincera, es algo ingenuo que nos afecte así. Literalmente tenemos un virus que ha infectado nuestro sistema operativo. Debemos detectarlo, localizarlo y eliminarlo.

Hallarte golpeando cosas, maldiciendo, haciendo gestos que muestran esa rabia, es la manera de liberar esa tensión interna, pero podemos hacerlo de otra forma más inteligente y canalizar esa mala energía fuera para librarnos de ella.

No hay nada que no puedas regular, calmar y sosegar, con algo tan sencillo como tu propia respiración y siendo consciente de lo que está sucediendo dentro de ti. Respira profundamente, aguanta el aire unos instantes y suéltalo muy despacio. Trata de no pensar en nada, ni siquiera en eso que tanta impotencia te da. No lo conseguirás, pero reforzarás el método con tu enfoque, con tu actitud. Deja al ego que haga su papel, qué le vamos a hacer, para eso está. No le hagas caso.

Al comienzo pensarás que es una tontería, que así no vas a canalizar tanta ira y tanta rabia, que es absurdo. Pero si tienes paciencia y eres consciente de que estás domando un caballo salvaje lo lograrás. Porque, de la misma manera que ese potro salta y enérgicamente muestra su repulsa, tú le muestras que tienes el control y la seguridad.

Respira, conscientemente, confía en que este acto de magia es realmente poderoso, mucho más de lo que pudiera parecer y nadie pudiera creer. Siente como te liberas de esa energía, imagínala hecha aire que escapa de tu cuerpo, aunque en realidad está sucediendo, no es tu imaginación.

Sé consciente de que eres un ser que está por encima de estas tonterías, que nada puede alterarte o si lo hace sabes recuperarte rápidamente, volviendo al equilibrio. Sé consciente de que lo que haya sucedido lo has convocado tú, es un aprendizaje, aunque esté oculto y velado. Agradece incluso que haya ocurrido, porque forma parte de tu vida, de tu camino, del camino de experimentación y reconocimiento que has elegido.

Y eso es lo más importante porque, si eres capaz de integrar eso en ti, habrás despertado al maestro que llevas dentro y te ayudará a sonreírle a la vida en vez de estar receloso y cabreado constantemente. Este último paso es clave, te otorgará un poder increíble, un control que te hará muy fuerte y te dejará preparado para retos mayores.

No critiques, no es más que otra enorme pérdida de tiempo y energía. Cuando ante tus ojos sucede algo con lo que no estás de acuerdo, déjalo marchar, no lo ates a ti ni te contamines de ello. Criticar envenena tu alma.

Si algo te molesta, seguramente, es porque despierta en tu interior sensaciones encontradas y quién sabe qué informaciones internas y personales. Mejor no entrar en el juego, solo, si acaso, meditar las posibles razones. Ponernos a criticar a alguien diciéndole que no estamos de acuerdo, no le convencerá de nuestra postura, como si todos tuvieran que pensar igual que nosotros.

Te pidan o no tu opinión, no entres en el juego y, mucho menos, te creas en el deber o el permiso de dar tu opinión porque otro haya expresado la suya. Deja que cada uno haga lo que quiera. Sé prudente y deja estar las cosas, observa, pero no entres en los juegos infantiles que son trampas para tu ser.

Lo que digas de alguien debe ser siempre lo mismo que dirías delante de esa persona, en su presencia. No hables nunca mal de alguien a sus espaldas. Así evitarás malentendidos y, si alguien se ofende, será porque no le llegó correctamente tu información, no es tu problema. Al no criticar los actos o pensamientos de los demás, no podrán quejarse nunca de ti. Y, si los demás tienen expectativas de ti, es su problema también, tú has dejado clara tu forma de ser y actuar.

Criticar es un acto gratuito que solo atrae conflictos. Pero el problema más importante no es la opinión de los demás, ni que te vean como una persona insatisfecha que solo ve la viga en el ojo ajeno. Lo peor es que fabriques el hábito de quedarte solo con lo negativo de todo lo que te rodea, en vez de lo positivo, aunque sea mínimo, y de que tú tienes siempre la palabra para juzgar y decir lo que está bien o mal. El hábito te llegará a formar tu carácter y se enraizará en ti esa actitud pesimista, egoísta, creyéndote por encima de los demás.

Puedes autoengañarte diciéndote que solo tratas de ayudar, o que éticamente no puedes permanecer callado, pero son solo excusas. Estás oscureciendo tu alma y tus críticas no tendrán el efecto constructivo que pensabas, porque ni siquiera las hiciste con amor. Casi siempre solo queremos dejar evidencia pública de que nosotros sabemos más, somos superiores y los demás se equivocan.

Si realmente querías ayudar y lo hacías con amor jamás lo harías público, como no querrías que lo hicieran contigo. Si realmente quieres hacerlo con el corazón, lo dirás a esa persona en privado y, si muestra el más mínimo signo de no haberte pedido tu opinión, debes guardártela sin recelo y con el mayor de los respetos.

Nunca discutas. Cuando discutes solo tratas de imponer tu opinión sobre la del otro. No, no te excuses, no estás planteando tus reflexiones tratando de ayudar, como cuando criticas, porque el fin último siempre es que el otro acepte las tuyas y vea la luz. ¿Verdad? No te engañes, es lo peor que puedes hacer. Te haces mucho daño cuando haces esto.

Escribió Dale Carnegie, uno de los pioneros del autoconocimiento, una hermosa frase: *«La única forma de ganar una discusión es evitándola.»*

Carnegie ya promulgaba estas ideas, que ahora están en boca de muchos autores, hace muchas décadas. Ten en cuenta que murió en 1955. Sí, al final son las mismas verdades, pero pareciera que nos cuesta comprenderlas y asimilarlas. No importa entonces cuántas veces nos sean recordadas, ni de qué manera, ni por quién. Son eso, verdades que nos harán más felices, nada más.

Discutir no solo es perder energías, conlleva el desgaste inherente a creer que tienes que defender algo sí o sí para que tu realidad adquiera sentido. Si para ti es real, déjalo estar. Si tan claro tienes que el otro se equivoca, demuéstralo con tus actos, no con tus palabras. Crea una realidad en la que tu ejemplo sea tu mejor argumento. Un argumento silencioso, pacífico, hermoso y luminoso. Si tu verdad es positiva seguro que ayudará y guiará, si no, no hará mal.

¿Ves como sabías muchas cosas pero no te habías atrevido a hacerlas realidad? ¿Quizás por el miedo a que te acusen de reaccionar de forma extraña, de estar loco? ¿Qué de malo tiene en reaccionar así? ¿No es de sabios? Sé fiel a tu corazón, a tu ser, deja de darle relevancia a cómo actúan los demás, a sus justificaciones y juicios. Estás por encima de ello.

La vida da muchas pistas, pero no sabemos leerlas. La vida es mucho más increíble y mágica de lo que creemos, pero no nos podemos creer que eso sea cierto, somos unos pesimistas existenciales que tendemos a empapar todo de una triste neblina.

Tú puedes creer que algo es posible o no pero, sobre todo, lo crees por el recuerdo de tu experiencia, o de lo que otros te han dicho que es posible o imposible. Imagina que todos hubieran conspirado para decirte y hacerte creer que algo posible era imposible. Sencillamente lo descartarías, ni lo discutirías. ¿No es cierto?

Los conceptos que tenemos de muchos asuntos nos condicionan y no significa que sean los correctos. Recuerda que lo que es para ti la felicidad no tiene por qué serlo para otros. O el amor, o la pareja, o Dios, o el éxito, o la amistad, o la abundancia…

Durante siglos no se han discutido muchas cosas porque todos decían que eran de una manera. El sol giraba alrededor de la tierra y ésta era plana. No había discusión ni necesidad de replantearlo; de hecho no convenía hacerlo. Los pioneros, los valientes, acabaron muchas veces mal. Conoces muchos ejemplos. Pero también sabes que lo harían, una y otra vez, si fuera necesario, pues sabían que actuaban correctamente aunque les fuera en ello la vida. Eso es tener convicción, es tener fortaleza. Tenla tú; ahora es más fácil porque seguramente no te ira la vida en ello.

Este libro es para valientes. Para quienes están dispuestos a romper con lo establecido y quieren ir más allá. Deja de tener miedo a tomar las decisiones correctas cuando tu corazón te lo corrobora y empieza a olvidarte de los juicios de los demás. Tu corazón es una brújula que debes consultar más a menudo. Si lo hubieras hecho, en muchas ocasiones, no te habrías perdido. Haz caso a tus corazonadas.

Como sigues dándole vueltas y vueltas al «origen» de este libro y, para acallar tus especulaciones y suposiciones, inventemos ese origen. Digamos que este libro es un texto que llegó en un sueño, o que un ser de otro mundo lo dictó, o un ángel, o que se halló en un yacimiento arqueológico de hace milenios, o que sencillamente lo escribió un loco encerrado en una institución mental, un alcohólico preso de *delirium tremens* o que desvariaba una noche de borrachera, un experimentador de drogas sintéticas, el líder de una secta, Dios mismo, o que un día un pájaro entró por la ventana y se puso a teclear estas líneas en un teclado.

¿Te da eso más tranquilidad? Porque podríamos haber puesto aquí cualquiera de esas teorías, o alguna más rebuscada. Y no tendrías más remedio que creerla, pero ¿eso la haría cierta? ¿Eso le daría o le restaría poder al libro en sí? Da igual pues, no tiene ninguna importancia el origen y delimitarlo solo distraería.

Estás ya cansado de hallar libros e informaciones con esos orígenes, dándole un halo de misticismo que te hace creer lo que quieres creer. Estás cansado de buscar respuestas y hallar miles de ellas, a veces contradictorias. Y este libro es más de lo mismo, si así quieres verlo. En todos los otros lugares donde buscaste, seguramente, había parte de la verdad escondida pero, saber reconocerla, es algo que solo puede hacer el corazón.

Y al corazón no le importa el origen de esa verdad. Es a la mente a la que le gustan las justificaciones y decirse que lo que lee es palabra de Dios porque pertenece a tal o cual libro, o que es la verdad porque lo dice alguien que se proclama poseedor de esa verdad y además tiene un cargo cósmico.

Esa es en parte la misión de este libro. Lo lógico no siempre es la mejor reflexión, ni la correcta, ni tampoco la más sensata. No todo tiene que entrar en nuestra mente, ni comprenderse racionalmente. Tu vida está llena de momentos mágicos —o «irracionales»— que te hicieron sentir vivo y pleno, y que son justamente los instantes que más evocamos y añoramos. ¿A que sí?

Son todos esos momentos de nuestra vida que recordamos respirando profundo y, sin darnos cuenta, nos dibujan una sonrisa en los labios. Por unos segundos recuerda alguno de ellos… ¿A que no tenía explicación sentir algo tan especial en un momento supuestamente tan normal y «lógico»? ¿Reaccionaste entonces de forma «racional»?

Por ejemplo, cuando uno está enamorado hace cosas irracionales, o cuando se ilusiona mucho con algo; pero esas decisiones casi siempre te llevan a algo bueno. Mientras que lo lógico, muchas veces, no. Seguro que tienes muchos ejemplos en tu vida.

Y, ya que hablamos de estar enamorado, seguro que has experimentado que no puedes dejar de pensar en ello. Tratas de hacer otras cosas en el día, pero solo piensas en quien amas, nos viene, una y otra vez, a la cabeza y te impide concentrarte. Debes darte cuenta de la necesidad de estar completamente centrados, enfocados y atentos al presente, a lo que ahora estás haciendo.

Haz lo que haces. No hagas dos cosas a la vez, toma conciencia de lo que estás haciendo ahora porque, solamente así, podrás hacer bien lo que estás haciendo. Eso es lo que se llama excelencia, hacer bien, con maestría, lo que estás haciendo. Jamás lo lograrás si estás con la cabeza en otra parte.

Y el secreto precisamente para dominarlo es ese, estar enamorado. Cuando estás enamorado repito que no puedes pensar en otra cosa, enamórate pues de lo que haces. El truco es sencillo. Ama lo que haces, en cada momento, en cada instante.

Puede sonar raro y extraño, pero te aseguro que funciona y estoy seguro de que lo has comprobado muchas veces. Cuando amas mucho algo, te evades del mundo y este deja de girar a tu alrededor. Eres tú y lo que haces, nada más, porque amas hacer eso.

Enamórate de todo lo que hagas, sea cepillarte los dientes, caminar, fregar los platos, beber agua. Sé plenamente tú y la vida cambiará para ti. Tomará un brillo, una fuerza, una presencia que no imaginabas. Al fin y al cabo siempre fue así.

Enamorarse, observa que término más hermoso en castellano. Estar en amor. En inglés es igual, «to be in love». Eso es lo que debemos hacer, estar en amor, ser amor. Suena muy «hippy», pero es la verdad, una que realmente nos hará felices (o «happy» en inglés).

Enamórate de ti mismo y de todo lo que te rodea, enamórate de todo lo que antes te pareciera vulgar y lo harás sagrado, de todo lo que te pareciera sin valor y será relevante. Enamórate de todo lo que no brillaba y lo harás luminoso. Entonces no habrá oscuridad en tu vida.

CAPÍTULO SIETE

¿Eres felíz?

¿Eres feliz? ¿Sabes lo que es la felicidad? Piénsalo, por un instante trata de hacer un esquema mental de qué es para ti la felicidad. Quizás te equivoques, o quizás andes cerca, o puede que lo veas algo lejano o utópico. Imagina que la felicidad sea algo más sencillo, más fácil de lograr. ¿No sería algo maravilloso? Pues lo es, independientemente de lo que tú hayas creído hasta ahora y lo que hayan creído otros.

Recuerda que nuestra vida se basa en la experiencia de los conceptos que tenemos de las cosas. Es decir, si crees que enamorarte significa hallar a alguien para mitigar tu soledad, llegar luego a un aburrimiento mutuo, crear una familia por inercia y mantenerse así hasta el final, pues así será para ti. Y como lo has visto tantas veces, así crees que debe ser y no te extrañará.

Si para ti trabajar es ganar un poco de dinero, o el justo para llegar a fin de mes, haciendo algo que no te gusta durante la mayoría de tu tiempo; así será para ti. No puedes escapar de tus propios conceptos porque crees que es «imposible» otro diferente, porque no entran en tu cabeza.

La felicidad es, pues, lo que quieras que sea. Y, recuerda: en cualquier momento puedes cambiar esa idea y lo que significa para ti. Olvídate de excusas de esas, como decir que tú es que eres así, o que así ha sido siempre.

Puedes justificarte y perder el tiempo, o también puedes profundizar y comprender lo que realmente significa. Ser feliz no es hacer siempre lo que quieres hacer. Ser feliz es sentirte pleno con lo que haces.

Decimos que somos felices cuando hacemos algo que amamos, algo que nos llena de alegría y emoción. Es una pista. Lo tienes muy fácil. Ser feliz es amar lo que haces y, si llegaras a amar todo lo que haces, serías siempre feliz. Una persona plena, radiante, es aquella que siempre está enfocada en lo que hace y lo disfruta. Todos conocemos personas así y suelen tener siempre una sonrisa en los labios.

Decimos que esas personas son felices, pero sufren también problemas y la vida les da golpes. La diferencia está en que saben encajarlos e integrarlos en su vida cotidiana de otra forma. Esa sabiduría es la clave, eso es lo que debemos copiar y comprender de ellos.

Vivimos una vida insatisfecha, una vida que no es la que queremos vivir. Si llenamos nuestro tiempo de actos que realmente no deseamos hacer, estamos desperdiciando la vida y amargándonos. Y, muchas personas, confunden la felicidad con esos pequeños momentos en que dejan de hacer lo que no quieren, ese respiro.

No andan mal encaminadas, pero debemos aprender a que todo el tiempo abarque ese respiro, aspirar a que lo que haces sea lo que realmente deseas hacer, no algo impuesto. De esa manera no confundes la felicidad con un instante de alivio, sino con un estado constante. Responsabilizarte de tus actos te ayudará a tomarlos con otra perspectiva, con otra energía.

Lo ideal sería que impregnes de ilusión y emoción todo lo que hagas, que logres con ello que, lo que antes te desagradaba hacer, ahora no sea algo tan horrible. Incluso puedes llegar a amarlo. Eso ya sabes cómo se logra, siendo consciente de lo que haces, en el presente, enfocándote en lo que haces y haciéndolo bien, con el corazón. Eso se llama excelencia.

Porque el peor enemigo de nuestro ser es sentirnos perder el tiempo, sentirnos inútiles, saber que hacemos las cosas mal. ¿Y por qué no cambiamos antes de que sea demasiado tarde?

Las personas que han tenido una situación de muerte inminente siempre reflexionan y llegan a un lugar común: cuánto tiempo han perdido en sus vidas en cosas inútiles, en caminos que no eran los que el corazón les dictaba.

Pero, si la amenaza de morir nos abandona porque se subsana la situación, rápidamente retornamos a nuestras metas banales, a nuestras justificaciones argumentadas por nuestro subconsciente y aseveradas por la sociedad que nos envuelve y arropa cuando nos interesa. Nos traicionamos, de nuevo, a nosotros mismos renegando de esa vida paralela, amparándonos, por ejemplo, en que nuestro «deber» es otro, y/o que las circunstancias no permiten tomar ese otro rumbo.

Todo ello es mentira y la prueba es que, por mucho vivir esas situaciones límite, a veces de muerte inminente o de regreso de ella, deciden dar un cambio radical a sus vidas. Esas personas, son las que luego comprobamos realmente felices y su luz nos ilumina de la misma manera que, a veces, nos da miedo.

Muchos de ellos no han necesitado un momento trágico en su vida, o bailar con la muerte, ¿por qué vas a necesitarlo tú? Quizás, pensar en ello ahora, te sea suficiente para trasmutar algunas cosas en tu vida. Si es así, este libro ya ha cumplido una importantísima misión.

Esas personas suelen cambiar su vida radicalmente, pero casi siempre la mayoría de la gente no les comprende y les recriminan incluso su hermoso cambio.

Se les suele decir que se hacen egoístas y se han vuelto locos. Que solo piensan en ellos y desoyen a los que les aman, a la realidad de la vida, y a lo que siempre ha sido así.

Incluso se les llega a decir que son unos irresponsables. Cuando, en realidad, lo que están haciendo es justamente tomar responsabilidad de sus vidas y son mucho más responsables que aquellos que les recriminan.

En realidad han sido unos valientes que han tomado el control de sus vidas. ¿Son los demás los que deben dictarles qué es para ellos la felicidad y cómo vivir sus vidas?

Han ignorado a los que dicen que les aman pero no saben amar correctamente. Ellos han aprendido a amarse realmente, sobre todo porque, si no te amas a ti mismo, si no te aceptas, no puedes amar ni aceptar a los demás.

Cuando reprochamos a los demás que no nos hacen caso y lo escudamos en el amor cometemos un gran error. Eso no es amar. Un padre o una madre que realmente ama a su hijo no puede negarle que sea piloto de aviones si eso es lo que su hijo ama. Incluso aunque luego el hijo tenga un accidente debemos estar ahí apoyando y amando, incondicionalmente. El amor no puede ser egoísta y todos sabemos de amores que lo son. Aprender a amar puede significar romper con algunos conceptos viejos y puede que no sea fácil.

Aprendemos, pues, que el concepto de amor que teníamos nos marca y oxida la vida. Puede ser complejo recomenzar de cero, pero es muy gratificante. Vivir el amor desde un nuevo concepto más verdadero, real, nos hace más felices y nos permite vivir plenamente ese amor. Y somos eso, amor, toda nuestra vida es dar y recibir amor. El concepto de amor correcto es base para saber vivir.

Muchas veces destruimos los sueños de quienes los comparten con nosotros. Eso no es amar a alguien. Cuando alguien acude a ti con un sueño, es para que le ayudes a lograrlo, no para que proyectes tus frustraciones y tus imposibles, tus miedos y tus propios intereses. El amor es incondicional, siempre, al menos el verdadero.

A veces hay que aprender a no hacer caso a quienes, supuestamente, nos aman (y eso no significa dejar de amarles, sino amarles de una forma más real). Pueden ser personas maravillosas, pero ser tóxicas en ese sentido para nuestras vidas. Con mucho amor debemos alejarnos y hacérselo saber, por si este hecho les ayuda a ver su error y cambiar. Pero tampoco tenemos que cambiar a los demás, es su opción. Si mostramos algo es con ejemplo, no con críticas. Si esas personas no quieren cambiar, pensar de otra manera o despertar, es su elección, ni despertar, es su elección.

¿Y tú por qué no has llegado ya a tus metas y cumplido tus sueños? ¿A qué esperas? ¿Qué te ha impedido hasta hoy ser feliz? ¿Quizás esas personas tóxicas te han cortado las alas? ¿Quizás te has rendido y convencido de que no podrás llegar nunca a alcanzarlos? Estamos aquí para alcanzarlos y hacerlos parte de nuestro presente. Si esos sueños y metas son realidad para otros, ¿por qué no para ti? ¿Qué hay de diferente? Quizás, este libro, te ayude a comprenderlo y aceptarlo.

Recuerda que este es un viaje en solitario, un viaje a tu interior, a partes que quizás desconocías y que te sorprenderán. Será un viaje que harás sin compañía, nadie te acompañará ni puede hacerlo; el libro es solo una guía.

Las respuestas están a nuestro alrededor, siempre lo han estado, pero no las vemos. Y no las vemos porque están veladas al no saber «ver».

«Lo esencial es invisible a los ojos, no se ve bien sino con el corazón» Todos hemos leído esa célebre frase de Antoine de Saint-Exupéry en «El

principito», pero no todos la hemos comprendido. La hemos leído con los ojos, pero no la hemos visto con el corazón. El mismo libro de «El principito» no es un libro infantil, como muchos creen. Seguro que, si lo has leído siendo grande, habrás hallado un significado diferente de cuando lo leíste en la infancia y, si lo lees ahora de nuevo, hallarás partes mágicas, conceptos y reflexiones que antes no viste, como ojalá haya pasado con esa segunda lectura de los primeros capítulos.

Así sucede, las respuestas aparecen cuando se plantean correctamente las preguntas. Y como te digo, si lo deseáramos con fuerza y creyéramos en ello, las hallaríamos, por ejemplo, como hemos visto en capítulos anteriores, abriendo al azar cualquier libro. Nosotros provocaríamos esa sincronicidad pregunta-respuesta; siguiendo la terminología de Jung, como según él mismo observó que se hacía durante siglos, a modo de oráculo, con el I-ching o Libro de las mutaciones.

De la misma manera, la vida es un libro que se abre frente a ti. Esa misma magia que te llevaría a hallar una frase esclarecedora en un libro, se te puede aparecer en forma de experiencia, o de una persona. De hecho así sucede, todo lo que te ocurre ha sido convocado para responder a tus preguntas, como respuesta a tus planteamientos y a lo que crees esperar de la vida.

¿Quién lo ha convocado? Tú mismo. No vuelvas a echar la culpa a algo o alguien externo, ni siquiera a Dios. Es como que una gota de agua dijese que la culpa de ser salada es del mar. Ella es parte del mar, ella es salada porque ella ES el mar.

Sí, quizás este «concepto» de Dios te incomoda o te cuesta comprenderlo. Paciencia. Es uno de los conceptos más importantes que cambiar, porque es parte de nuestra esencia. Eso sí, no tengas miedo a ser atacado en tus ideas y creencias, este libro no te tratará de convencer de nada. Si has llegado hasta aquí, has pasado varios filtros.

Es seguro que muchos comenzaron a leer este libro y, cuando encontraron conceptos que iban en contra de lo que habían aceptado como intocable, dejaron de leer. Sobre todo con el concepto de Dios.

Es muy triste porque, atado a esos conceptos cerrados de Dios, suelen estar también esos otros conceptos limitantes sobre la felicidad relativa, sobre que trabajar significa sufrir, sobre que esta vida es sufrimiento y cosas por el estilo. Bueno, eso es respetable, cada uno vive la vida que quiere vivir.

Es su libertad, tú tienes la tuya. Y, obviamente, este libro no era para ellos, no en este momento al menos. Ellos seguramente dirán igual de este libro, acusándolo de querer obligar a la gente a pensar de una manera y de extraviarles del verdadero camino. Es respetable también.

Pero prosigamos una vez pasados esos filtros. Para ser feliz no necesitas ningún maestro externo, ni tampoco ningún Dios externo. Eres el mayor experto en ti mismo y en felicidad, quien mejor te conoce. Solo tú puedes ayudarte. Dios llega luego, o mejor dicho, siempre estuvo ahí.

¿Quieres ser feliz? ¿No lo eres ahora mismo dándote cuenta de todas estas cosas, disfrutando de descubrirte y de crecer? ¿Amas lo que estás haciendo? Durante toda la existencia del ser humano su más ansioso anhelo ha sido saber quién es, conocerse.

Ya ves que para ser feliz no dependes del exterior, sino de tu más profundo ser interior. El universo gira a tu alrededor, tú eres el centro. Esto es completamente real, cada vez lo descubrirás más. Y esto también significa que no tienes que cambiar tu realidad externa, sino tu visión interna de esa realidad. Tu felicidad depende de ello.

Piénsalo bien. ¿Qué es lo que querías cambiar al mundo que te rodea? ¿Realmente quieres que el mundo cambie, o solo que cambie la realidad que te afecta? Porque, para otros, pareciera que tienen otra realidad que sí les favorece. No intentes cambiar el mundo, cambia tu realidad, atrae la que quieres.

Decía Gandhi que no intentes cambiar el mundo, que seas tú el que cambia y que luego el mundo cambiaría para ti. Sí, debes ser el cambio que deseas ver en el mundo, en tu mundo. Si no habías entendido este concepto hasta hoy te aseguro que lo entenderás pronto y descubrirás la inconmensurable enseñanza que esconde.

¿Es el mundo como quisieras que sea? Seguro que no, que este mundo no es lo que te gustaría que fuera, que cambiarías muchas cosas. ¿Y quién eres tú para saber lo que es mejor para el mundo, para los demás? Richard Bach lo resume muy bien en otra magistral frase del libro Ilusiones:

«Imaginad
el Universo bello
y justo y
perfecto.

Convenceos luego
de esto:
Lo que Es
lo ha imaginado
bastante mejor que
vosotros.»

Es seguro que hay muchas cosas que se nos escapan de cómo funciona el universo. Perder el tiempo volviendo a juzgar es absurdo. Además, es seguro que caemos en el error de creernos Dios y hacer daño. El efecto mariposa dice que, un pequeño cambio en tu realidad cercana, puede ocasionar grandes cambios en otras realidades. ¿Lo conoces, verdad?

Puede que un pequeño gesto tuyo desencadene, sin tú darte cuenta, grandes cambios en el futuro. Puede que con tu mejor intención trates de evitarle sufrimiento a alguien, pero quizás esa persona necesitaba vivir esa experiencia para aprender. Si es así, ten por seguro que no puedes evitarle las futuras veces en que ese destino le regrese como lección. Y lo hará, una y otra vez, hasta que aprenda dicho aprendizaje que él mismo ha creído llamar a su vida conveniente.

Tú has aprendido muchas veces de tus propios errores y, si no los hubieras cometido, seguramente habrías sufrido otros mayores aún más dolorosos. No trates de cambiar a los demás, cámbiate a ti mismo y serás faro, serás luz que haga a los demás darse cuenta de lo que ellos, a su vez, quizás tengan que cambiar. Y todo ello sin decir tú nada, sin recriminar nada, sin juzgar.

Y si hay algo claro es que somos libres de hacer con nuestra vida lo que queramos, y que no hemos venido a hacer lo que otros dictan que debemos hacer, ni a dictárselo a los demás. Tenemos la responsabilidad de tomar las riendas de nuestra propia existencia.

Pero nos da miedo y hasta nos sentimos locos, apartados y alienados del mundo si lo hacemos. Nos importa y pesa tanto lo que los demás juzgan de nosotros. No seamos nosotros más peso sobre otros, no juzguemos y no seremos juzgados.

Todo está diseñado y programado para que repudiemos ese camino de no juzgar, de la misma manera que, seguramente, te pasó con este libro. El hábito y los «conceptos» errados del amor, de Dios, de la felicidad, de la vida y de mil cosas más, nos han llevado por un camino un poco oscuro. Es hora de dar luz.

¿Y para qué está diseñado y programado todo? Bien sabes la respuesta. Para ti la vida siempre ha sido, como para tus padres y abuelos, una lucha por sobrevivir en una selva, aunque fuera una selva alterada y manipulada por el hombre.

Seguimos siendo un Juan Salvador Gaviota que es amedrentado para que no haga realidad sus sueños. La bandada seguirá ajena a su partida y su despertar porque, para ellos, solo fue y será un loco que perdió el rumbo.

También dijo Jung esta célebre frase: «*A lo que resistes persiste.*» Si tú tratas de luchar contra algo, lo harás más fuerte, más grande y más real. Nos hacemos esclavos de nuestros propios miedos. Pero lo más importante para darse cuenta es que todos esos miedos son irreales, no existen.

Nos centramos en la negatividad de saber bien y expresar continuamente lo que NO queremos. Eso atrae eso, negatividad, debemos ser positivos. Debemos dejarle claro al universo lo que SI queremos.

Tiene mucha más fuerza lo positivo que lo negativo pero, nos centramos y repetimos tanto lo negativo, que lo atraemos con una frecuencia demasiado activa. Lo tenemos fácil, solo debemos cambiar la fórmula.

Recuerda que no cesamos de pronunciar palabras mágicas. Lo que verbalizamos es lo que se hace realidad. Si no paramos de quejarnos, de centrarnos en lo negativo, lo atraemos, incluso aunque sea hipotético y no tenga por qué ocurrir.

Reflexiona un día completo sobre cómo reaccionas, qué frases usas, si eres negativo y pesimista al hablar. Seguramente no eres consciente de ello, ni siquiera eres pesimista, pero tu lenguaje te contradice. Cámbialo y todo dará la vuelta.

Una de las más poderosas palabras mágicas es GRACIAS. La actitud del agradecimiento atrae más, mucho más. Al estar pleno y satisfecho, al estar agradecido con lo que te llega, abres la puerta para todo lo positivo que estaba dispuesto a tu alrededor. Haz la prueba.

Levantarte un día dando gracias te cambiará todo el día, como lo hará que sonrías porque la gente reacciona al verte sonreír. La vida reacciona al verte agradecido, tú reaccionas por dentro sin darte cuenta y rehaces tu día, tu vida.

Todos estos cambios en tu día a día, en tu actitud, te llevarán a redescubrirte. Pero debes saber una cosa, siempre fuiste así. Es fácil perder la luz si te rodeas de oscuridad y somos nosotros los que apagamos nuestro entorno. Somos nosotros los que perdemos nuestra esencia y nuestra magia genuina. Vivir para muchos es un acto de supervivencia, de lucha atroz y dolorosa. Eso desgasta el alma.

En lo más profundo de ti sabes que tienes las respuestas dentro y mucha más sabiduría de la que imaginabas. Deja de ver en los demás a los maestros, o a los que realmente son felices. Deja de proyectar fuera de ti esa felicidad y todo lo que quieres en tu vida. No imites a los demás tratando de lograr sus metas, tú tienes unas diferentes y seguramente más profundas y hermosas. Sé tu mismo. Recuerda la frase de Jung: «Todos nacemos originales y morimos copias.»

Enfrenta la vida con decisión, con firmeza, hazla tuya, toma sus riendas. Sé tu mismo, el que verdaderamente sabes que eres y siempre has debido ser.

Si algo en tu caminar te detiene, obsérvalo, sin juzgar. Analiza qué puede ofrecerte, qué puedes aprender de ello y por qué lo has llamado. Porque lo has llamado, estate seguro de ello.

Esta actitud te cambia todo, porque las cosas no llegan por azar, tienes la vida bajo tu control, solo debes aprender cómo funciona.

¿Alguna vez te has encontrado con una persona de esas que, cuando las encuentras te cuentan su vida repleta de problemas, no te escuchan a ti y te dejan sin energía? Sí, son vampiros emocionales, aléjate de ellos.

No hablo en broma, chupan tu energía. Debes huir de ellos y la única manera de ayudarles es diciéndoselo, aunque seguramente te rechazarán. Así que no critiques, ni pierdas el tiempo, solo líbrate de ellos de la manera más dulce, amable y amorosa posible. Al menos, te librarás de su robo de energía.

Debes actuar igual en la vida. ¿Qué hiciste para rehuir a esa persona? Hacerle frente con la verdad siendo sincero y zanjando el asunto, reaccione como reaccione. Lo hiciste con amor y dulzura, aunque se te revuelva. En tu vida llegarán cosas así, ámalas, analízalas, sácales aprendizaje y déjalas marchar.

No darle más importancia, relativizar el problema porque, desde otro punto de vista, seguramente pierde su fuerza. Eso debes hacer con tus miedos, con los problemas que ni siquiera son realidad aún en tu vida y que te agobian.

Recuerda a Jung. ¿A qué te resistes? Deja de pensar lo que NO quieres, ocupa todo tu tiempo y energía en lo que SÍ quieres. No dejes los «conceptos» en manos de otros, define bien qué es para ti el amor, la felicidad, la vida; llénalos de pasión y de luz. Olvídate de lo que significan para los demás.

Sé que, cuando te dicen que no pienses en un elefante rosa, tú piensas en uno. Es normal, pero con un poco de práctica, lo lograrás. El secreto más importante es llenar tu vida con otras cosas que te hagan olvidar ese otro asunto.

También puedes reírte de esos miedos, relativizarlos, degradarlos a un residuo mental irrisorio y persistente, a un chiste que tu ego siempre tiene en los labios y con el que se cree muy gracioso.

Si hablamos de posibles futuros, convoca nuevas metas y sueños que retiren de ese lugar principal a tus miedos. Lo lograrás y, al ignorarlos, desaparecerán.

Proyecta tus metas, escríbelas. Compra una libreta y escribe en ella lo que quieres en tu vida. Escribe los nuevos «conceptos» de lo que ahora significan para ti el amor, la felicidad, la pareja, el éxito en el trabajo, la amistad, etc.

Si quieres puedes usar este libro y sus márgenes para escribirlos y quizás le sirvan a otra persona en el futuro. Quizás, un pequeño acto tuyo, cambie la realidad de otra persona en otro instante, usa el efecto mariposa pero de forma consciente, amorosa y no invasiva. Una frase tuya escrita hoy puede cambiar el día, o la vida, de otra persona en el futuro.

CAPÍTULO OCHO

Vive en armonía.

No habrá nada que te pueda dar más paz que saber que todo está bien. Saber que has hecho todo lo que tenías que hacer, que no tienes deudas ni deberes. Que todo es perfecto y está bajo control, que estas en el momento y lugar preciso, justo el que tú elegiste, no otro.

Nadie te fuerza a nada, todo se presenta en tu vida porque tú lo convocaste, y si lo hiciste sería por una buena razón. Solo queda experimentarlo y aprender lo mejor posible de ello.

Esa sensación de que todo está correcto, es lo que llamamos armonía. Para lograrla, debes vibrar en la misma frecuencia que lo que te rodea. No puedes bailar una danza con un compás determinado cuando la música que suena tiene un distinto compás.

Si tu camino es el amor y te rodeas de personas, lugares o cosas que no vibran de la misma manera, no podrás estar en armonía. Te sentirás incómodo, hasta que tomes responsabilidad en tu vida y te alejes de esas personas, cosas o lugares. Suena quizás duro, pero es un paso firme de tu ser que habías convocado y un acto que, aunque no lo creas ni lo comprendan ellos ahora, les ayudará a esas personas a entender que algo no están haciendo bien, quizás incluso no sepan realmente amar.

Si el camino que llevas en tu vida no se alinea con el propósito que realmente sabes has venido a cumplir, con la misión que tú mismo te designaste, no fluirá bien tu realidad porque no estás en armonía con tu propio ser, con tu tarea, con lo que has venido a hacer y ser.

Busca hasta encontrar cuál es tu propósito porque solo entonces todo encajará, todo fluirá maravillosamente y todos esos impedimentos y problemas se convertirán en ayudas y guías, en pistas y señales a lo largo del camino. Seguirás teniendo retos, pero crecerás más aún al superarlos y te harán más fuerte y luminoso. Te permitirán conocerte mejor y saber quién eres y dónde realmente estás.

Y si debes estar en armonía con todo lo que te rodea, hay un lugar del que, por ahora, no puedes moverte. El ser humano forma parte de un ser mayor que es el propio planeta. Puedes ignorarlo y reírte de ello pero, para una bacteria de tu estómago, ella es parte de un ser mayor superior cuya realidad no puede comprender y sobrepasa su entendimiento. Esa realidad eres tú y hay otra realidad mayor que también sobrepasa el tuyo.

Vives en un planeta hermoso de color esmeralda, pero muchas veces reniegas de su ser, de su realidad. Por mucho que niegues esta verdad seguirás viviendo sobre el planeta. Gaia es un ser vivo, lo creas o no. Estar desintonizado de ella solo te traerá problemas. Ella tiene una frecuencia, una de amor, y también tiene una evolución y un propósito, como tú. Es un ser vivo, siempre lo supiste.

¿Y cómo saber si estás o no en sintonía? El ser humano cree que es el dueño del planeta, pero forma parte de un ecosistema general donde todo está en armonía. Muchas tendencias espirituales han confundido con radicalismos todo esto, defendiendo que todo consiste en no alterar en absoluto la naturaleza y formar parte de ella. De nuevo los extremos no son buenos.

Nada de malo tiene vivir en una casa de ladrillo en vez de en una cueva, ni Gaia se enfada ni se altera porque te hagas una piscina, tengas un jardín con las plantas que quieras, o necesites una carretera para moverte y un coche de gasolina. Lo que a Gaia le duele es que te sientas ajeno a ella y no le pidas «permiso» para hacer esos cambios. Y ese permiso no es más que un acto de amor, no es una gestión formal. Es tenerla en cuenta, sentirla, respetarla y saber convivir en ella y con ella.

Lo que a Gaia le duele es que arrojes basura cuando caminas por un bosque o por la playa, de igual manera que le duele si lo haces en una ciudad de hormigón. Lo que le hace daño es que seas inconsciente y que luego, además, te quejes de cómo están las cosas. Porque eso es estar en otra frecuencia muy distinta a la que está ella.

No es tan difícil, todo es cuestión de sentido común, de coherencia. El amor al fin y al cabo es el único camino. Ello permite que estés armonizado con ella, tú y todo lo que arrastras y necesitas. Tu vida cambia mucho si está o no armonizada con esta forma de ver la vida, y tarde o temprano los frutos llegan, o las consecuencias, como desees llamarlos.

Alguna gente cree que todo lo que no sea natural en esencia, o todo lo que no esté relacionado con la religión, no es sagrado. Unas zapatillas de deporte son sagradas porque están hechas con materiales que provienen de una u otra forma de la naturaleza, de Gaia. Y son sagradas si te permiten caminar, amar y realizarte como ser humano. Como lo es la ropa que llevas, el ordenador en el que escribo, o el avión que ahora me hace sobrevolar las nubes y el mar.

Somos nosotros los que degradamos las cosas, pero con etiquetas. Esas cosas siguen siendo sagradas y somos nosotros los que nos perdemos sus potenciales y nos complicamos el camino.

Todo es sagrado. Cada cosa que ahora te rodea lo es. Al igual que tu ropa, (aunque sea sintética), tu auto (aunque contamine un poco), tu casa (aunque sea un rascacielos), tu teléfono, tu mesa, tu reloj, y hasta este libro. Separar las cosas es de nuevo un ingenuo acto de desunir la realidad, cuando todo está unido, de dar relevancia a la dualidad que realmente no existe. Pocas cosas han separado más al ser humano de su esencia que creerse alejado de su sacralidad. Haga lo que haga, todo sigue siendo sagrado, como tampoco jamás dejó de serlo.

Si ves sagrado tu día a día, cada acto de tu día, te sentirás más unido al todo, a la Tierra, a tu esencia, a tu ser. Y al estarlo escucharás su guía, su canto. Sentirás su aliento, te permitirá ver su luz. Al vibrar tú en una frecuencia diferente a la de la Tierra, no recibes su señal de radio y no escuchas sus mensajes. Nos quejamos de que estamos solos y sin guía, pero estamos rodeados de señales y pistas.

Quienes niegan todas estas cosas se aíslan cada vez más y por eso reniegan más y más. Es triste pero cierto. Tarde o temprano descubrirán que se equivocaban. Es imposible explicarle a un ciego lo que es el color azul. De igual manera hay «ciegos espirituales» a los que es imposible explicar ni demostrar nada que forme parte de lo etéreo. Este libro trata de hacer sentir, de que se experimenten muchas cosas para visualizar esta realidad, pero depende de la apertura de cada uno, de si quieren o no abrir los ojos del corazón.

Quizás complicamos un poco a Gaia hacer presente su energía, su amor, su guía; pero está presente. Por eso mucha gente necesita la naturaleza, porque necesita sincronizar su frecuencia y le es más fácil allí.

Descálzate y pisa la tierra con tus pies, que tu piel acaricie a Gaia. Déjate tocar, que te transmita y te transmita su amor. Deja que haga esa conexión de toma de tierra, descarga energías que te alteran y toma las que necesitas. Somos seres eléctricos, necesitamos esa toma de tierra.

Si estás sin energía, si sientes confusión, tristeza o ira, descálzate y pídele ayuda. Ella forma parte de ti, tú formas parte de ella. Lo notarás, te aseguro que lo notarás. Estos actos no son locuras, son rituales. Hemos olvidado lo que significan realmente los ritos. Nuestra mente es un gran océano donde el subconsciente forma una gran parte. En él guardamos muchas cosas y a él enviamos mucha de la información que recibimos. Lo hacemos sin darnos cuenta, pero es así.

Un ritual no es más que una teatralización de un acto para que el subconsciente lo comprenda. A nivel consciente no significa nada, incluso puede parecer absurdo, pero es el idioma que usa el subconsciente.

¿No te has encontrado alguna vez limpiando tu casa como ejercicio mental con el que pretendías limpiar tu mente? ¿O bañándote el último día del año simbolizando entrar en el nuevo limpio? Eso es un ritual. Usas símbolos que representan cosas y son muy poderosos.

La industria y la sociedad usan desde hace muchos años técnicas para hacerte comprar lo que quieren y hacerte pensar como quieren. El neuromárketing es la base de la publicidad y del consumismo de hoy. Ellos lo han usado porque saben que dominar el lenguaje que usa el subconsciente es dominarte, sin ni siquiera darte cuenta. Las religiones también lo han usado, no con una mala intención, sino sencillamente porque conocían su poder. Debes aprender cómo funciona para que nadie te manipule y para manipular tú mismo, tu propia vida.

Técnicas actuales como la psicomagia, las constelaciones familiares, la hipnosis y muchas otras, no son más que el uso del subconsciente para ayudarte y son maravillosas herramientas. Pero es lo mismo que ha hecho el ser humano desde hace milenios con el chamanismo y rituales en todas las culturas. Tú dabas el poder al chamán para sanarte, aunque el poder estaba en ti, recuerda. Todo es un juego, una teatralización.

Quizás comprendamos mejor ahora el porqué de esos ritos. Si guardamos en nuestro subconsciente un dolor profundo porque una persona nos ha hecho daño, ese dolor nos restará armonía en nuestro interior y, hasta como hemos visto, nos puede hacer enfermar si le damos más importancia de la que realmente tiene, que es ninguna. Sin darnos cuenta guardamos en nuestra memoria la impresión de muchos acontecimientos y la reacción que tuvimos sin resolver, sin disolver. Conscientemente olvidamos, pero queda guardado y debemos liberar esos conflictos almacenados.

Es muy común guardarnos dentro todo aquello que nos gustaría haber hecho o dicho y no hicimos. Pedir perdón a alguien por algo que hicimos, dar las gracias o, sencillamente, haber abierto el corazón y decir te amo. No debemos obsesionarnos si se nos hace imposible volver atrás y solventar esos errores.

Imagina que una persona a la que dañaste ha pasado al otro lado ya, que no está entre nosotros y te arda por dentro la impotencia de no haberle pedido perdón. Lo que debes saber es que esa persona desde ese otro lado ya te perdonó y siente todo tu amor, pero quizás es necesario para ti ritualizarlo, hazlo.

Así que teatralizamos, por ejemplo, que perdonamos a esa persona. A la mente no le importa si es verdad o no, pero acepta lo que le presentamos, porque lo hacemos de corazón y la mente se deja plácidamente engañar de alguna manera. Hace muchos milenios se dieron cuenta de que si uno soñaba por ejemplo que perdonaba a esa persona ese dolor desaparecía y la liberación era enorme. Puede que sueñes que sanas de una enfermedad y que realmente con ese acto hayas iniciado tu curación. Sigue alimentando esa creencia y potencia que así sea.

El subconsciente guarda muchas cosas que debemos soltar para ser realmente libres y los rituales nos ayudan a ello. Pero hay algo más. Como somos co-creadores de nuestra realidad tenemos pensamientos que queremos materializar. Para ayudar a densificar y hacer material esa energía usamos también los rituales.

El vudú hace igual. Materializa en algo físico a una persona y ese muñeco representa a dicha persona. Por eso usan pelo o una foto, para dar fuerza a ese acto, a ese ritual. Y si funciona con algo negativo… ¿Por qué no va a funcionar con lo positivo?

Sí, porque el vudú funciona. Alguien quiere materializar algo, en este caso hacer mal a una persona. Así que usa un rito para densificar eso desde el pensamiento, desde lo etéreo a lo material y tangible, es decir, hacerlo realidad.

Pero no te preocupes, no debe darte miedo esto. Lo negativo requiere mover muchísima más energía que lo positivo y siempre cobra una factura mayor, con intereses. Es decir, es mil veces más sencillo usar energía positiva que negativa; además, cuando deseas mal a alguien, siempre te quedas con parte de ese mal, afectándote tarde o temprano. Recuerda que el universo es dar y recibir. Ten cuidado con lo que das porque será lo que recibas.

No existe la magia negra o la magia blanca, solo existe la magia, y ya hemos hablado lo que es realmente la magia. Puedes usarla para bien o para mal, nada más. Igual que puedes usar un bisturí para curar a alguien o para matarlo. Es una herramienta sin uso, tú le das sentido. Pero recuerda que la oscuridad no es más que ausencia de luz. Solo hay un camino, todo lo demás es dar rodeos o perderse.

Sé que te quedaste preocupado con el asunto del vudú. Para relajarte te contaré un secreto. Seguramente habrás escuchado alguna vez eso de que si no crees en ello no te puede afectar, o que eso solo afecta a quien cree en ello porque se psicotiza y se obsesiona con ello.

Pues lo que has escuchado es cierto, pierde mucho poder si piensas que no te afecta, aunque el hecho es real. Porque sea más real o no, lo que sí puedes es protegerte, que es lo mismo que NO CREER en ello. Me explicaré. Cuando tú te rodeas de energía positiva, de amor; cuando das gracias constantemente por lo que tienes y eres uno con lo que te rodea te haces inmune a esas cosas. Digamos que quien te manda energías negativas solo puede enviarlas a quienes viven en una frecuencia concreta y baja, pero son inútiles a muchos otros porque no llegan a frecuencias más altas y por lo tanto a quienes viven en esas frecuencias.

Es como que te insultaran a través de una emisora de radio y tu receptor estuviera en otra frecuencia, no en la que emiten. Sencillamente no te llegan sus insultos ni te pueden alterar ni afectar.

¿Te quedaste más tranquilo? Sí, pero ahora no te obsesiones por subir de frecuencia, ya lo hiciste, en el momento de iniciar tu búsqueda, de dar rienda suelta a tu corazón, de amar incondicionalmente y dejar de tener miedo. Es el miedo el que baja la frecuencia, el que nos hace vibrar más bajo y nos densifica. Da amor y solo recibirás amor, da miedo y recibirás miedo. Además, el hecho de estar leyendo este libro significa mucho y ya te libra de todo eso. Porque lo que estás haciendo conscientemente o no es dejar atrás un paradigma de vida y cambiar, es evolucionar y eso ya es subir de frecuencia.

La ley más importante del universo es la causa y el efecto. Para entenderlo mejor, que todo lo que das, lo recibes, y multiplicado. Así que insisto en que tengas cuidado con lo que das al universo porque es lo que recibirás, tarde o temprano, lo creas o no. Pero no olvides no actuar por miedo, ni confundas tu ansia de evolucionar y hacer las cosas bien con el propio miedo. Cuando esperabas regalos de pequeño en Navidad los ansiabas, pero no tenías miedo. Esto es lo mismo, ansías llegar a donde perteneces, pero no tengas miedo. Te mereces esos regalos, es ya un hecho que están ahí esperándote, solo debes caminar hacia ellos en vez de hacia otro lado.

Hay personas que constantemente están a la defensiva. Incluso espiritualmente no paran de decir que si un lugar tiene buena o mala energía e igual con las personas. Usan amuletos, conjuros, rezos, artilugios y de todo lo imaginable para sentirse seguras. Pero están en contradicción sin darse cuenta. Es algo tan lógico y sencillo que, si se pararan a meditarlo, lo descubrirían solos.

Si alguien está todo el tiempo a la defensiva está materializando y atrayendo todo aquello de lo que trata de alejarse. Una vez más la frase, a lo que resistes, persiste.

Al final no es más que miedo de nuevo. Esta gente trata de defenderse, incluso de un enemigo invisible, por inseguridad, por no hallar un equilibrio interno y sentirse desprotegidos, vulnerables. Alguien en equilibrio, en paz, no necesita defenderse de nada.

Y además, si somos co-creadores de nuestra realidad, es nuestra responsabilidad esa realidad en la que vivimos. Si creamos inseguridad o problemas es que algo estamos haciendo mal. Es sencillo de comprender y también lo es de enmendar. Ponte manos a ello. Además con nuestra capacidad de crear por ese miedo somos capaces de crear esas mismas realidades oscuras que para otros jamás existirán. No materialices en vida tus monstruos ni tus infiernos, usa tu poder para lo contrario.

Respira profundamente y siente que todo está bien, aunque tu mundo de vueltas y el vértigo no te permita centrarte. Busca la paz dentro de ti, porque está ahí y solo ahí. No la busques fuera.

Tú eres el centro de todo tu universo, ese centro no gira, así que elimina la percepción y el engaño que te hace sentir inestable. Arraiga tus pies en la tierra, toma equilibrio, siéntete poderoso, en paz, fuerte y capaz. Lo eres, otra cosa es que no te lo creas. Así que déjate de excusas y hazlo, una vez más no puedes engañarte a ti mismo.

He usado de ejemplo el vudú porque pareciera que nos es más fácil creer en lo negativo que en lo positivo. Nos han acostumbrado al dramatismo tras tantos años. Pareciera que una historia sin drama, sin tensión, sin miedos no fuera una verdadera historia. Y la realidad supera con creces la ficción. Lo que pasa es que no es tan trágica y sí mucho más dulce.

Todos somos en mayor o menor medida supersticiosos y tenemos nuestras manías. Es lo mismo. Pasar por debajo de una escalera, ver un gato negro, el número trece... Da igual el acto en sí, lo importante es lo que representa, o el valor del concepto que le hemos dado de tanto repetirlo.

La estupidez de la gente, el acto de repetir actos por superstición ha hecho mucho daño a los pueblos a lo largo de la historia. Y, al final, las desgracias que recaen sobre ellos y de las que ellos creían culpables a sus paranoias, causaron sus propias desgracias. En muchas ocasiones se ha visto esto. La causa de las pestes que más arrasaron a la humanidad fueron el exterminio sistemático de gatos por asociarlos a las brujas y al diablo. Primero fueron los gatos negros y luego por extensión a todos los demás. Eso causó que hubiera más roedores y las epidemias se transmitieron de forma rápida sin control. Igual sucedió en China cuando decretaron que no solo los roedores portaban males, sino también los gorriones (aún nadie sabe por qué) y al casi exterminarlos provocaron que los insectos que estos cazaban se multiplicaran. La mayor hambruna de la historia de China fue causada por plagas sucesivas de langostas, debido a la ausencia de los gorriones que eran sus mayores depredadores naturales. Ejemplos hay muchos, es mejor no repetir la historia y conocerla.

Espero que hayas abandonado ya todo temor a supersticiones y miedos similares. Comienza a pensar que la vida no está llena de maldiciones y que, gente que te desea mal, no tiene ningún poder si no se lo das. Comienza a pensar que lo que sucede es al contrario, que cada vez que alguien te da las gracias te está bendiciendo.

¿Qué pensabas que es una bendición? Es lo mismo, bien decir, desear bien. No es más que un acto de magia. El agua bendita es agua mágica porque se le ha hecho un «conjuro mágico», se le ha dado PODER.

Y no necesitas un sacerdote para dar poder o bendecir las cosas. O sí lo necesitas si no eres capaz de creerte que tú puedes darle el mismo poder. Todo depende de ti, como siempre.

Desde pequeños hemos aprendido que cuando nos golpeábamos todo se sanaba con un beso de nuestros padres o un canturreo que diga «Sana, sana, colita de rana». Su bendición nos protegía, nos sanaba; retomemos ese poder, porque somos magos. O bruja si quieres, pero es lo mismo, le den las connotaciones que quieran. La mala fama que tiene la palabra bruja proviene solamente de los últimos siglos, de la campaña de marketing que sobre todo inició la iglesia Católica por miedo a algo que creía peligroso.

Pero esas brujas y magos de antaño no eran más que personas sabias muy despiertas que conocían cómo curar enfermedades con las mismas hierbas que hoy forman los medicamentos. Eran personas conscientes de vida real que conocían remedios que la naturaleza brindaba porque estaban en armonía con esa naturaleza. Eran personas sensibles a realidades que trascendían lo físico y por lo tanto podían hallar respuesta a muchas preguntas. Y, cualquier cosa que el ser humano en su histeria colectiva no comprenda, lo tacha de satánico.

Eso hizo la sociedad en aquella época. No fue la iglesia Católica con la Inquisición, pues la iglesia y esos inquisidores estaban formados por la sociedad. Solo era un reflejo de la oscuridad de esa época y de su necesidad de luz, de discernimiento. No debemos buscar culpables, sino comprender las causas y sanarlas.

Y cuando la masa tiene miedo no piensa. Si analizas el término «satanizar» lo usas para cuando te refieres a algo que se quiere impregnar de negatividad y de peligrosidad, para alejarlo, aislarlo y eliminarlo. Se satanizaron las prácticas de magia porque no se comprendían y se satanizaron esos conocimientos porque la paranoia llegó a niveles muy altos. Bien sabes que se satanizó a Miguel Servet, porque defendía que la sangre circulaba por el cuerpo, aunque también fue por algunas declaraciones teológicas demasiado revolucionarias en sus textos. Se satanizó a Galileo porque dijo que la Tierra era la que giraba alrededor del sol y no lo contrario.

El desconocimiento da miedo. Lucha, pues, contra ello, conociendo, aprendiendo, dando luz a las cosas e iluminándolas. Lo que antes no veías solo era porque no tenían luz sobre ellas, estaban a oscuras y no podías ver. Y no hay forma de que otro te transmita su conocimiento. El buen maestro te enseña haciéndote experimentar, no diciéndote lo que debes memorizar y que acates órdenes sin pensar y sentir lo que haces.

No tiene sentido que el maestro te hable durante horas acerca de lo indispensable que te es respirar. Si te sumerge con fuerza bajo el agua lo aprenderás rápidamente. No tiene sentido que el maestro teorice durante días sobre el miedo. Te dejará solo en el bosque para que lo experimentes.

Deja de pensar y comienza a sentir. Deja de teorizar e inicia tu proceso de experimentación de la realidad. Este libro son solo teorías si no las bajas a tierra, si no lo experimentas. Este es un libro para vivir, para vivirlo.

Un verdadero mago o bruja está por encima de las teorías y de los libros. Su conocimiento radica en vivir, en experimentar. Todo lo que los libros encierran proviene del aprendizaje experimental, de lo que se siente y se vive. Incluso lo que supuestamente proviene de fuentes divinas. Todo llega del corazón y luego se plasma en papel. Vayamos pues a las fuentes, a la fuente de todas las fuentes.

No puedes decir que, algo que diga este libro, es verdad hasta que lo experimentes. Puedo decirte que el agua de cierto manantial está fresca y tiene un sabor maravilloso, pero no puedes aseverarlo y decir que es cierto hasta que no camines a ese lugar y la bebas. Cuando leas algo de este libro y te vibre en tu corazón, tu intuición te está diciendo que puede ser verdad, verdad para ti, pero hasta que no te muevas y camines a la fuente no podrás beber de ella y comprobarlo. Entonces podrás decir, es verdad.

Esa es la diferencia entre enseñar y aprender. Los demás pueden enseñarte pero solamente tú decides aprender. No asumas las verdades de otros asumiendo sus palabras, confiando en ellas. No puedes decir que algo es verdad si no lo has experimentado. Cuando lo hagas serás sabio, la sabiduría verdadera es la que se sustenta en la experimentación.

El hecho de conocer el poder de los rituales te otorga el control de tu vida. Tanto por saber que has estado haciendo rituales toda tu vida y no sabías ni que lo eran ni lo que significaban, o sus consecuencias. Ahora retoma el poder y sábete un brujo, un mago maravilloso capaz de cambiar tu realidad. A partir de ahora tu vida va a cambiar.

Hunde tus manos desnudas en la tierra blanda, en el agua de un río, báñate en el mar para que te abrace, para que te limpie.

Abraza los árboles que halles a tu paso para curar tus tristezas. Cántale a las plantas de tu jardín, o a una maceta como representante de la naturaleza. Pídele al agua que bebes que sane tus males, da gracias a tus alimentos por dar energía a tu cuerpo, da gracias a todo lo que te rodea por estar ahí.

Al ser consciente de ello y hacer a todo lo que te rodea consciente de que tú eres consciente, estás haciendo uno de los más poderosos rituales de magia que existen. Estás convocando su amor, su fuerza. Es ridículo el poder que pueda tener la oscuridad comparado con el de la luz. No imaginas cuánto.

Ser consciente de que eres un ser de luz en permanente evolución por amor te hace un guerrero invencible, imbatible.

Mover esa energía significa que te acompañe siempre la luz e ilumine la oscuridad que halles a tu paso. Te protegerá de esos envíos de mala energía, de todos los seres perdidos que puedas cruzarte y quieran arañar algo de tu majestuosa e inmensa energía de luz.

Bendice tu casa, no por miedo, sino por amor. Así solo entrará amor en ella, y en tu vida luz y prosperidad. Si no crees en todo esto, al menos, haz los ritos, no pierdes nada y ganarás mucho. Pero date la oportunidad, confía en ti, no en nadie externo, ni en un libro, solo en ti. Canalizar tu poder a través de algo externo solo le hace perder intensidad y fuerza. Aprende a dominar tu poder.

Estamos rodeados de ritos y de símbolos, que son lo mismo. La simbología es muy poderosa. Para ti una piedra puede simbolizar suerte, es decir, será un talismán que atraerá a tu vida solo lo positivo, lo que muchos llaman buena suerte. Pero, esa misma piedra, para otro solo es una piedra vulgar, al menos aparentemente.

Ahora, si varias personas dan la misma energía a la misma piedra esta aumenta su poder, es pura matemática. Eso ha sucedido en muchos lugares y con muchas cosas. Conoces muchos ejemplos, sobre todo de lugares de poder. Es pura magia, sencilla y esencial magia.

Si alguien que aprende a usar estas energías y a dar mucho poder a algo, bendice un objeto, lo carga de energía positiva, no está haciendo otra cosa. Todos conocemos ejemplos. Un sacerdote hace eso con el agua. El sacerdote conoce ciertos rituales y se carga de una energía para transmitirla por su condición, como hace un chamán, un brujo o una hechicera. Es lo mismo.

Si tú usas un símbolo para darle un poder a algo lo tendrá para ti. Un círculo por ejemplo, un pez o una espiral. Pero, si muchas personas otorgan el mismo poder al mismo símbolo, toma más fuerza de igual manera que los otros ejemplos. Por eso le hemos dado un poder especial a símbolos como la cruz. No es más que un acto de magia.

Y puedes convertir signos negativos en positivos y viceversa. Por ejemplo, hemos convertido, en dos mil años, un símbolo atroz y horrible como una cruz donde morían personas, en un símbolo de amor y esperanza. O hemos convertido un símbolo como la esvástica en algo negativo, cuando por milenios fue y es para los budistas uno de crecimiento y luz, porque simboliza para ellos el sol naciente, el despertar de la conciencia.

Tu vida está llena de magia y no lo sabías. Seguro que estás pensando que, igual que hay lugares bendecidos, los hay malditos. Sí, pero conoces bien lo que ha pasado en esos lugares y no son más que nuevamente ritos. El acto de morir es un ritual, y si una persona ha muerto con dolor, sufrimiento y pena, carga ese lugar de su miedo y de ese dolor. En vez de ir a lugares de esos a curiosear vayamos a llenarlos de luz, a desencantarlos. Ah, es verdad, las llaman casas encantadas. ¿Por qué crees que era? Magia, solo magia.

Una misa es un ritual, uno poderoso donde se usan símbolos y signos ancestrales que han adquirido mucho poder. Pero, igual o quizás más poder, tiene la propia naturaleza, tras miles de años dándole poder el ser humano.

Hemos venerado al sol, a la luna, al fuego, a las estrellas por miles de años. Y por supuesto, también lo hemos hecho con los astros. Sí, la astrología es eso, magia, signos, símbolos, energía en movimiento.

Si te afecta la luna es porque somos en gran parte agua. La luna afecta a las mareas y afecta al cuerpo humano, lo saben sobre todo las mujeres. ¿Crees que no te afecta entonces su energía? ¿Otro tipo de energía que la física? Aunque todo es física, solo que no está aún descubierta por la ciencia establecida. Que algo no esté definido por la ciencia no significa que no exista. Recuérdalo bien.

Por supuesto que te afectan otros planetas y el mismo sol. Cada momento de tu vida está afectado por ellos, eso es la astrología. Cuando naces, en ese instante concreto y no otro y por hacerlo en un lugar concreto y no otro, inicias tu nueva vida con un plan concreto.

Lo que puede brindarte la verdadera astrología no es algo definitivo ni detallado, solo es una guía. Tu destino claro que está escrito, tú lo escribiste. Recuerda que el tiempo no existe. No hay nada escrito, todo es variable y depende de ti, como siempre. Sabías cada una de las decisiones que ibas a tomar y sabías cada una de las consecuencias de cada uno de tus actos. Solo has trazado un plan para lograr tus metas, tu aprendizaje se basa en lo que te has planteado experimentar.

Y esto va más allá de las etiquetas, de si lo que experimentas es malo o bueno, es dolor o es amor. Tú lo decidiste y también decidiste cualquier cambio sobre la marcha. Como lo conocías, también dictaste todo lo que en el camino pudiera asistirte y ayudarte. Eres libre, completamente libre de hacer lo que quieras, pero lo que quieres hacer ya lo conoces en lo profundo de tu ser y sabes que es lo correcto, siempre lo correcto.

Hace mucho tiempo, por pura experimentación, algunas personas aprendieron a leer esa guía que pueden dar los astros. Sí, claro que hay muchos farsantes, es fácil aprovecharse de los demás manipulando emociones, pero también hay verdaderos intérpretes de esas cartas estelares.

Si reclamas una guía, quizás el mapa de tu vida y su rastro en el cielo puedan decir que en este periodo de tu vida no va a ser fácil sacar proyectos adelante, pero si luchas con determinación y comienzas muchos, lo lograrás, diga lo que diga tu carta astral. De igual manera te puede decir que en este otro periodo cualquier cosa que te propongas se hará realidad, y no te será tan tedioso lograrlo. Quizás esa guía te ayude, pero ya sabías lo que ibas a decidir y a hacer.

La gente no necesita esta guía para nada si sabe que es capaz de lograr todo lo que se proponga. Si la tienes, va bien para comprender qué está sucediendo, pero realmente no la necesitas. Y no se te ocurra pretender usarla para cosas tontas, porque entonces sí que te encontrarás con los farsantes que se aprovecharán para darte la lección que tú mismo has convocado.

Todo lo que decidas que debe formar parte de tu vida, lo hagas coherente con tu vida y lo luches, lo harás realidad. Puede resistirse, pero si estás por encima de cualquier complicación y tu experimentación te da sabiduría para saber navegar sin naufragar, tu vida será más sencilla. La astrología no es más que un mapa, tu propio mapa, de nadie más.

Pero recuerda que es tu conocimiento de ti mismo lo que te otorgará la mejor guía para saber cómo reaccionar ante todo lo que te encuentres en el camino. Si has asumido en tu corazón, por ejemplo, de dónde proviene la enfermedad, no importa lo que diga tu carta astral ni el planeta que quieras, lograrás salud en tu vida. Si has aprendido lo que es la abundancia y equilibras tu vida no te faltará lo que necesites para vivir. Y si sabías que lograrías, lo mostrará de igual manera tu carta.

Como ves no hay de nuevo nada radical, todo es relativo. Lo importante es el equilibrio. Da y recibirás. Y si das amor recibirás amor. Si das ayuda recibirás ayuda, si das abundancia recibirás abundancia. Y no olvides nunca ser agradecido. Es uno de los más poderosos rituales, uno que abre puertas al cielo para que llegue luz.

Da gracias siempre por todo lo que te rodea, cada mañana, cada noche. Al sol, la tierra, la luna y los árboles que ves en el horizonte. Es como si recibieras su bendición. Les dices que sabes que están ahí, que reconoces su consciencia, su entrega, su amor. Y ellos te bendicen y te abrazan.

¿Te imaginas el poder que puedes acumular si sientes el abrazo de todo lo que te rodea? ¿Del planeta, del sol y las estrellas? No puedes estar más protegido, amado, cobijado y seguro.

No, no estarás loco, solamente que habrás vuelvo a retomar un conocimiento ancestral. Jamás podrás saber si esto es real o no hasta que lo experimentes por ti mismo y te dejes abrazar por ese poder. Es fácil negarlo todo, declarar que todo es una bonita fantasía, pero estás rechazando lo mejor de la vida. Tarde o temprano serás consciente de ello, no hay prisa.

Todo lo que te rodea está a tu disposición. No paran de abrirse puertas y ventanas para ayudar en tu camino y para promover tu evolución. Si sabes ver con los ojos del corazón todo será sencillo. Todo son herramientas, no denigres nada, no reniegues de nada, quizás te cierras puertas.

De igual manera, la tecnología y su uso, no significa que se sea menos espiritual o menos evolucionado como ser humano. Muchos reniegan de ella, satanizándola. Tiene sus ventajas e inconvenientes, como todo. Y toda tecnología debe evolucionar para cumplir funciones y hacerlo de la forma más sana y equilibrada con los seres y el medio que las originan. Renegar de la tecnología en favor de una vida precaria y limitante es un error que vuelve a dejar evidencia de nuestros radicalismos y nuestra falta de crecimiento armónico. Recuerda que los extremos nunca son buenos.

Buda decía que, para que el instrumento suene correctamente, las cuerdas deben estar en su tensión media, no muy tensas ni muy flojas. Solo en un punto de equilibrio sonará la música. Busca tu equilibrio y hallarás una frecuencia, una que es la misma que la del planeta.

Gaia te protegerá si la respetas y la amas, si eres consciente de su ser. Y si vives en armonía, aunque sea en una ciudad, ella te protegerá todo lo que pueda, o lo que le permitas, te lo aseguro.

Deja de tener miedo y ten amor, es tu talismán más preciado. No dependas de ningún otro talismán o sabe bien que son eso, símbolos, que lo importante está dentro de ti. Demasiadas personas dan demasiado poder a amuletos, sobre todo sacralizados por religiones y creencias ya estructuradas.

Eso les lleva al extremo de que, sin su cruz, no pueden salir a la calle pensando que algo malo les sucederá, o que sin su pulsera de la suerte no podrán lograr tal cosa, o que si no bautizan a su hijo le pasará algo, o que si no… miedo, miedo y más miedo.

Tanto miedo solo atrae lo que tememos y, como somos creadores, lo materializamos para justificarnos. Somos capaces de provocar que nos suceda algo solo para demostrarnos que debíamos haber llevado encima ese talismán.

Al final la balanza cae al lado negativo y nos pervierte, pervirtiendo también algo que en principio tenía la función de ayudarnos, de guiarnos.

Nuestro poder es ilimitado y demasiadas personas lo dejan al control de esa parte subconsciente. Las empresas de seguros saben bien por estudios muy serios que, muchos individuos, enferman pasado un tiempo para justificar el pago que han hecho durante años por unos servicios médicos potenciales de los que no han hecho uso.

Tú tienes el poder. Controla tu poder, aprende a saber qué deseas hacer con tu vida y que no tienes límites. Aprende a darte cuenta de que no necesitas nada, solo tu voluntad creadora.

Recuerda que no dependes de ningún talismán más que de tu propio corazón, y ese siempre lo llevas contigo. Puedes estar desnudo que nada te sucederá, porque el amor es un tatuaje que cubre todo tu cuerpo, tu sagrado cuerpo.

Solo recuerda que el mapa de tu destino lo dibujas cada día, cada instante. Que eres libre de lograr todo lo que te propongas mientras actúes de corazón y que ese corazón será la brújula que te guíe siempre. Te librará de encallar en arrecifes, de tormentas y de mareas peligrosas. Te conducirá sano y salvo a puerto, para que lleves tu carga de amor y esperanza a donde quiera que vayas.

CAPÍTULO NUEVE

Cura tu pasado.

Para tomar las riendas de tu vida debes, antes que nada, hacerte responsable de ella. Y hacerte responsable significa hacerlo de verdad. Deja de buscar culpables fuera, madura espiritual y humanamente.

Tomar responsabilidad significa hacerlo, tanto de lo que has etiquetado como malo como de lo que nombraste como bueno. Eres responsable de tus fracasos y de tus éxitos. Ha llegado el momento de entender las razones de tus reacciones y comprender que tus actos son el reflejo de lo que eres, de tus experiencias.

Vamos a analizar qué significan para ti el fracaso y el éxito, para comprender cómo guardas esos recuerdos y cómo usas esa base de datos para tomar otras decisiones. En tu vida se repetirán los patrones que necesites sanar. Eres muy sabio, así que antes de venir aquí has diseñado todo a la perfección. Recuérdalo.

Convocas y co-creas lo necesario para tu aprendizaje. Si suspendes alguna asignatura tú mismo organizas tus exámenes de recuperación, te das infinitas oportunidades para aprobar, para superarte. Tu subconsciente junto a tu yo superior los harán presentarse de nuevo, como una nueva oportunidad. No te quejes tanto y aprovéchala. Nadie te está tratando de dañar, sino que eres tú sabiendo que lo lograrás.

Si de pequeño abusaban de ti también lo harán más tarde, hasta que aprendas a sobreponerte y ser más fuerte, a aprender de lo que te duele para hacerte más poderoso. Si de pequeño tu padre no fue un buen padre, hallarás muchas similitudes en situaciones a lo largo de tu vida para sanar esa herida. Hallarás muchos que hagan el papel de padre para que cures ese pasado. Quizás la relación con tu padre se materialice o simbolice en la de pareja, en la laboral u otra.

Eres tú quien co-crea esa realidad y sólo tú sabrás entender su lenguaje. Nadie puede interpretarlo por ti. Ni tus amigos, ni tus líderes espirituales, ni tus maestros ni ningún ser superior. Incluso los seres espirituales que puedan conocer ese lenguaje respetarán que es tu deber y por amor te darán esa libertad. Es tu tarea, hecha por ti para ti.

De esta manera te pones las pruebas que sólo tú sabes que vas a superar, tarde o temprano. No te hagas la víctima si tuviste unos comienzos tormentosos, si abusaron de ti en tu infancia o tuviste una experiencia desagradable que marcó tu vida. Mucha gente ha sufrido esas vivencias y, en ese momento o mucho más tarde, aprendieron a superarlo y lograron ser personas maravillosas con una mayor empatía y amor. Ese hecho les hizo mejores personas porque convocaron esas realidades para superarlas, tarde o temprano. Ellos sabían que eran poderosos. No lo olvides. Ve la vida así y serás invencible. ¿Te das cuenta de tu potencial?

Puedes curar tu pasado y la herramienta más poderosa es ser consciente de qué se te repite constantemente en tu presente. Sé consciente de ello en vez de amargarte la vida y de preguntarte por qué te pasa siempre igual.

Si siempre atraes al mismo tipo de parejas problemáticas será porque tienes algo que sanar y superar. Busca en tu interior qué puede ser y ponle solución. Busca en tu pasado, en tus sentimientos, en tus reacciones y tu realidad presente. Quizás no sea sencillo, pero es tu tarea pendiente, tu asignatura pendiente. Debes aprobarla. No porque nadie te la imponga, sino porque tú la elegiste y sabes que es lo mejor para ti.

Tienes mucho poder. Puedes rebuscar en tu pasado y cambiarlo, darle la vuelta. Quizás hay cosas que no se te repiten, pero que te duelen de ese pasado. Puede que incluso le diste más importancia a algo de la que tenía y eso queda guardado en ti, pendiente de resolución. Recuerda que puedes usar los rituales para liberarte de ese peso y volar.

Muchos estudios demuestran que podemos «engañar» a la mente para recordar como ciertas algunas memorias que no eran reales. Dicho así, suena muy forzado y sin sustento, pero pensemos un poco. ¿Son de verdad reales todos los recuerdos que tenemos? La respuesta es que no, y está demostrado científicamente que alteramos nuestra memoria según nos convenga y que, incluso a la hora de guardar datos en la cabeza, nos quedamos con las partes que nos interesan o que nos llaman la atención, obviando otras partes y muchas veces alterando las que memorizamos por muy diversos motivos (sobre todo miedo y ansiedad).

Es muy común que ante un accidente de tráfico la gente no recuerde si el semáforo estaba en verde o en rojo y muchos detalles de lo sucedido. Lo saben bien los peritos de seguros.

Por lo tanto no podemos fiarnos de nuestra memoria y es muy posible que nos engañe. ¿Qué nos impide, pues, buscar en esos recuerdos y «corregir» lo que recordamos mal, o con ansiedad, o lo que nos bloquea a actuar de otra forma y lograr lo que nos propongamos? Es algo completamente lícito e inteligente, es más, es un deber. No hacerlo es un acto de vagancia intelectual y espiritual, de menosprecio de uno mismo y de derrotismo del ser.

Sí, tristemente somos muy pesimistas a la hora de almacenar recuerdos. Nos dejamos llevar, por ejemplo, por la nostalgia, en vez de rememorar momentos felices y retomar la energía maravillosa que sentíamos en esos momentos. Podemos transmitir al presente energía de ese pasado, pero nos dejamos invadir por la negatividad de creer que ya no forma parte de nosotros y que el presente es menos mágico.

Recuerda que hablábamos de hacernos responsables de nuestros fracasos y nuestros éxitos. Quizás lo que recordamos como fracasos no lo fueron tanto. Llamamos fracaso a haber intentado alcanzar una meta y no haberlo logrado. Pero la mayoría de esos proyectos no tuvieron éxito por factores externos. No fracasamos nosotros entonces, no fue culpa nuestra.

Esto no debe servir para eludir responsabilidades, pero sí para darnos cuenta de que hemos sido muy injustos y duros con nosotros mismos. Si tomamos nuestra memoria como si fuera un disco duro de ordenador que analizar, comprenderemos mentalmente la necesidad de organizar todos esos recuerdos y poner cada uno en su carpeta. Hasta ahora todo estaba mal ordenado y mal etiquetado. Teníamos un mal gestor de la memoria y ni siquiera sabíamos lo que realmente guardábamos basándonos en suposiciones falsas sin fundamento. Guardabas en la carpeta de fracasos vivencias que no lo eran y, como te gusta el dramatismo y la tragedia, contabilizabas mal tu almacenaje estimando que tenías más archivos de recuerdos negativos que positivos. Ahora podrás darte cuenta de que, incluso de lo que recordabas como negativo, puedes sacar experiencia y conocimiento, dejando de ser negativo. Ordena bien tus recuerdos.

Ya sabemos que la mayoría de nuestros fracasos no lo eran realmente. El siguiente paso es saber que hicimos todo lo que estaba en nuestras manos. Si nos rendimos entonces era porque no podíamos hacer otra cosa y punto. Darle más vueltas al asunto es absurdo. Esto puede aplicarse desde un recuerdo tonto a un gran trauma en nuestra vida. Debemos aprender a cerrar puertas, a clausurar etapas y cicatrizar heridas. Dejar vínculos abiertos solo significa arrastrar pesos que no deberíamos cargar y complicarnos la vida.

Aprende a curar tu pasado, a conocerte mejor. Con esta perspectiva nueva reordena tu vida, sé consciente de tu nuevo pasado; uno mucho más hermoso de lo que recordabas antes.

Perdonar significa clausurar este asunto. Una de las frases más tristes y contradictorias que puede decir un ser humano es la de «perdono pero no olvido». Si no olvidas no perdonas, así de simple. Y si no olvidas, el problema no es de la persona o el acto que no olvidas, sino tuyo. Te carcomerá por dentro y de destruirá, por testarudez y falta de entendimiento. Es hora de madurar y de evolucionar.

A veces, hechos dolorosos a nivel emocional nos dejan huella y no es cuestión de olvidar y zanjar el asunto, como por ejemplo la pérdida de un ser amado. Siempre eso formará parte de nuestra vida y debemos aceptarlo. Lo importante es que no se convierta en un recuerdo corrosivo que nos destruya y nos aleje de nuestro propósito, de nuestro camino. Si actuamos así debemos ser conscientes de que ese supuesto amor lo hemos convertido en destrucción. No tiene sentido, algo falla.

Debemos aprender a aceptar todo lo que nos sucede y ser responsables de nuestra vida y lo que en ella ocurre. La muerte no es más que un paso, ya lo hemos visto. Aunque ese paso fuera doloroso, lleno de injusticia y falto de sentido, tenemos que comprender que nada sucede por azar. Que no podamos entender los motivos, ni asimilarlos, no significa que tengamos que negar esta realidad.

Además, solo nos hará daño y dañará a quien tanto amamos y añoramos. La aceptación, el asumir esa despedida momentánea, es el mayor gesto de amor que se puede hacer por esa persona que perdimos; insisto, momentáneamente.

Sabe seguro que es lo que esa persona desea desde donde está, aunque ahora lo creamos inaceptable e ilógico. Tarde o temprano, todos, absolutamente todos, lo comprobaremos. Es momento de ir aprendiendo esta lección y no ser nosotros parte del problema para alguien que se marcha, atándolo a esta realidad en vez de dejarle ir a un lugar mejor.

Las personas a quienes amamos deben saber que, si un día nosotros partimos, no querremos que ellos sean causantes sin quererlo ni saberlo de un dolor innecesario, y que necesitamos que no nos aten aquí para dejarnos volar en paz adonde tengamos que ir. Si deseamos eso, por favor, no lo hagamos nosotros con otros seres que amamos. Seamos fuertes. Trascendamos el dolor si lo que realmente sentimos es amor verdadero. Recuerda que amar de verdad no es necesitar. El amor es incondicional, no puede atar, sino ser libre.

Por supuesto, el duelo es necesario, pues nuestra alma está trabajando en un cuerpo humano que tiene un cuerpo emocional. Somos seres emocionales y necesitamos encauzar las emociones, siendo el dolor una de ellas, como lo es el amor. Si no, ya hemos comprobado que puede enfermarnos e incluso acabar con nuestras vidas.

El duelo es comprensible, pero un duelo demasiado prolongado no es bueno nunca y es siempre un autocastigo que jamás desea la persona que se marcha. Nuestro amor puede ser muy grande por esa persona que se marcha y quizás tengamos que experimentar nosotros el vacío que antes provocamos a otras personas, quién sabe si a esa a la que ahora añoras. Recuerda que tú elegiste vivir esa experiencia y sabías que te era necesaria. Pactaste con esa persona que ocurriera esto y, lo que crees una desgracia, fue un acto de amor inmenso, un pacto de amor que trasciende la vida y la muerte.

Si pudiéramos escuchar a esos seres que se van siempre oiríamos sus ruegos de que dejemos de llorar por ellos, que están bien, mucho mejor que nosotros, que pronto se reunirán con nosotros y que de quien tendrían que tener pena es ellos de nosotros y nuestra desorientación.

Suena duro, pero es la realidad. Seguramente nuestro dolor nos impide comprenderlo y aceptarlo, y es natural. El dolor es un velo que impide pensar y sentir con normalidad, es igual que el alcohol. Si inunda nuestra sangre no podremos ser quienes en verdad somos ni actuar como deberíamos actuar.

Debemos pensar que el momento para demostrar lo que amamos a otra persona es cuando está viva, que es cuando más nos necesita. Llorar luego ya no sirve de nada más que para hacernos daño a nosotros mismos. Nada ayuda nuestro llanto a esa persona una vez se ha ido. Pero si aceptamos que ya no está y aceptamos que por alguna razón su camino estaba fuera de este plano físico le estamos enviando mucha luz, le enviamos un «buen viaje», un «hasta luego» con todo nuestro corazón.

A nivel espiritual, nuestro llanto ata a esa persona a este mundo en vez de dejarle libre, y eso no es bueno. Creas o no esto, lo comprendas o no, así es. ¿Querrías que te impidan tu vuelo? ¿Justificaría eso el amor o convertiría ese amor en un acto egoísta? Reflexiónalo, no es fácil, pero reflexiónalo.

Era necesario profundizar un poco más en este aspecto y extenderse lo que hiciera falta porque, una de las cosas que más nos condicionan nuestra vida, son las pérdidas de seres queridos. Debemos darnos cuenta de que son algo normal que nos pasará siempre, más tarde o más temprano, aunque algunas veces sean trágicas y más numerosas o anticipadas de lo habitual.

No podemos juzgar y tratar de entender todo, pero sí podemos intuir que hay motivos detrás de todo lo que sucede.

Debemos comprender que todos esos seres que perdemos, sea como fuere, nos alientan desde el otro lado a que sigamos adelante y nos aman con un amor tan puro ahora que nosotros no podemos comprender. Debemos no fallarles ahora en vez de regodearnos en nuestro dolor. Debemos hacerles sentir orgullosos de nosotros y librarles de nuestras ataduras emocionales mal entendidas porque jamás se romperán o desvirtuarán las ataduras del amor verdadero.

Si dejásemos atrás los velos del dolor llegaríamos a sentir ese amor, ese impulso que nos dan, su aliento y abrazo. El tiempo dicen que cura las heridas, pero sencillamente actúa como el alcohol en el ejemplo anterior. Cuando pasa el tiempo, el dolor se diluye y se metaboliza. Es parte de la vida. Y cuando pasa el tiempo muchas veces podemos sensibilizarnos a ese amor que nos mandan nuestros seres queridos que partieron. Haz que ese dolor se torne amor.

Somos responsables de nuestros fracasos, y perder a un ser amado no es un fracaso. Ya hemos visto que también la mayoría de los que creíamos fracasos no eran por nuestra culpa y que hicimos todo lo posible. Estamos satisfechos de todo lo que hicimos y punto.

Ahora pasemos a los éxitos, que es más complicado, porque aquí entra en juego el ego. Ya hablamos del ego y lo importante que es dominarlo y usarlo correctamente. El ego puede ser nuestro peor enemigo o nuestro mejor aliado. Recuerda que todos los grandes seres humanos iluminados, por muy espirituales y entregados que los recordemos o pensemos, han sentido en sus carnes el proceso del juego del ego. Pero supieron encauzarlo bien, usarlo bien, jugaron bien sus cartas, con inteligencia, amor y astucia.

Recuerda que seres humanos que luego se han convertido en algo más primero fueron eso, humanos; como todos. Con sus egos y sus problemas. Buda era el hijo de un rey, Jesús un carpintero, Mahoma un guía de caravanas en el desierto, Gandhi un abogado, San Mateo un recaudador de impuestos. La lista podría seguir.

Imagina a cualquiera de ellos dudando de si realmente merece la pena compartir sus experiencias y sus reflexiones. Es seguro que pensaron que hablar sobre ello sería un acto del ego, para «demostrar» a los demás que son más sabios, que poseen una información exclusiva o que han llegado más lejos. Todos lo sintieron. Pero le dieron la vuelta y se convencieron de que merecía la pena compartir su camino sencillamente por si una sola alma se veía ayudada por sus palabras o su ejemplo.

Dudaron de abrir su boca, de dar discursos, de tener discípulos, de escribir o permitir que alguien transmitiera sus palabras y seguramente las malinterpretaran muchos. Pero sabían que harían más bien que mal. No importaba lo que sucediera con su recuerdo, era un acto de amor.

Era su misión y habían cumplido su parte. Lo que hicieran los demás con lo que compartían era responsabilidad de esas otras personas, no de ellos. Tú debes actuar igual, no te hagas responsable de lo que compartes una vez sale de tus labios. Lo que estas palabras quieren decir es que si desvirtúan lo que compartiste de corazón no es problema tuyo.

Si alguien toma el legado por ejemplo de Jesús y desvirtúa y manipula sus palabras para usarlas en su egoísta beneficio nada de culpa tiene Jesús. Sé igual y que lo que salga de tus labios o hagas con tus manos sea claramente un acto de amor.

Hablando de cómo es la lucha interna no debes dudar en ningún momento que todos esos seres han tenido sus debates internos y sus dudas, sus luchas interiores sobre cómo actuar. Y buscaron en sus corazones su luz, la presencia de Dios dentro de ellos, de su poder, de su fuerza. Y lograron trascender incluso su humanidad.

No hay que irse tampoco a los altares, pues igual les sucedió a los grandes genios. Todos esos grandes hombres y mujeres que lograros éxitos asombrosos seguro que vieron el éxito de otros y se dijeron: «¿Por qué no puedo ser yo como esa persona o incluso superarla?» No es algo negativo haber luchado para correr más rápido que otros, para crear un negocio más próspero, para tener éxito con su arte o sus reflexiones.

Es seguro que se compararon y se dijeron: «Yo soy mejor, yo puedo hacerlo mejor». De la misma manera que se dijeron: «Yo soy diferente, voy a lograrlo pero a mi manera».

Al autor de este libro primero se le hizo insoportable la idea de que alguien pudiera pensar que estaba dando un mensaje que ya otros habían dicho, que no aportara nada nuevo, nada original. Pero una serie de hechos cambiaron su corazón y le dieron luz y fuerza. Y quién sabe si este libro llegue más lejos aún que otros muchos. El autor miraba ciertos libros en una librería y se decía una y otra vez que ya existían esas obras maestras, insuperables, maravillosas. Pero quién sabe si lo que escribiera ahora fuera una nueva manera de ver las cosas, una que llegara a otras personas a las que no llegaron esos otros libros o lo hiciera de forma diferente. Y quién sabe si con más éxito que los libros que contemplaba.

Desde el momento en que actúes de corazón eres guiado por tu más pura esencia, y no puedes equivocarte. Querer superarte es algo maravilloso. Pensar que puedas ser como otros que llegaron lejos no te hace mala persona, ni siquiera querer hacerlo mejor. Si te superas quizás superes lo que otros lograron, o sencillamente lo hagas de una forma diferente que aporte un beneficio paralelo o complementario. Si deseas ser un gran médico que consiga logros maravillosos no importa que tomes como reto llegar donde otros llegaron. Ojalá las circunstancias actuales te permitan llegar más lejos, ayudar más, servir más, superar los límites que ellos no pudieron alcanzar.

Si sabes de otras personas que lograron retos increíbles, no hay mal ninguno en tenerlos como referentes a seguir, y si puedes a superar con tus propias metas y planteamientos. Es un ejercicio de superación y recuerda que el otro no está ahí más que porque tú lo has convocado. Quizás está en tu realidad para alentarte, para que te superes.

Eso es sano, lícito e inteligente. Es más, es un acto de amor alentado por el mismo Creador. Porque estar hechos a su imagen y semejanza significa ser también «creadores», superándonos a nosotros mismos y a todo lo que podamos superar para ser mejores, para parecernos al más exitoso de todos los creadores de todo el universo.

Por eso somos co-creadores y no debemos olvidarlo. Dejemos a un lado los miedos y veamos el bien mayor, actuemos de corazón y siempre tendremos la guía correcta. Hallarás mil problemas, pero crearás una nueva realidad si la proyectas desde el corazón. Y si encuentras impedimentos o retos los superarás con inteligencia, la mayor de ellas, la del corazón.

Decía Dale Carnegie: «Si la vida te da un limón, hazte una limonada». Y es uno de los mejores resúmenes para conocer cómo debemos caminar en la vida.

La vida es un sin fin de hallazgos, cada día nos encontramos con nuevas circunstancias y otras que ya hemos afrontado. Cómo reaccionamos ante ellas es lo que forma nuestra forma de ser.

Dos terribles frases suelen hacernos mucho mal. Plantéate urgentemente qué está sucediendo si te hallas diciendo «Yo soy así» o «Me conozco y sé que reaccionaré de tal o cual manera». Al hacer esto estás decretando que no vas a cambiar, que no vas a evolucionar. Que desde este momento hasta que suceda lo que hablas no te permites cambiar ni un ápice y decretas que pasará algo.

Estás cerrando las puertas a tu propia evolución y te estancas en lo que eres por miedo, inseguridad, por no querer cambiar. «Más vale pájaro en mano que ciento volando» o «Más vale malo conocido que bueno por conocer» son dos terribles frases más que nos atontan y nos duermen en la zona de confort y nos impiden lograr hacer magia en nuestra vida.

Actuar así solo te perjudica a ti mismo. Te hará daño porque siempre tienes que abrir la puerta a una mejor versión de ti mismo. Déjate sorprender, déjate impresionar y maravillar por la vida, por ti mismo. No te cierres.

Con frases parecidas se justifican muchos para marcar sus limitaciones y sus actos. Pero es una de las peores cadenas a las que atarnos. Tú no eres así, tú eres como quieras ser y puedes cambiarlo en cualquier momento que decidas. Y lo que piensen los demás no puede condicionarte en absoluto. Si te importa lo que piensen los que te aman quizás es que no te aman bien. Aceptarán tus decisiones si están hechas con el corazón y si realmente te aman sin condiciones, en libertad. Si tratan de cortarte las alas es una clara señal de que ellos deben ir por un camino y tú por otro.

No puedes aferrarte a que nunca vas a cambiar, a que todo está ya hecho y es inamovible. Eso es perder tu control, dejar de lado tu poder. De hecho tu vida, tu camino, te cambiará, esto es seguro, forma parte de tu crecimiento. No eres una roca, y hasta las rocas evolucionan.

De la misma manera sabes bien que atarte a pensar como dicen otros, como dicta un grupo o un movimiento es limitarte. Si alguien dice por ejemplo que es comunista se supone que acepta a rajatabla los mandamientos de un pensamiento que ni siquiera está bien definido. Para unos autores el comunismo era una cosa y para otros otra. Todos fueron creadores del término pero no está para nada claro dicho término más que por generalidades y muchas diferencias.

Esto se ve claramente en política, no está claro lo que significa ser de derechas o de izquierdas, pero la gente se aferra a una palabra que para nada ya expresa correctamente lo que pretendes compartir y definir, que no representa más que valores que incluso se mezclan y confunden.

Con las religiones sucede igual. Definirse con una etiqueta es limitarte y ninguno de los fundadores de esas religiones (si es que pretendieron fundar algo algunos) vería con buenos ojos que entiendas sus enseñanzas como la pertenencia a un club y el sometimiento a normas y leyes sin aceptarlas ni comprenderlas en tu corazón.

Sabes muy bien que Jesús no quería adeptos que le siguieran ciegamente y decía las cosas muy claras. Igual sucede con todos esos grandes maestros. Buda rechazó a muchos que pretendían seguirle y les decía a la cara que estaban haciendo mal imitándole. Les exhortaba que hallaran su propio camino, que en cada uno era diferente, y ni siquiera hablaba mucho porque sabía que de nada servirían las palabras si no se experimentaba.

Igual sucederá con este libro y tiene demasiadas palabras. Tu camino es único, nadie puede caminarlo por ti. De la misma manera no puedes caminar los senderos de otros. Tu huella no encajará en la de otros y cada aprendizaje es único y requiere de diferentes circunstancias y experiencias.

Cada uno tiene su propio camino esperándole pero por supuesto que es de ayuda saber cómo reaccionaron otros al hallarse en encrucijadas similares. Lo importante es no imitarles ciegamente pues ni superaremos esos retos ni aprenderemos nada.

Es tu actitud la que te guía, tu ser interno el que posee la brújula que desde tu interior te dice por dónde ir. Tu corazón jamás te engaña pero el ego puede confundirte y desorientarte.

CAPÍTULO DIEZ

Los dos caminos.

Ante todas esas circunstancias que hallarás puedes optar básicamente por dos caminos, tomarte las cosas mal o bien. Un pesimista ya sabemos qué camino tomará y también el del optimista. Lo que no tenemos claro es qué somos en realidad o si lo que hacemos es danzar entre esos dos opuestos, el pesimista y el optimista. Defínete.

Solo piensa una cosa: ¿Quién tendrá una mejor vida, una más plena? ¿Quién tendrá más posibilidades de éxito, de hallar nuevos caminos que no se veían a simple vista? ¿Quién nos parece más inteligente al nivel de lo más profundo del alma y su actitud ante la vida?

El pesimista jamás comienza a dar un paso porque ve muy lejana la meta. El optimista sabe que todo aquel que llegó lejos comenzó por un primer y pequeño paso. El pesimista se asusta porque no ve la meta y entra en pánico al solo ver oscuridad por delante donde pretende dar esos pasos. El optimista sabe que tras el primer paso podrá ver con más nitidez unos metros más allá al dar el siguiente, y así dar paso tras paso, hasta vislumbrar su meta.

Si no ves la salida a tus problemas, si no tienes fija tu meta... comienza a caminar. Caminar hará desaparecer tu miedo y es seguro que se despejarán las espesas nieblas que antes no te dejaban ver claro tu futuro. Camina unos pasos y hallarás respuestas y guía. No lo dudes jamás.

Y recuerda lo que te decía de la bicicleta, para tener equilibrio necesitas estar en movimiento. Si te detienes caerás a un lado de nuevo. Muévete, la vida recompensa siempre a los valientes.

Hay retos que uno se propone y que dependen totalmente de uno mismo. La única forma de que algo te lo impida es un problema físico, el cuál tú has llamado y creado en todas las ocasiones, aunque no te lo creas.

Imaginemos que alguien decide ser pintor, nada le impide pintar y hacer bellos cuadros, pero si pierde las manos… ¿Eso arruinaría su camino, su reto, su sueño? Conocemos muchos casos de increíbles personas que han superado esas limitaciones. Dicho el ejemplo, hasta personas que pintan con los pies o incluso con la boca porque no tienen pies. Lo curioso es que estas personas maravillosas nos impactan y nos dan una lección de fortaleza y superación, pero seguimos infravalorándonos a nosotros mismos.

Nos quejamos de todo y siempre nos menospreciamos. Tanto que hablamos de ego y luego no sabemos usarlo para comenzar por el sencillo paso de amarnos primero a nosotros mismos, de aceptarnos. Recuerda el proverbio árabe que habla de un hombre que se quejaba de no tener zapatos hasta que halló a uno que no tenía pies.

Decía Charles Bukowski en un famoso texto que quien tiene que crear lo hará tenga las limitaciones que tenga. Nada podrá detenerlo, ninguna circunstancia, por muy dura que sea. Recuerda que tú eres un CREADOR NATO, que por eso fuiste creado a imagen y semejanza del propio creador.

Siempre los demás son más fuertes, más valientes, mejor preparados o lo tienen más fácil. Eso es una mentira que debemos de desterrar de nuestra vida. Repítete siempre que eres capaz, que eres fuerte, que eres valiente, que es factible todo lo que te propongas y deja de negártelo y programarte para lo contrario.

No te centres en lo que NO puedes ni en lo que NO tienes. Enfoca tu atención hacia lo que SÍ tienes y lo que SÍ quieres. Y te aseguro que tienes mucho más de lo que crees (tanto cosas materiales como actitudes y aptitudes) y puedes lograr todo lo que te propongas. Solo esa actitud te hará lograr otras cosas que ahora ves lejanas, pero el pesimismo solo te las alejará.

Imaginemos otro caso en el que ese problema físico realmente impide lograr esa meta. Pareciera que el ser humano es un ser extremista en sus decisiones. Si decide ser un gran deportista y una lesión le impide físicamente seguir adelante se amarga y da todo por terminado. Pero un ser humano realmente consciente de quién es se daría cuenta de que quizás esa no era su verdadera meta. Agradecería de alguna manera que le haya sucedido eso para darse cuenta del verdadero camino en vez de regodearse en su pena y desgracia.

Él mismo ha llamado a ese impedimento para darse cuenta de se error. Recuerda que harás posible en tu vida todo lo que te propongas mientras lo hagas de corazón y forme parte real de tu aprendizaje y no sea algo que, por la razón que sea, te aleje de tu verdadera meta y misión.

Empecinarse en ese otro camino que no es el tuyo sí que lo hace imposible. Pero imposible es una palabra que mucha gente confunde y usa mal. Para ese deportista lograr su meta no es que sea «imposible», sino «inviable», no es el camino, no es la meta correcta.

Para un pez no es imposible subirse a un árbol, sencillamente no es su naturaleza, no es su necesidad ni su meta. El pez mira al mono y anhela imitarle, pero no es consciente de quién es, de su verdadera esencia.

Aquí debemos aprender a discernir entre lo que es imposible y lo que no es nuestro reto realmente. Por eso si la vida te da limones, lo mejor es hacerte una limonada. Es aprender a entender lo que te sucede, a leer tu vida. A veces la vida no te da limones, sino otro fruto no comestible.

Bueno, algo podrás hacer con él, aunque sea ignorarlo y tratar de comprender el mensaje de su presencia.

Ahí radica la verdadera inteligencia profunda del ser humano y ello te hace invencible. Cualquier circunstancia que llegue a tu vida será una lección, un aprendizaje, algo que te haga mejor. A veces lo llamarás problema, otra accidente, otra casualidad, otra tragedia. Da igual, son lo mismo, son actos convocados por ti para crecer y conocerte. Saber leer tu vida te permite saber quién eres en realidad y no tener límites.

Pero tampoco debes confundir esta actitud con rendirte ante cualquier problema que halles. Quizás estás co-creando esos problemas para demostrarte a ti mismo si realmente persigues esa meta, si es realmente lo que deseas y qué estás dispuesto a sacrificar por ello. El equilibrio solo está dentro de ti, solo tú sabes si es una prueba o una señal de que busques otro camino, quizás un atajo.

Debes conocerte para ello, aprender de tus errores y de cómo reaccionas. No te derrotes ni te abandones no dejes de luchar. No te conformes con limones si en lo profundo de tu corazón sabes que puedes optar por algo mejor y conoces en tu interior el camino. ¿Y te conoces realmente? Debes darte la oportunidad de estudiarte y desentrañar cómo funciona tu mente y tu alma.

Seguro que te ha sucedido que has comido algo que de pronto te ha transportado a otro momento y lugar, a otro instante en el que también estabas comiendo eso. Esa evocación es real y de la misma manera se guardan nuestras reacciones y emociones.

La impronta queda grabada en la mente y tiene asociadas acciones y reacciones, emociones, sentimientos, momentos y muchos otros datos. En parte eso forma nuestros prejuicios. Por ejemplo, quizás leerías de diferente manera estas palabras si estuvieran escritas por un eminente psicólogo con una interminable lista de títulos y méritos. O quizás lo leerías de diferente manera si lo hubiera escrito un respetado místico, o alguien que dice que a través suya habla Jesucristo, o Buda, o un extraterrestre que visita la tierra, o el mismísimo Dios.

La forma en que asimilamos la información que nos llega depende de esos datos anteriores que los limitan y manipulan. Pero esa programación podría usarse para lo contrario, para potenciar lo positivo y hacernos invencibles.

Prográmate para condicionar tu día. Si te levantas por la mañana y algo te evoca problemas o tristezas te condicionará el día. Pero de la misma manera funciona lo positivo, solo que trabaja de un modo más sutil.

Despierta cada mañana y evoca momentos felices, accede a parte de esa información guardada que almacenas con alegría. Pero no te quedes ahí, crea en ese mismo momento otro momento "ancla" para recurrir a él en el futuro. Así creas hábitos, de tanto repetir una forma de reaccionar. Es como crear una lista de recuerdos hermosos a los que acudir para contagiarte de felicidad y energía.

Y recuérdalo, al fin y al cabo son ritos, y tienen mucho poder. Si además ejercitas esos rituales de los que hablábamos estarás llenando de luz y de energía tu ser, tu día. Estás usando ese ejercicio para programar tu subconsciente y tener más poder sobre tus actos y tu futuro. Estás CO-CREANDO tu futuro haciendo un hermoso presente y curando tu pasado.

Una vez te habitúas a ello ves normal ser de esa manera, forma parte de ti y por lo tanto forma tu carácter. Una persona de carácter triste no es más que una persona que ha programado su forma de ser a base de sucesos tristes a los que se ha habituado. Ha creado el hábito de ver tristeza en todo, seguramente desvirtuando incluso momentos neutros o felices. Pero una vez se provoca un efecto en cadena es más complejo salir de esa programación. Más complejo no significa imposible, solo hace falta rutina y constancia.

Una persona optimista es alguien que se ha habituado a ver el lado bueno de las cosas. Seguramente en el pasado descubriría la ventaja que tiene sonreír ante lo que le sucede tratando de ver algo positivo. Seguramente creó el hábito de reaccionar de esa manera y, aunque nada le libra de haber vivido momentos tristes, su rutina cae más del peso del lado positivo que del negativo. Ve el vaso medio lleno en vez de medio vacío, y eso es una gran ventaja en la vida.

Alguien optimista tiene unidas otra serie de cualidades, como si formaran parte del paquete. Un optimista es alegre, vital, luchador y feliz mientras que un pesimista es triste, derrotista, desganado e infeliz.

¿Qué paquete quieres? ¿Quién quieres ser? Está en tu mano, eres tú quien programa todo. No eches la culpa a tus circunstancias. Ortega y Gasset dijo la célebre frase: *«Yo soy yo y mis circunstancias»*, pero debemos ir más allá. Tu personalidad está formada efectivamente por el cúmulo de reacciones ante las circunstancias que te sucedieron, pero el cómo reaccionas ante ellas es un interruptor sobre el que solo tú tienes el control.

Además, Gasset no sabía, aunque seguramente intuía, que puedes co-crear tus circunstancias y llamar a las que creas necesarias para tu experimentación, aprendizaje y evolución. Pero atrae a las positivas, no a las negativas. El camino de la oscuridad, del error, de lo negativo es otro camino, pero más largo y más doloroso. Sé inteligente emocionalmente y no te compliques la vida, o las vidas.

Crea tu realidad y si te hallas ante una realidad que no esperabas busca dentro de tu ser la guía para elegir con el corazón. Él te guiará, confía en él, confía en ti.

Obvia explicar que ante las mismas circunstancias diferentes personas reaccionan de diferente manera. Nunca vamos a tener exactamente las mismas circunstancias, ni siquiera entre hermanos, por ejemplo. Porque cada uno trae un bagaje previo de condicionamiento justamente por el carácter que se ha ido formando desde que nació e incluso antes. Por eso los hermanos pueden ser tan distintos, aún viviendo casi las mismas circunstancias.

Pero traigas el pasado que traigas en tu mochila, tu inteligencia verdadera siempre es capaz de reprogramar todo. Es más, es un acto común de iluminación y despertar.

Tus palabras te programan. «No valgo para esto, siempre me pasa igual, no me sale nada bien…» Día tras día, mes tras mes y año tras año todo eso se convierte en hábito.

Repítete lo bueno, recuérdatelo, hazlo habitual, hazlo hábito. Ten cuidado con hallarte diciendo frases como «Qué estúpido he sido» y similares. Tú sabes bien a qué me refiero. Cometer un error no significa que seas estúpido, quizás sencillamente debes centrarte, enfocarte en lo que haces. Solo es atención. Por eso haz lo que haces, no hagas varias cosas a la vez y pon el corazón en ello.

Repítete siempre: «Yo merezco lo mejor, yo soy próspero, soy abundante. Soy fuerte, capaz, soy un ganador.» No te centres en lo negativo. No digas que no eres bueno en esto, sino que tienes y puedes mejorar, o céntrate en lo que sí eres bueno. ¿Qué se te da bien? ¿En qué eres un maestro?

Debes convertirte en lo que sueñas, darlo por hecho, observarte siéndolo. Hasta que no te convenzas de que puedes visualizarte dando por sentado que lo has logrado no se hará realidad. Por eso es tan importante fantasear con ello, imaginártelo con todo lujo de detalles. Pero también por supuesto formarte. Puedes convencerte de que eres un gran pintor pero necesitar pintar para ello, cuanto más mejor. Quizás no necesites estudiar una carrera, pero sí autodidácticamente aprender y se puede hacer muy bien hoy en día.

Para lograr la mayoría de metas no necesitas perder mucho tiempo y puedes hacerlo de forma veloz en la medida que creas lo que estás haciendo y lo ames. No caigas en la programación de que necesitas sufrir unos años para formarte y no te creas merecer cobrar bien tu trabajo como un profesional por no haberte formado de la misma manera o de la manera oficial. Muchos de los grandes referentes de muchos oficios son autodidactas. No aprende igual un oficio alguien que lo ama que quien lo ve como una salida laboral. Tenlo en cuenta y no pierdas tiempo.

Si te convences de que eres un gran fotógrafo deja de pensar en estudiar fotografía y céntrate en hacer fotos. Si quieres ser programador informático siéntate delante de un ordenador y mira vídeos, cursos y páginas de quienes hacen lo que sueñas. Y si requieres un título para ejercer como electricista lograrás hacerlo en tiempo récord, pero no le des más relevancia a los títulos de la que deben tener.

Si hablaras de algo más delicado como ser cirujano sí necesitarás una carrera y un título, pero quizás ganes más dinero como fotógrafo y además ames realmente lo que haces. Piensa bien porqué persigues tus metas y qué es lo que realmente persigues. Debes amar profundamente lo que haces y saber que es algo para lo que estás hecho. Sin dudas. Una vez lo sepas, nada podrá detenerte salvo tú mismo y tus absurdos miedos.

No te pongas límites, tú puedes lograr cualquier meta pero debes comenzar dándolo por hecho. Sábete ya habiéndolo logrado, siéntente fotógrafo, o cirujano, o electricista, o pintor. Vive tu tiempo escenificando ese que ya eres, siente como él, actúa como él y te convertirás en él.

Lo que sucede es que comienzas a creerte tu papel, como sucede en la vida real. Los demás te comienzan a ver de otra manera y esto refuerza tu convicción de que ya eres lo que pretendes ser. Logras engañarte finalmente cuando ves que surgen los frutos y cuando quieres darte cuenta te has convertido en lo que soñabas. La gente no logra sus sueños porque cree que son solo sueños, fantasías estúpidas. Los que lo logran son los que confían en su poder, los que usan los sueños para entrenarse, como herramienta para lograr cualquier cosa que se propongan.

Recuerda que no eres tu currículo. Tu profesión no es lo que eres, eres mucho más. Lo que haces durante mucho tiempo, te ilusiona o te da dinero, pero no es lo que tú eres. Mucha gente se encasilla incluso en su profesión y altera su carácter con hábitos poco saludables, cerrados y asfixiantes.

Tu propósito en la vida puede que nada tenga que ver con una profesión o con un título. Llevas muchas vidas formándote, aprendiendo a ser quien eres en realidad y puliendo tu arte de hacer ciertas tareas. Tú sabes bien qué estás destinado a ser porque tú lo elegiste y lo sientes en tu interior. No te dejes desorientar por la sociedad y sus expectativas.

Tu meta es que halles una manera de vivir, de ganar dinero, haciendo algo que realmente amas, con lo que te sientes útil para los demás, donde te sientas valorado. La única manera de hallar ese trabajo ideal es abrir tu mente y tu corazón. Insisto en que dejes de darle mayor o menor categoría por los prejuicios sociales.

Da igual si es un camino universitario o no, si es un trabajo más manual o artesano, más intelectual o más artístico. Cada uno tiene una meta, un hueco que ocupar, una misión que desempeñar en el puzzle completo y perfecto del todo. Lo que está claro es que tu tarea es de servicio, de entrega a los demás, sea de la forma que sea. La realizas por un bien tuyo y a la vez uno mayor. Ninguno de los trabajos que desempeñes tiene más peso o valor. Todos los oficios son necesarios y son mágicos e indispensables. Y todos se pueden desempeñar con maestría y excelencia si se hacen con amor y luz.

Y dependiendo de tus otras experiencias, de tus otras vidas y tu propio camino quizás optes por un oficio que tenga reconocimiento público o uno que pase completamente inadvertido. Cada momento tiene sus necesidades y circunstancias y todos son maravillosos y perfectos. Siéntete orgulloso, desempeñes la labor que desempeñes, solo ámala y todo brillará y tomará luz propia.

Un humilde panadero puede saberse útil y poner todo su corazón en la masa que maneja, al igual que un cajero de banco, una doctora, un barrendero o una policía. El equilibrio es interior.

Debemos aceptar que hay trabajos donde es complicado que recibamos una recompensa económica elevada, pero también debemos entender que puedes tener diferentes necesidades económicas y no requieras de mucho dinero para ser feliz. Todo depende de tu camino, de lo que has venido a experimentar y eso nadie lo sabe mejor que tú.

Nada tiene de malo trabajar para otros, también depende de tu propósito e incluso de tu momento actual en la vida. Sabes bien cuándo es el instante para cada decisión y para aceptar lo que tienes o cambiarlo. Nadie externo puede decirte si algo está correcto o incorrecto. Quizás por algún motivo llegue a tu ser la necesidad de experimentar otras cosas, de probarte ejecutar tareas y responsabilidades que antes no te habías planteado. Tú sabes si es necesario o no. Y si lo crees ve a por todas.

No te ciegues, no te limites. Si realmente crees en ello y disparas tu fuerza interna, serás un panadero que invente un nuevo pastel y tenga que abrir una cadena de pastelerías. O un cajero de banco que tenga tanto éxito que sea rápidamente ascendido, o una doctora que innove y acabe dando cursos o siendo contratada por un hospital que le pague más y la valore más, o un barrendero que decida que es momento de dedicarse a su pasión que es la fotografía, o una policía que por fin vea el momento de exponer sus esculturas teniendo mucho éxito.

Mucha gente se ciega por la recompensa económica y cierra los ojos ante posibles trabajos que no prometían tanto pero que luego realmente te alimentarían el alma y económicamente aunque no lo creyeras te darían más de lo que necesitabas realmente para vivir.

Es igual de útil y necesario un médico como un bombero o un electricista. Si tu casa se quema no va a apagarla un médico y si te quedas sin luz tampoco lo hará un cirujano. Cada uno cumple su misión, cumple tú la tuya. Y si no la sabes búscala, dentro de ti, no fuera.

Hemos aceptado cosas que son inaceptables y nos dañan muy profundamente. En los trabajos lo vemos claramente. El sistema educativo nos ha confundido y en vez de ser el carpintero que amabas ser, fuiste médico porque es lo que querían tus padres. Un médico que realmente no ama lo que hace y eso repercute en su trabajo. Y si muchos están haciendo cosas que no aman nada puede funcionar.

Al final tenemos malos médicos y también malos carpinteros. Cuando no haces bien las cosas tu trabajo no puede ir muy bien. Entonces es cuando separamos vida profesional de vida personal, y nunca estuvieron separadas.

Porque para alguien que ama lo que hace y no lo hace por dinero se nota en su vida. El tiempo es relativo. No va a trabajar el lunes amargado deseando que llegue el viernes y que esa semana haya algún festivo o cualquier excusa para librarse de trabajar. Para el que ama su trabajo es una tarea más que tiene integrada, que incluso ama y desea hacer. Y además le pagan por ello y lo hacen bien porque él ejecuta muy bellamente su tarea. La hace bien porque ama hacerla, no porque sea impuesta, desde dentro o desde fuera.

Y tratamos también de separar vida profesional y personal porque los tiempos establecidos para el trabajo son abusivos y caóticos. Esta sociedad está mal programada, mal organizada desde su esencia. En un mundo donde hay tantas personas y menos puestos de trabajo es absurdo que todas trabajen tantísimas horas. Lo lógico sería dividir los turnos y que todos trabajen menos horas, teniendo tiempo para sus vidas personales.

Una sociedad donde no se concilian los horarios para poder educar a los hijos no es una sociedad que podamos llamar avanzada y evolucionada. Tampoco a una que permite que trabajos tan delicados como los que desempeñan los médicos tengan guardias de 24 horas, que en fábricas se trabajen 12 horas seguidas o más, que se emplee a niños, que se les pague a personas menos de lo que necesitan para vivir en pro de sacar adelante un negocio que no es rentable si no se sustenta en el abuso de los que crean el producto en sí. La sociedad y la industria se revolucionarían si se alzasen reclamando justicia los trabajadores que la mantienen.

Aceptamos lo que tenemos e incluso nos consolamos pensando que hay otros que lo pasan peor. Ocupamos la mayoría del tiempo en la vida profesional desgastando y alienando la persona. Somos los culpables de lo que tenemos porque en cualquier momento podríamos decir basta. Por lo visto millones de personas pidieron experimentar esta realidad, pidieron ser esclavos de un sistema para vivir lo que esto significa. Debemos respetarlo, pero quizás también estamos aquí para cambiarlo, para liberarnos.

Si se repartieran bien las tareas habría para todos. Lo curioso es que las veces que se ha hecho el experimento fueron las mismas personas las que optaron por tener dos trabajos y ocupar de nuevo todo su tiempo disponible.

La causa es que los sueldos no llegaban y cuando se establecían los mismos sueldos trabajando la mitad de tiempo seguían ocupando otros segundos trabajos para ganar más. Esta situación se ha dado muchas veces y es la prueba de que realmente somos nosotros los causantes del orden actual y no sabemos ni organizarnos ni valorar las cosas.

Siempre queremos más, y es así porque nunca estamos satisfechos. Si tenemos lo suficiente para vivir queremos más, y si tenemos más queremos más aún. El mismo sistema consumista alienta a ello. Cuando en esos experimentos sociales se permitía a las personas tener la mitad del día libre para su vida personal no sabían qué hacer con ella. Se habían habituado tanto a trabajar que ya no sabían vivir. De esta manera muchos seres humanos se han convertido en autómatas, en máquinas que solo saben hacer lo que les han programado y se han programado a ser. Su zona de confort es poco cómoda, pero es la que conocen y la única que creen válida.

Piénsalo, sé sincero. Si te dieran la oportunidad de vivir de esa manera. ¿Qué harías? ¿Realmente sabrías qué hacer con la mitad de tu día? ¿Y con la mitad de tu año de vacaciones para poder hacer lo que tú desearas hacer?

No te ciegues por el dinero, recuerda que puedes obtener una inmensa abundancia si actúas de corazón y que nada te faltará. Sin tener que abusar de tu vida. No te confundas perdiendo tu tiempo por metas que sabes que no son las que tu alma busca. Y tampoco te pienses haber tirado tu tiempo a la basura si renuncias a un trabajo o posición diferente si sientes de corazón que debes hacer otra cosa. Y da igual lo que opinen los demás. Quizás tu acto primero les sorprenda y les pille por sorpresa, quizás te critiquen y te digan loco, pero quizás luego les ilumine y les cambie la vida.

No seas demasiado estricto, ni trates de limitar y controlar todo lo que te sucede. Déjate sorprender. No dejes jamás de ser el niño que llevas dentro. Esa parte de ti te ayudará a ver puertas y ventanas en todos lados. Oportunidades sin fin que se abrirán ante ti y que solo serán visibles si ves con el corazón.

No te cierres en banda a tener que elegir. No tienes por qué tener un solo color favorito, ni una forma de reaccionar cerrada ante tales o cuales situaciones. Es como tu ropa, hoy tu pantalón favorito será uno determinado, mañana seguramente será otro. No encasilles tu forma de ser, no cierres tu mente.

Cuando hacemos eso es por inseguridad. Nos creemos más seguros arropados por una costumbre, casi siempre porque reaccionar de determinada manera supuestamente nos funcionó en el pasado. Pero si analizamos bien ese pasado nos damos cuenta de que no fue así en realidad.

Hemos creado el hábito de reaccionar de determinada manera y luego hemos forjado un carácter reuniendo todos esos hábitos, pero quizás la inercia y la influencia de la sociedad nos llevó a no recolectar los mejores hábitos.

Obsérvate reaccionar ante los demás, ante los hechos que te suceden. ¿Eres tú quien habla o son los esquemas de respuesta de la sociedad, los que le viste a tus padres, maestros o tutores? ¿Eres realmente tú quien tiene el control, quien eres verdaderamente tú mismo?

Obsérvate bien, porque quizás reaccionas copiando las formas de otros a quienes admirabas y no lo hagas bien, o no te hagan bien. Quizás has sido maleducado sin querer.

Da un paseo por la calle y observa a la gente. Seguro que hallas a quienes tiran basura al suelo, o que insultan, o no son educados y respetuosos con los demás. Es seguro que ellos han visto reaccionar así a sus padres y han asumido como normal esa conducta. Tanto lo han hecho que ni se plantean si está bien o mal, ni tampoco las consecuencias.

La educación es una responsabilidad enorme, pero no tiene justificación porque esas personas saben bien que si tiran basura al suelo están ensuciando su propio camino y que si no son educados y respetuosos con los demás no es algo de lo que puedan estar orgullosos.

Como padres o tutores sí tenemos la responsabilidad de educar a nuestros hijos y hacer correcciones y críticas. Pero no podemos tener esa licencia con quienes no nos la han otorgado. Tenemos el deber de demostrar a nuestros hijos cómo actuar correctamente, cómo guiarnos por nuestra conciencia y cómo ser inteligentes para no boicotearnos a nosotros mismos.

Forma tu propio carácter y sé ejemplo para los demás. Deja de depender de los demás y de creer que solo lo que ellos hagan es lo correcto. Y deja de querer cambiarles pensando que tú sí sabes lo que es correcto.

Da tu opinión solamente a quien te la ha pedido, cuando te consultan. Tú sabes bien dentro de ti lo que está bien y lo que no, se llama conciencia. De la misma manera no puedes tratar de contentar a todos.

El niño desde pequeño trata de contentar a los que le rodean y hemos creado estos hábitos. El sistema educativo es muy criticable pero lo hace lo mejor que puede. El problema es que el mismo sistema está gestionado e impartido por personas que forman parte del problema, que han asumido que las cosas deben ser así porque desde siempre fue así para ellas.

El sistema es una continuación de los errores iniciales. Los padres enseñamos a los hijos sin querer a comportarse de determinada manera para contentarnos, porque les dictaminamos lo que deben o no deben hacer. Los niños crecen aprendiendo a ser de determinada manera para recibir la recompensa de amor de sus padres. Si hacen lo que les decimos estamos contentos con ellos, les queremos y recompensamos. Si no, les hacemos ver nuestro enfado e incluso les decimos sutil o directamente que les amamos menos.

Esto es un momento traumático para el niño, un instante decisivo en su vida que marcará su forma de ser. Aprende que el amor debe ganárselo, debe lucharlo, debe gestionar su propia conducta para obtenerlo como premio. El niño comienza a educarse y a saber distinguir lo que debe de lo que no debe hacer conforme a lo que nosotros los padres le marcamos, según lo que creen esperamos de ellos. Estamos marcando unas expectativas en sus pequeñas almas y delimitando su libertad. Sin querer, por amor, pero no lo hacemos bien, nosotros sí que no lo hacemos bien.

Políticos y maestros tienen la programación previa de que deben preparar a los niños para una realidad que es la única que creen posible, por lo tanto les educan para cumplir y aceptar órdenes sin pensarlas ni cuestionarlas. No lo hacen para formarlos como líderes ecuánimes y sinceros, honestos y equilibrados.

Les educan para ser trabajadores y no emprendedores porque ellos mismos lo son y no pueden ver otra realidad. Les educan para memorizar y no pensar. No forman nuevas mentes que cambien las cosas y las mejoren, sino que acepten el sistema tal y como está. Y eso es triste, muy triste.

Si surgen rebeldes que van contra el sistema, niños que no encajan, los marginan y los tratan de anular. Incluso los medican y los tratan de enfermos cuando es el sistema el que está enfermo.

No tienen mala intención, como no la tienen nuestros padres, pero cortan las alas del pájaro para que nunca vuele porque le creen más seguro en la jaula y estiman que tendrá una mejor vida. Y lo hacen con todo su amor porque a ellos se les hizo y siempre fue así. Debemos tener cuidado con esta forma de pensar y actuar, ser revolucionarios en ello y darle la vuelta con amor y tacto porque es una cuestión delicada.

El niño crece siendo formado para dejar contentos a sus padres. Más tarde cuando entra en el sistema educativo sigue el mismo patrón y además entra demasiado pronto porque los padres deben trabajar y no tienen tiempo para él. Como los padres no tienen apenas tiempo de vida personal deben pagar a otra persona para que ejerza el papel que ellos deberían hacer. Entonces el niño en la escuela, desde el comienzo aprende que debe contentar esta vez a los maestros, para a su vez contentar a los padres.

Y lo hace aunque no entienda nada, por amor, por ganar ese amor de sus padres y no desentonar, no salirse de unas estructuras que le han marcado como inviolables.

Si al menos el sistema educativo supiera diferenciar y respetar los roles que cada niño siente son su propósito podría ayudarles a crecer.

Pero no, trata a todos como iguales cuando son diferentes. Además el pequeño no ha sido educado para elegir y por lo tanto no sabe qué quiere. Solo ha sido educado para obedecer, para contentar a los demás, jamás a él mismo, ni a escucharse, ni a conocerse. ¿Y qué sucede cuando el individuo crece, madura y queda solo frente a la vida?

Entonces no sabe contentar nada más que a los demás y no sabe contentarse a sí mismo. No sabe quién es ni qué quiere. No sabe cuál es su propósito y además está contaminado con todo lo que los demás esperan que sea. No ha aprendido a escucharse a sí mismo, a saber quién es y qué ha venido a hacer aquí.

Ese desequilibrio es muy grave y muchas veces genera internamente desestabilización emocional que se convierte en problemas mentales. Todos tenemos ciertos problemas mentales. Tenemos rasgos de todas las llamadas enfermedades mentales hacia las que podemos orientarnos, pero están equilibradas. El problema es cuando se acentúa por ejemplo el egoísmo y realmente dejas de pensar en los demás e incluso no te importa su sufrimiento. Esto es el principio por ejemplo de la psicopatía.

Y claro, si educamos personas para que contenten a los demás y no saben luego ser felices ni aceptarse, es lógico que muchos pierdan el control y enfermen. Nosotros mismos estamos generando el potencial problema y es la educación la semilla y la salvación.

Achacamos a personas que llamamos monstruos actos atroces y malvados, pero es la misma sociedad la que forma a estos monstruos. Debemos atajar el problema en vez de continuar ciegos ante su origen.

Como ves solo hay gente despistada más que malvada. Hay gente ignorante, perdida, dormida, bloqueada y oxidada, pero no verdaderamente mala.

Conoces muchos casos de personas que fueron machacadas por pasados oscuros y destructivos que se reinventaron a sí mismas. ¿Comprendes ahora lo que te decía de que no optes por el camino de la oscuridad? Es más duro, pero aprendes de igual manera, y de una muy potente.

Lo malo es que pierdes el tiempo y, aunque este no exista, sufres innecesariamente. Incluso puedes perderte en esa oscuridad y convertirte en un ser realmente muy desorientado, o lo que muchos llamarían malvado, como esos de los que no vamos a hablar. Pero tranquilo, esos seres, tú mismo si te conviertes en uno de ellos, forman parte del sistema y cumplen su función. No hay nada al azar ni nada que no encaje a la perfección en esta creación.

Ellos puede que ni siquiera sepan que forman parte del juego pero aportarán sin saberlo, con su "maldad", con sus actos supuestamente horribles, un aprendizaje a ese otro ser que jamás olvidará. Si un ser decide dar un mal paso y perderse es porque decide co-crear una realidad oscura para aprender de ella, y ahí estarán ellos para hacer su mal y, sin darse cuenta, su bien. Lo que sucederá en realidad es que serán parte del aprendizaje y de la iluminación de ese otro ser. Y así pasará hasta que ellos mismos se den cuenta del juego y decidan caminar hacia la luz.

Si alguien decide convertirse en una persona así elegirá una vida que le permita llegar a ello. Entonces el sistema actual es el que necesita para su experiencia. Y entonces no es algo «malo» para él, sino su camino. ¿Comprendes ahora la relatividad de las cosas? Hay muchas personas que piensan que este planeta es un caos, que quizás alguna vez fue un paraíso y por alguna razón dejó de serlo. Hay muchas personas que piensan que lo volverá a ser, pero debes comprender que si es así es porque era necesario. Todo es perfecto, es como debía ser. Todas las almas que necesitaban estas experiencias optaron por venir aquí.

Es un lugar necesario y si no hubiera existido tendrían que haber buscado otro para experimentar sus realidades. Que tengamos esta realidad en nuestro planeta es algo pasajero, es una experiencia del mismo planeta. No hemos hecho nada malo ni bueno para ello, no hay pecado original ni tiene importancia si lo hubiera, solo formamos parte del proceso. No podemos juzgar porque formamos parte de un sistema perfecto. Seguramente en un futuro la experiencia del mismo planeta y los seres que lo conforman evolucione hacia una armonía total, porque necesiten experimentar el lograrlo. Pero no podemos ver aquello como meta, porque nuestra meta está ahora, en este momento, en este lugar y en nuestra tarea concreta.

Esto debería dar paz a tu alma. Saber que todo es perfecto, que estás donde debes estar. Es importante, no lo olvides. Y no olvides nunca que tú elegiste estar aquí y ahora, y que tu elección además te hará mejor, te permitirá evolucionar.

No te obsesiones por cambiar la realidad que ves a tu alrededor y no pierdas tu tiempo quejándote. Cambia tú, cambia tu propia realidad y entonces comenzarás a ver todo diferente. La relatividad con la que ves tu propia existencia te hará ver otra realidad y no tendrás necesidad de quejarte ni cambiar nada. Porque todo es perfecto.

Así que deja de juzgar a los otros y a todo lo que te rodea. Quizás tu perspectiva es la que te amarga la vida. Mira con nuevos ojos la realidad cuando levantes tu vista de este libro. Te invito a que lo cierres unos instantes y a que eches un vistazo a tu alrededor. Respira profundo y luego cierra los ojos. Echa un vistazo a tu interior. Verás como todo ha cambiado. Sigue siendo igual, pero ha cambiado.

Seguro que te ha pasado en muchas ocasiones que justamente algún hecho dramático en tu vida te ha aportado luz y comprensión, te ha permitido conocerte mejor y que esa información te haga mejor persona. ¿Lo ves? Ya eres un optimista nato.

Muchas experiencias acumuladas te hacen despertar. Tantos golpes uno detrás de otro te hacen llegar a un límite donde surge de lo profundo de tu ser una reacción tremenda en fuerza y energía, como un volcán que entra en erupción.

Fueron justamente las circunstancias adversas las que provocaron el cambio, las que presionaron. Y seguramente las más duras las que más, hasta que llega la gota que colma el vaso. Ese momento puede que acabe de suceder ahora mismo, al leer estas líneas. Eres tan inteligente que no necesitas una gota que colme el vaso de carácter negativo. Puedes ir más allá.

Te acabas de dar cuenta de que no necesitas martirizarte con más problemas y circunstancias en contra. No necesitas llegar a ese punto límite. Estás por encima.

Ahora comienza a recordar que sabes que has pasado por situaciones mucho peores en el pasado, quizás en otras vidas muy lejanas que no recuerdas con la mente pero sí con el corazón. Y saliste airoso, vencedor, aquí estás. Y además aprendiste, mejoraste, evolucionaste.

Y de cuando estabas débil y caíste en tentaciones y errores no vas a regodearte. No importa, forman parte de un aprendizaje, ganaste la batalla.

Así estás curando tu pasado, rehaciéndolo. Retomas recuerdos y los transmutas en algo nuevo, en algo positivo. Dejas de ser un fracasado, de plantearte si hiciste lo correcto o todo lo que podías hacer en ese momento. Cierras heridas, zanjas asuntos pendientes, deudas, perdonas de corazón, olvidando, deshaciéndote de mucha basura guardada que no necesitas. Te desprendes del peso inútil que guardabas en tu mochila y ahora puedes correr más, saltar más.

Una vez comienzas a hacer limpieza de tu pasado tu alma se aligera, te haces más liviano y puedes volar mejor. Estás haciendo más fácil tu presente y aún más tu futuro.

Ahora quizás comprendas mejor cómo podías crear tu futuro cambiando tu pasado y cómo podías cambiar tu pasado creando un nuevo presente.

Ahora eres la mejor versión de ti. Y lo más importante, tu futuro será el mejor futuro posible porque tienes información privilegiada y sabes mejor quién eres y qué has venido a hacer. Conoces las reglas del juego y eso te lleva inexorablemente a ganar.

Estás preparado para cualquier cosa que se te avecine y además sabes que eres tú el creador de todo lo que te encuentres, que puedes co-crear las circunstancias que más te beneficien para seguir evolucionando.

CAPÍTULO ONCE

¿Fe o certeza?

Como hemos hablado a lo largo de este libro, para poder vivir una realidad nueva y cambiar nuestras vidas debemos buscar urgentemente todas esas programaciones erradas dentro de nosotros y acabar con ellas. Seremos libres de mucha carga, cambiaremos lo que el futuro nos pueda traer, porque aceptaremos otras realidades como posibles.

Y una de las programaciones que más daño ha hecho al ser humano ha sido la de FE y es un concepto que debemos cambiar urgentemente. El errado concepto de fe ha provocado más muertes, destrucción y retroceso a la humanidad de lo que jamás hayas pensado. Aunque el mayor daño lo ha hecho al propio ser humano, en lo profundo de su corazón y su búsqueda de camino.

Este libro y quienes lo defiendan serán atacados con dureza por todos aquellos que se aferren ciegamente a sus ideas o a las de otros, por todos aquellos que no hayan experimentado sus propias realidades trascendentales y el miedo y el vértigo les hagan atacar todo lo que no comprendan y exijan más y más en su búsqueda desesperada de pruebas.

No las hallarán, porque el que busca no encuentra. Para encontrar debes dejar de buscar, respirar profundo y mirar en tu corazón. Allí encontrarás todas las respuestas, pero solo lo harás cuando estés verdaderamente preparado, cuando realmente abras tu corazón y dejes de tener miedo. Tu sinceridad es la medida de peso que abrirá tu pecho, junto con la ausencia de prisa.

Será doblemente atacado, tanto por creyentes como por no creyentes porque los que atacan de ambos bandos tienen el mismo tipo de miedo en sus corazones. Cuando alguien cree es porque no ha experimentado. Una vez experimenta deja de creer y pasa a tener certeza. Puedes creer lo que te han dicho que creas, incluso lo que millones han creído durante siglos, pero no por eso lo vas a creer más. Solo es una justificación propia para dar más peso o validez a algo que sigue sin ser una certeza en tu corazón.

Mantener una creencia sin experimentarla no es un acto muy inteligente y va en contra de la misma mente analítica humana. Por ello desespera al ser humano y le hace tener más prisa y perder la paciencia. Entonces deja de buscar dentro de sí y abandona el silencio necesario para escuchar su propio corazón. Busca fuera y hace ruido, y angustiado busca pruebas externas que jamás encontrará.

No le juzgues. Él mismo se puso en esta situación, programó antes de venir a esta vida esta existencia porque estaba poniéndose a prueba. Quizás sencillamente debe experimentar la angustia de olvidarse que solo dentro de uno hallará lo que busca, que todo lo que verá con sus ojos será una creación suya y que tiene el poder de ver la realidad que quiera ver.

La creencia se convierte en certeza cuando vives interiormente una experiencia que trasciende lo racional. Es delicado porque lo primero que hace la razón ante algo irracional es negarlo sistemáticamente. Si no puede entenderlo o categorizarlo lo tratará de anular y, sumado el rechazo también de los demás, la mayoría de veces tus experiencias irracionales o espirituales, tus experiencias íntimas de quién eres en realidad suelen bloquearse y hacerse desaparecer.

Por lo tanto la creencia para ser certeza no requiere las pruebas físicas que muchos esperan, no se trata de eso. Eso sería algo demasiado sencillo y burdo. Esa es la esencia de la FE, un término diferente a CREENCIA, pero ha sido mal explicado, mal definido, mal comprendido. La fe no es creencia, es tener esa certeza. Haz la prueba de cambiar la palabra CERTEZA cada vez que veas la palabra FE. Le verás un nuevo sentido, uno que realmente calará en tu corazón.

Pero esta es una certeza que no se busca ni se fuerza, surge de tu interior cuando has alcanzado un despertar, cuando has andado parte del camino del amor. Es certeza de saberte divino, de saberte mágico y no debe confundirse con la certeza o no de la existencia de Dios. Eso viene por añadidura.

No se trata de tener Fe en ningún Dios, y menos en uno externo. La experiencia de la certeza interna o Fe, si quieren llamarlo así, va más allá de un sometimiento a un ser externo y su voluntad. Dios entra en el juego de esa certeza cuando se le comprende correctamente como parte de ti o tú de Él. Esta experiencia de despertar es tu propia voluntad interna iluminada por la presencia de ese Dios que tanto nombras y buscabas, ese que estaba dentro de ti y en todo lo que contemplas. Un Dios que te ama tanto y es tan presente que forma parte de ti, aunque no lo comprendas.

La mayoría entiende que se tiene FE en algo, y ese algo es en Dios. La mayoría de los creyentes y no creyentes quieren tener fe en Dios, creer en Dios, y no se trata en todo caso de creer sino de sentir. He ahí un gran problema.

Este es el mayor escollo. Tratan de forzar algo que no se puede forzar. Tras esto hay otro problema más que es la idea incorrecta de Dios que tienen muchos. Es difícil creer en un Dios con barba, en un juez o en un tirano. Como ves los términos Fe o Creencia no son para nada los correctos para definir que una persona ha comprendido su realidad espiritual y que ya nada puede hacerla dudar de ello, que está por encima de miedos y de ver al otro como un competidor o una amenaza.

Debería haberse creado un término nuevo que definiera la certeza íntima y espiritual de tu despertar como ser que trasciende, como ser espiritual que va más allá de un cuerpo, un espacio y un tiempo.

Pero no, fue como debía ser. Tuvo que ser así porque de haberse inventado un nuevo término habría sido manipulado y malinterpretado de nuevo. Nuestro concepto actual de Fe proviene de la Biblia y de frases como «Ahora bien, la fe es la certeza de lo que se espera, la convicción de lo que no se ve» (Hebreos 11:1). Pero como ahora podemos entender fue malinterpretada. Aún estando tan claro el término inicial hay quienes siguen buscando pruebas visibles, tangibles. ¿Ves la carencia de sentido?

Tu fe te ha salvado, dice varias veces la Biblia poniéndolo en boca de Jesús. En realidad todas las veces dijo «Tu fe te ha sanado», porque no hay que salvarse de nada más que de tu propio miedo y de los velos que pongas frente a tus ojos. Pero esa frase ha confundido también acerca de la definición de fe. Lo que quiere decir Jesús en esos momentos y en otros es que el poder interno de saber y sentir la capacidad de sanar hace que lo hagas. Paciencia, a lo largo de este libro lo entenderás mejor.

Unas veces por obra supuestamente de Jesús, otras solo por tocarle, tocar sus ropas o por invocar su nombre. El poder lo tenemos nosotros, Jesús es intermediario como lo es el AMOR, como lo es la presencia de Dios en ti. Tienes el poder de crear, a imagen y semejanza de Dios. De crearte enfermedades y sanártelas. Relegar el poder en algo externo sigue siendo un acto de infravaloración y a todos a los que otorgas ese poder están deseando que tomes tú la responsabilidad, por amor. Es un hermoso gesto de humildad decir que te ha sanado un santo o quien quieras, que fue por la divina intervención de un ser espiritual, pero… no es cierto, fuiste tú. Fue Dios a través de ti, pero fuiste tú. Paso a paso entenderás que Dios actúa a través de ti y tú a través de Él en todo lo que te rodea.

La fe de la que habla Jesús es tu propia convicción interna, no una creencia en algo externo. Por eso Jesús no quería hacer milagros, porque la gente confundía de dónde provenía ese poder. Fue un error que los autores de los evangelios le dieran tanta relevancia a los milagros porque

Jesús no quería eso, como no quería muchas otras cosas que se entendieron mal. A lo largo de dos mil años hemos acrecentado esto, por eso no creemos ser capaces de obrar las mismas maravillas. Pero podemos. En esto consiste este libro, en hacer que vivas esas experiencias y retomes el poder genuino que siempre has tenido, del que quiere Dios que te responsabilices en vez de buscar agentes externos.

Quizás en otro libro hablemos del problema que causaron dos atribuciones a Jesús que hicieron más daño aún. Me refiero al asunto de mover montañas si tienes fe y el tener fe como un grano de mostaza. Son dos textos controvertidos que arrojan más confusión porque dan a entender que la fe puede ser mayor o menor, y también que lo opuesto de la fe es la duda. Si quieres los trataremos en el futuro.

A día de hoy se usan frases como «¿Qué fe profesas?» para realmente decir «¿En qué crees tú?». Como si se tratara de una elección circunstancial, como quien elige su color favorito o un equipo de fútbol. Ya sabes que no se trata de creer en algo por creer, por mucho vacío que provoque no creer en nada, sino de una experiencia interna que no suelen poder explicar ni los más excelsos poetas.

Cuando algunas religiones te dicen que tengas fe no te están diciendo que creas ciegamente, sino que inicies una búsqueda personal e íntima de quién eres, de tu ser de luz interno, de tu realidad espiritual. Y ese hallazgo no tiene color, no vas a encontrar una u otra realidad, solo una.

Sin embargo muchas de esas iglesias, o los que se han creído sus representantes, han alimentado esta falsa creencia, esta falsa fe definida como creencia ciega argumentando que tú solo debes obedecer unos patrones y confiar, ciegamente. Es un tremendo error que ha hecho mucho daño. No vamos a entrar en si esas personas usaron adrede la confusión para su propio beneficio, pues muchas tenían buenas intenciones o solo repetían lo que creían que era lo correcto. Confiaban en que hacían lo correcto, sin planteárselo. Quizás porque si lo hacían otros les ocasionarían problemas. Otra vez el miedo en medio de todo.

El principal problema de la confusión es la etimología de la palabra fe. Proviene de la raíz del latín, «fides», que significa «lealtad», «seguridad», «confianza», «creer en el sentido de confiar». Y si ahondamos más en los términos hebreos y griegos se complica más todo. La palabra «confiar» proviene como ves del latín también y significa eso, creer que lo que alguien te dice es la verdad.

Y tu realidad espiritual no puede depender de que creas que es cierto lo que otro te dice. No puede ser que se sustente en que creas lo que dice este libro, sino en que lo experimentes. De nada sirven todas estas palabras.

Es cierto por lo tanto que hay que tener fe para ver y que no se puede ver para tener fe. La famosa frase de «ver para creer» no sucederá jamás porque necesitas unos pasos previos, un nacimiento interno dentro de tu ser de la luz que permitirá ver. Tú mismo no te permitirás ver la realidad que hay detrás de tu velo hasta que no decidas retirar ese velo. Puedes renegar lo que quieras, llorar, patalear y argumentar científica y teológicamente lo que quieras. No verás hasta que no abras tu corazón.

El que tiene verdadera fe, el que ha experimentado dentro de su corazón que es algo más que un animal racional fruto de la casualidad del cosmos, no necesita ver. Quizás le gustaría, sería hermoso, pero no lo necesita. Puede tener curiosidad, pero no le urge tanto como para cometer locuras atroces, como para atacar a otros ni para desesperar, como hacen muchos, y otros tantos que lo harán con este libro sin entender lo que desvela. Y como tiene la necesidad, entonces verá, porque la vida es mágica y la misma realidad mágica que se desvela al abrir los ojos del corazón es impresionante y maravillosa.

Creer puede llegar a ser aterrador, porque pasa el tiempo y no aparecen las pruebas que necesitas para seguir creyendo, llegan las dudas y te corroen por dentro. Suceden cosas en tu vida que siguen sin ser explicadas por las creencias que te repiten. Te dicen que tengas fe, como si dejar de hacerlo significara cometer un error y eso te aterroriza más, te hace sentir más el vacío y la soledad de tu realidad.

Por eso se radicalizan muchos y atacan a los demás con cualquier excusa, aunque vaya en contra de sus propias creencias. Por eso muchos llegan a matar aunque las propias leyes del Dios al que dicen servir dicen que no robes la vida a nadie y que no le desees mal. Es la incoherencia de la desesperación de muchos y su vacío, pero recuerda que es su experiencia, decidieron hacer esos actos por algún motivo y quienes los padecen también eligieron ser las víctimas.

Tener fe es para demasiada gente algo angustioso. Sentir cómo has dedicado tu vida o la has condicionado por algo que sigues sin poder corroborar ni experimentar en lo más profundo de ti es una angustia que toma medidas existenciales cuando consiste en tu propia existencia, cuando el tiempo pasa y sientes que se te acaba, sin respuestas.

Puede realmente enloquecer a una persona la búsqueda de pruebas para dejar de creer. Creer duele, reconócelo, no es lo mismo que tener certeza. Por eso hay tantos actos atroces en nombre de la fe, en nombre de Dios. El ser humano comete las más salvajes locuras por desesperación. Y lo hace para buscar experimentar sus creencias en sus actos, para forzarlas, para intentar engañarse a sí mismos y convencerse de nuevo en el acto de convencer a otros, de forzarse a ellos a creer de nuevo en el acto de forzar a otros a creer.

A esa desesperación les lleva el mismo sistema que alimenta que crean ciegamente, sin plantearse nada más. Que acaten órdenes y obligaciones, que acepten sin pensar, sin sentir, sin vivir. El mismo sistema que impide experimentar al individuo porque bloquea sus capacidades sensitivas y lo tacha de loco. El mismo sistema que, en su afán de justificar y explicar todo, no acepta que aún se le escapan muchas verdades.

Entonces machaca al individuo que experimenta con esas realidades que trascienden lo establecido y le dice que está loco. Desde pequeños condicionamos a los niños para que dejen de experimentar y de sentir, para que sean todos iguales y acepten las creencias de los adultos ya insensibles e incapaces de volver a reconectar. O eso creen.

Si aprendiéramos los adultos de los niños llegaríamos muy lejos. Si aprendiéramos a sentir, a experimentar lo que tantas veces son pequeñas aberturas de la realidad que nos trasciende. En vez de cerrar todo de golpe por miedo, por temor sobre todo a lo que los demás piensen, a sus juicios.

Lo triste es que el miedo atroz a equivocarse de los que niegan todo, es el mismo que el de los que creen forzosamente sin experimentar la certeza por tratar de librarse de ese mismo miedo.

Atacarán este libro duramente cientificistas porque tendrán miedo que encierre algo de verdad y tendrán pánico de que esas experiencias que narran algunos locos no sean realmente las locuras a las que ellos se aferran para justificarse. El ser humano es tan estúpido como maravilloso. Es capaz de hacerse daño a sí mismo con tal de convencerse de que tenía razón. Su testarudez es inmensa, sobre todo cuando está cegada por el miedo.

Atacarán este libro religiosos fanáticos porque tendrán miedo que encierre algo de verdad y tendrán pánico porque quizás sean reales las experiencias que otros viven y que ellos tratan de forzar para trocar su fe, su creencia, en certeza.

Ante todos debes tener paciencia y respeto, y antes que nada amor, que es algo que engloba la paciencia y el respeto. Recuerda que ellos han elegido vivir esta experiencia, que conocen la realidad que hay detrás de todo y su amnesia voluntaria es una prueba, su propia prueba.

Ten paciencia, infinita paciencia. Inventarán cualquier excusa para desacreditarte porque solo ellos dicen tener la verdad. Recuerda que es muy angustioso creer una verdad mientras que es maravilloso experimentarla. Comprende su estado y date cuenta de que harías lo mismo en su lugar. Que de hecho lo hiciste, muchas veces. Incluso mataste por ello y cometiste las más grandes atrocidades porque estabas realmente angustiado y perdido. Ama su condición, ten compasión, no pena.

Déjales que ataquen como deseen, que digan lo que deseen, no trates de convencerles o caerás en la misma trampa. Remíteles a estas palabras, y diles que las lean con el corazón, no con la mente, que lo intenten una y otra vez hasta que sea la propicia. Y que quién sabe si en alguna de las lecturas lo que es un idioma desconocido e incluso hiriente se torne en poesía para su alma.

Pero no lo será porque les convenza esta verdad, sino porque comenzarán a experimentar algunas de las que sugiere para vivir este libro. Recuerda que aquí no hay verdades en sí, solo pistas para que las halles dentro de tu ser, para que las vivas.

Recuerda que este libro puede decirte que el agua que surge de un manantial que hay en determinado lugar nace caliente de la tierra. Tú puedes creer o no, pero solo hasta que viajes allí lo comprobarás, lo experimentarás y dejará de ser fe lo que tienes en este libro, dejarás de confiar. ¿Crees que es diferente cuando hablamos de otras realidades como que sigues existiendo tras la muerte o que eres capaz de crear tu propia realidad?

CAPÍTULO DOCE

Eres más de lo que imaginabas.

Mucha gente tiene una imagen débil y victimista de sí misma. Nos creemos menos de lo que somos y así es complicado despertar lo que llevamos dentro y verdaderamente somos.

Creas o no estas palabras, si experimentas, descubrirás por ti mismo todo lo que se te comparte. Pareciera que siempre somos la parte baja de la cadena y la más desorientada. Por ejemplo, otorgamos a supuestos seres superiores como los ángeles cualidades que realmente nosotros tenemos, pero que hemos bloqueado y olvidado. Nos infravaloramos creyéndonos muchas veces seres inferiores no evolucionados. Y eso no es cierto.

Todo es evolución y siempre hay un escalón que subir, pero dentro de todo, somos seres con bastante camino andado, valientes y maravillosos. Debemos estar muy orgullosos de quienes somos; valorarnos, apreciarnos y motivarnos. No podemos sentirnos seres de tercera cuando, en realidad, es nuestra amnesia la que nos hace sentir así, ya que la realidad es otra. Una amnesia que es coherente con la humildad y el acto de amor que desempeñamos.

¿Y quién eres realmente? Te voy a dar pistas, pero el camino es solo transitable por ti. Eres tú quien resolverá si las historias que te cuento te resuenan o no. Y eso no quiere decir que, si te producen rechazo de primeras, ya signifique que tu alma no se siente identificada. Es muy común que rechacemos inicialmente lo que nos provoca una crisis interna. Debes saber discernir.

No debes obsesionarte tanto en evolucionar, ascender y todos esos términos que pueden darnos la connotación de ser menos y de estar siempre detrás de una meta. Por supuesto que estamos en camino, que queda mucho por recorrer y muchas sorpresas maravillosas, pero ya somos mucho de lo que creíamos que teníamos que alcanzar. Mucho más de lo que crees. Tan solo es cuestión de recordarlo y sentirlo dentro. Siente orgullo y ama tu tarea actual, es valiosa y valiente, digna de admiración si la recordases. No te menosprecies ni infravalores.

Ojalá esto le sirva a tu alma para reconfortarse y sentirse un poco menos perdida. Saber que estás en el camino correcto y que de hecho estás en pleno ejercicio de demostrar todo lo que has logrado. Demostrarlo con amor, con entrega, sin miedo. Porque no tienes nada que perder.

El planeta Tierra es una escuela de experimentación y una batalla al mismo tiempo, una bastante complicada y dura. Venir aquí es de valientes. Solo el hecho de olvidar todo y recomenzar a partir de cero, ya es un reto que incluso a los seres más evolucionados les impone.

Imagina que después de vivir todos esos años que querías, después de acumular sabiduría y amor, decidieras ponerte a prueba y hacer un acto de amor mayor. Hay muchas veces que cuando se alcanzan esos niveles se camina hacia otros senderos insondables que no podríamos ni comprender. Pero otras, miramos atrás y sentimos una compasión inmensa por los que no lo han logrado y, el amor incondicional que llevamos dentro y nos forma, nos hace querer ayudar una vez más.

Imagina que lograras, con otros seres como tú, mejorar realmente el planeta y alcanzar una paz y un equilibrio a nivel global. ¿Y luego qué? ¿A vivir tranquilos tomando el sol?

No, sabes que no. Te volverías a aburrir y eres un ser que es puro amor, no puedes dejar de amar, necesitas acción, ¿recuerdas? Quizás decidieras experimentar más, o volverlo a hacer. Quizás recuerdes con fuerza algunas de tus experiencias más fuertes y el valor que les diste, o lo maravilloso que fue el despertar de tu conciencia cuando estaba dormida. Quizás quieras volverlo a vivir y con ello ser útil a otros seres que no tuvieron tu oportunidad. Sería un gran gesto de amor y una nueva experiencia maravillosa, volverte a poner a prueba.

Como pasa en la tierra, una vez vives en un país que más o menos ha alcanzado un equilibrio, muchos van a otros países donde puedan ayudar. Algo como ser misioneros o trabajadores de ONGs solidarias. Igual pasa a nivel del universo y de otros planos. Cuando uno ha logrado cierta paz, equilibrio y estabilidad, solo desea compartirlo y que los demás logren lo mismo. Cuando has alcanzado cierto nivel de amor solo deseas ser útil y poner todo lo aprendido y caminado al servicio de los demás. Ese es el camino que llaman de la LUZ, del amor.

Entonces eres capaz de ir a otro planeta, y la mejor manera de ayudar es formando parte de él, «infiltrándote». Es el momento en que ese ser se encarna en un humano más y olvida todo lo que había aprendido y quién es verdaderamente. O quizás no. Todo por un acto de amor. Eso ha pasado muchas veces, desde muy diversos orígenes, todo por amor.

Y no es fácil. Muchos se pierden, pero forma parte de la apuesta, del juego, de la entrega, de la experiencia, del acto de amor en sí. La fuerza que arrastra a los seres humanos a ese hastío es muy grande y todos lo hemos comprobado. Es fácil dejarse llevar y permanecer dormido creyendo que eres otra cosa que no eres, que buscas algo que no es lo que realmente buscas. Es fácil dejarse vencer por la densa realidad del tiempo y el espacio, de la materia.

Debes imaginar ya a estas alturas que la mayoría de la vida en el universo no es material y que tú, tu más pura esencia, no es material. No necesitas un cuerpo para vivir, esto es solo una experiencia. Quizás un día decidas dejar de guerrear en nombre del amor y quieras ir más allá, tener otro tipo de experiencia. Y eso es una realidad que sí que escapa de todo entendimiento.

Algunos de esos misioneros cósmicos comienzan a recordar de una manera muy vaga, pero la sociedad se encarga de hacerles sentir locos y les corrigen el rumbo hacia una vida normal, de esas aburridas que no llevan a ninguna parte. Lo importante es que algunas almas valientes comienzan a sentir algo que es más fuerte que ellas mismas y dan los primeros pasos. Es el despertar.

Son pasos ciegos, sin saber adónde llevan y temiendo siempre a la locura, a que los demás se rían y nos alienen. Nos da miedo la oscuridad y no vemos el horizonte, pero si iluminamos los dos o tres pasos que tenemos por delante, siempre tendremos suficiente parte del camino despejado. No necesitamos ver todo el sendero, solo estar atentos al paso siguiente, darlo bien, hacerlo bien.

Y si cualquier cosa te hace perder el equilibrio y te hallas de pronto en el suelo, ponte en pie de nuevo, más fuerte, con el aprendizaje de saber dónde tropezaste para evitar una próxima caída. Dice un viejo y hermoso proverbio japonés: «Siete veces te caes, ocho veces te levantas.»

Pedimos ayuda y socorro, pero el más absoluto silencio nos hace dudar. De pronto una voz, desde tu más profundo interior, te hace no perder la esperanza y… comienzas un nuevo camino. Uno que no es nada fácil, pero que te hace sentir mejor cada vez más. Y aquí estás.

Da igual el origen de la mayoría de los seres humanos que hoy respiran. Tampoco importa mucho explicar de dónde provienen las almas. Este libro no está escrito para dar demasiadas explicaciones ni para discutir con nadie. Es sencillamente un recuerdo, el tuyo. Si quieres tomarlo, bien, o quizás toma lo que te interese. El resto ya llegará, ten por seguro que llegará, en esta o en otra vida.

Venimos una y otra vez para depurar errores, para aprender e ir perfeccionándonos. ¿Hacia qué? Pues hacia convertirnos en esos seres que dentro intuimos ser. Este libro no te va a robar la magia de descubrirlo por ti, por mucho que te cuente, te adelante o te dé pistas. Así que no va a desvelar mucho más, lo harás tú. Y más pronto de lo que piensas.

Por hablar podríamos hacerlo sobre muchas cosas más y todo tiene su momento. ¿Para qué enseñar fracciones y raíces cuadradas a quien aún no ha aprendido a sumar y restar? No tendría sentido y confundiría.

¿Para qué complicarnos con asuntos delicados cuando aún estamos asumiendo otros más sencillos? Por ejemplo. Es seguro que te crea algo de confusión saber que reencarnamos una y otra vez en busca de un propósito, pero te confundiré más si además se te cuenta que, dado que el tiempo no existe, no esperes reencarnar en una línea temporal coherente según tu entendimiento de la historia.

Es decir, que puedes morir mañana y reencarnarte en un rebelde que atacará la Bastilla en plena revolución francesa. Si esa es la experiencia que debes vivir así será. Y puede que luego la siguiente sea en un artesano del siglo treinta y dos. ¿Me comprendes ahora? Si el tiempo es relativo y más allá de esta vida lo es más, no tienes por qué estar sujeto a encarnar en alguien de tu futuro inmediato siempre.

La ciencia ya ha demostrado que si una persona sale del planeta y viaja lejos al regresar habrá experimentado otro tiempo, será más joven o más viejo, depende de adónde vaya y cómo. Y por supuesto que puede viajar muy pero que muy lejos, y de varias formas. Que pienses que es imposible, porque la ciencia dice esto o lo otro, es ser tan ingenuo como quienes en la edad media decían que la tierra era plana; los mismos que luego decían que era obvio que era el Sol el que giraba en torno a la Tierra. Le quedan hermosas sorpresas a la ciencia.

¿A que todo esto te confunde más? Por eso mejor no detallar mucho, todo llegará. Mejor dejar el tema del tiempo, démosle eso, tiempo.

Una y otra vez te encarnas en nuevos cuerpos para tener nuevas experiencias. No es estrictamente necesario hacerlo siempre ni por siempre, pero sí es la opción que normalmente durante un tiempo se toma. Es cierto que algunos están prisioneros de los ciclos, de estas idas y venidas porque entran en un vértigo donde su amnesia y la densidad de este mundo hacen perder la noción de quién eres y qué haces aquí. Eso arrastrado vida tras vida, encarnación tras encarnación, puede ser un ciclo del que se debe escapar y del que algunas culturas hablan.

El escape llega cuando en una vida se decide tomar el control. Todo son ciclos encarnando en el mundo material hasta que llegue el momento en que no haga falta regresar a un cuerpo físico. Pero, recuerda que es una opción tuya el haber entrado en esta dinámica, la necesitabas por las razones que fueran, estabas sencillamente experimentando. Y como el tiempo no existe, no tienes prisa alguna.

¿Y cuándo puede ser ese momento de salir de ese ciclo de vidas? Sí, efectivamente, ¿ves cómo lo sabes? Ese momento será cuando tomes conciencia en esta vida de quién eres realmente y decidas que necesitas otro tipo de experiencias. Todo el camino hacia esa toma de consciencia es lo que llamamos despertar. Luego puedes decidir hacer lo que desees y puedes emprender el viaje hacia La Fuente. Pero eso es otra historia, otro libro.

No tenemos ninguna prisa, no somos menos por ir y venir unas cuantas veces de vida en vida y planeta en planeta. Aquí no hay competición ni niveles. Unos tienen unas asignaturas pendientes y otros otras, no hay nadie por encima de nadie.

Como mucho, hay quienes suben un escalón y no es más que para tender la mano al que tienen inmediatamente debajo. Eso, además, hace que alguien te dé la mano a ti desde el escalón superior y te ayude a subir más. Todo es un dar y recibir, acción y reacción, causa y efecto. Todo es un acto de amor, uno enredado a otro.

Sería maravilloso que de este libro hubieras sacado la inenarrable experiencia de darte cuenta de que eres más de lo que pensabas. Que eres un ser más más mágico e increíble de lo que creías. ¿No es genial sentir eso? ¿No te gustaría volverlo a experimentar? Pues eso sucede muchas veces y por eso seguramente no recuerdas todo esto. Para revivirlo una y otra vez. Despertar es algo maravilloso, es ubicarte, reconocerte, orientarte cuando estabas perdido. Es una sensación increíble.

Cada vez son más personas las que «recuerdan», hasta que llegue un momento en que esto se multiplique exponencialmente. Hace siglos hablar de estas cosas era muy complicado, pero cada vez lo está siendo menos. Poco a poco más personas comienzan a aventurarse a compartir y ayudan a otra gente a recordar. Así, uno tras otro, se expande la onda que un día llegará a una mayoría.

Sin embargo, ten cuidado, pues en temas de espiritualidad especialmente, la mayor mayor de la información se vuelca sin contrastar, no hagas mucho caso de lo que encuentres por Internet. Hay mucha gente confundida o con verdades a medias. La vanidad y la soberbia son grandes enemigos del despertar y de la espiritualidad. El ego espiritual es algo muy delicado. El mismo autor de este libro está lidiando esa batalla y es muy complicada. Ten cuidado.

Piensa que es fácil querer ayudar a los demás, compartir, y comenzar a fantasear o incluso inventarte cosas por tal de dar credibilidad a lo que narras. Eso sucede mucho en la red. Eso y que lo único que pueden hacer algunos de esos seres mal encaminados que vagan por ahí es contar mentiras y confundir.

El ser humano sí es cierto que se comunica con muchos seres que trascienden el plano físico. La gran mayoría están más evolucionados y respetan tu albedrío y tu necesidad de aprender por ti mismo. Ayudan algunas veces en cosas puntuales pero más bien como un padre haciendo creer que es cosa tuya. No hacen milagros, pero muchos se los adjudican en vez de responsabilizarse de que fueron ellos mismos.

En fin, hay una minoría de seres que lo único que pueden hacer con el ser humano es tratar de confundirlo. Como no pueden hacer más se entretienen en eso, están aburridos. Así que son capaces de contar bonitas historias que son medio verdad para luego confundir más. Es muy común. Ten cuidado. Te será incluso difícil discernir, pero tu corazón te ayudará.

De modo que mucha gente, con muy buena voluntad e incluso con muy buena información se apoyan en otras informaciones no tan sólidas e incluso falsas. Quizás pase en este libro, todo es posible. Con tal de acreditar lo que se defiende y facilitar al que recibe la información es fácil no documentarse correctamente. También es muy común hallar informaciones de muchos que solo repiten cosas que dicen otros. No tienen nada original, ni nada propio, ni siquiera nada experimentado o vivido por ellos, aunque puede que su intención sea la más noble. Hay que hacer honor a la verdad.

También hay quienes solo manipulan y tienen egoístas intenciones, quienes sencillamente se aferran a cualquier cosa para dar sentido a sus vidas y luego se inventan cualquier cosa por inercia. Hay mucha verdad, pero también mucha mentira. La mejor manera de discernir es hacerlo con el corazón. Siente lo que realmente te vibra dentro, lo que te resuena.

¿Conoces la teoría del centésimo mono? No voy a relatarla aquí, pero básicamente dice que si se alcanza una masa crítica en la población se lograría un salto en el que un aprendizaje o una información pasaría a todos los individuos de la especie.

La teoría narra la historia de unos experimentos reales con monos en los que comenzaron a lavar las batatas en el agua y supuestamente esta información, una vez alcanzada esa masa crítica de monos que lo hacían, pasó mágicamente a otras colonias de monos supuestamente sin contacto.

La verdad es que el experimento es real, pero parece comprobado que fue muy alterado y exagerado. Investiga realmente a fondo sobre ello y lo descubrirás. Sea como fuere no importa. Lejos de si es verdad o mentira la teoría original y que sea prueba de la realidad que defiende; lo importante es que sí que sucede algo parecido.

Así es. En la vida real, una vez que una conducta es asimilada como natural por una masa crítica, se multiplica como un virus y forma parte de nuestra herencia genética No hay un mono cien, pero sí hay una comunicación que trasmite lo aprendido a toda la especie y que salta, de forma exponencial, en ciertos momentos especiales.

Lo trascendental de este hecho es acerca del equilibrio en el planeta. Actualmente la mayoría de sus habitantes están bastante desorientados y desequilibrados. Vienen y van sin sentido y sus vidas son bastante precarias y tristes. Es una realidad que todos comprobamos y no es un acto pesimista reconocerlo. La conversación normal cuando encuentras a alguien es la queja, la crítica y los juicios; es decir, rodear su realidad de un halo de negatividad.

Por eso es importante que cada vez más personas descubran que hay algo más, que son seres increíbles capaces de cosas increíbles. Cuanta más población despierte, más personas felices habrá sobre la tierra y eso hará que suba el nivel general del propio planeta. Eso es muy importante, aunque complicado.

Por lo tanto, todo cambiaría si hubiera una masa crítica de personas abandonando el hábito de prejuzgar y de criticar, hablando de lo bueno que les sucede y relativizando lo malo. Esa es la función de este libro, una secundaria. Lo primero eres tú, luego todos los tús que conforman el planeta.

Sí, todo cambiaría si se llegara a esa masa crítica que despierte, puesto que se provocaría una reacción en cadena que haría que el ser humano camine unido hacia un destino hermosísimo que persigue desde hace mucho. Y, permíteme darte la gran noticia, estamos cerca, muy cerca. Aunque la gente esté desorientada, estamos cerca y hay más ayuda que nunca. Sí, ya sé que he dicho que esos seres externos no ayudan, pero sí están usando muchas técnicas y trucos para que despertemos dando nosotros pequeños pasitos, como sucede con este libro. Este libro es parte de esa ayuda. Ya lo sabías.

Todos esos seres, los de otros planos y los de éste en otros planetas, están esperando ilusionados darnos la bienvenida. Parece de ciencia ficción, pero ya sabes que muchas veces la ciencia ficción fue la antesala de la realidad. Y también conoces el dicho de que la realidad supera siempre a la ficción. Prepárate, abre tu mente y tu corazón.

No merece perder el tiempo en mencionar mucho acerca de lo soberbio y estúpido que es pensar que, en un cosmos tan inmenso, solo nosotros hemos evolucionado. Además, el cosmos o universo total, por englobar todos esos universos, es muchísimo más grande de lo que ningún ser humano ha podido imaginar.

Por supuesto que no estamos solos y no podemos concebir la variedad y fertilidad del cosmos en tanto a vida. Hay seres que nos llevan billones y billones de años de evolución. Interactúan y han interactuado desde siempre. ¿Y por qué no los vemos? ¿Y por qué no nos ayudan? Porque son nuestros hermanos mayores y como buenos hermanos mayores más maduros que nosotros saben bien amarnos.

Ayudar nos ayudan, ya lo hemos dicho, pero muy sutilmente, lo justo para respetar nuestra libertad. Porque hacerlo de una manera notable sería un acto egoísta por su parte, perjudicial para nosotros. Lo vas a comprender enseguida.

Si alguien ahora te diera todas las respuestas y te provocara un despertar forzado llegarías tarde o temprano a una conclusión. Comenzarías a pensar que no fuiste tú quien lo logró, que necesitaste ayuda y eso te haría meditar si ha sido realmente merecido. Tus dudas te harían entristecer, no hay nada como el orgullo de haberte sabido capaz de lograrlo por tus propios medios, con todo en contra.

Imaginas eso ahora a nivel planetario. Si nos ayudasen de esa manera, tarde o temprano, caeríamos en una depresión como especie, sabiéndonos ciudadanos del cosmos de segunda, de esos que no fueron capaces de lograrlo por ellos mismos y estaban abocados a extinguirse o autodestruirse. El ser humano, como habitante de este planeta, tiene su amor propio. Como conjunto unido debe evolucionar por sí mismo para realmente dar los pasos con solidez.

Algo así es lo que sucede y ha pasado muchas veces. Como es algo sabido y probado, es el mayor de los respetos el que impide el que hagan los deberes y los exámenes por nosotros. Es duro, pero es un acto de amor y estaremos muy orgullosos de haberlo logrado, aunque pase aún un tiempo. Mejor dejar de tenernos lástima y sentirnos tan solos, no lo estamos y somos más de lo que pensábamos.

CAPÍTULO TRECE

¿Amas o necesitas?

Tomemos tierra, regresemos a nuestro planeta. Aunque lo que vamos a tratar ahora es una realidad cósmica que trasciende los mundos y todos los planos.

¿Recuerdas cuando decíamos que no sabíamos amar? Aquí vamos, y es una importante lección complicada de explicar. Abre mucho tu mente y mucho más tu corazón. Quizás tu concepción de la vida y del nexo de amor que te ha unido con todo cambie para siempre. Decíamos que sufrimos porque amamos, pero que no sabemos realmente amar. Junto con el acto de amar incluimos y adherimos otros actos que, como virus, infectan el amor que procesamos haciéndonos un daño inmenso.

Buda dijo que sufrimos porque deseamos, que la fuente del sufrimiento es el deseo. Su enseñanza se basa, en gran parte, en esto y en cómo darle solución. Dice que, si aprendemos a no apegarnos a las cosas y a las personas, dejaremos de sufrir.

Y es ahí donde radica todo, en que mezclamos el apego y el amor verdadero. Buda quiso compartir que si amasemos realmente al 100% no sufriríamos. Es normal, nos han educado mal. No estamos culpando a nuestros padres, ni a nuestros ancestros, pero entre todos hemos alimentado cada vez más el error, siglo tras siglo. No vamos a entrar en intenciones ocultas detrás de este hecho, aunque es real que las ha habido.

La sociedad tiene muchos errores y este es uno de los mayores. Nos enseña a tratar de sobrevivir, a luchar y ver al otro como un contrincante. Le da igual que sea un desconocido o tu propia familia, es el «otro», nada más. Y como parte de esa filosofía de supervivencia, de ley de la selva, el amor se ha degenerado y contaminado. Ha pasado con muchas cosas, ¿por qué no para algo tan relevante para el ser humano como el amor? Es nuestro código más profundo, nuestro acto más esencial, y algo tan delicado es fácilmente alterable, manipulable, mutable.

Es muy común que nos apeguemos a las personas en vez de amarlas, lo hacemos automáticamente, sin darnos cuenta, llevamos miles de años haciéndolo sin que nadie nos diga que podemos hacerlo mejor y sin descubrir la diferencia. En gran parte, por cómo se nos transmitido, durante siglos y desde los discursos más dispares, esa idea de amor romántico shakesperiana en la que una vida no tiene sentido sin la existencia de la otra persona.

Es un hábito, un mal hábito, uno destructivo que carcome lo más esencial de nuestro ser. Porque somos amor, el amor es lo que nos relaciona con todo lo que nos rodea, aunque lo neguemos y aunque no nos demos cuenta.

Amamos a las personas, a las cosas y a las ideas. O las amamos y también nos apegamos, en mayor o menor medida. Como amamos al 90% y dejamos el otro 10% para el apego sufrimos, aunque sea algo.

El sufrimiento en sí llega en tanto ese apego sea mayor que el verdadero amor. El apego es creer que necesitas algo, que te es indispensable para tu existencia y tu felicidad. Pero es mentira, completamente mentira. Puedes amar algo, pero no necesitarlo, ni mucho menos hacerlo como para que tu vida pierda todo sentido en su ausencia.

Puede que te choque, pero date la oportunidad, medita bien esto, reflexiónalo. Puede ser algo decisivo en tu vida. Quizás no te provoque un Nirvana o «despertar místico» como a Buda, pero puede que sea un antes y un después.

Apegarse es limitarse, es menospreciarse. Si crees que necesitas una casa determinada para ser feliz, es que no estás siendo muy inteligente emocionalmente. Igual si crees que necesitas una tierra, un país, unas costumbres, una bandera, un equipo deportivo, una tradición, una manía, una filosofía e incluso una religión.

Como vimos antes, puede que creas necesitar todo eso para sentirte arropado con conductas similares, con personas que piensan igual. Pero es una comodidad recurrida y absurda, no es bueno dejar tus pensamientos y decisiones en manos de otros. Puedes juntarte con gente que piensa igual, porque te parece que han llegado a hermosas conclusiones ciertas para ti, pero no que piensen por ti y ser sumiso en ese pensar; mucho menos en el actuar.

Si eres completamente sincero contigo mismo, te darás cuenta de que ni siquiera necesitas a nadie. El verdadero amor no es necesitarles. Has elegido amar a otros seres humanos. Sí, siempre has elegido. ¿Crees que no has elegido a tus padres o tus hermanos? Estás muy equivocado, sabes que sí, que elegiste esta vida y la diseñaste y aceptaste tal y como es para experimentar lo que necesitabas experimentar.

Y dentro de esa experiencia tus padres, tus hermanos y todas las personas que interactúan contigo, son las que has convocado. Tú las has elegido, tú has elegido convivir con ellas y relacionarte con ellas. Con unas sentirás amor, con otras no tanto, pero tú las elegido ese vínculo y lo que a ambos os aportará.

Hay quienes dicen que uno no elige de quién se enamora. Eso tampoco es cierto. Sabes que de igual forma elegiste a quién debía caminar a tu lado este sendero, o en parte de él, como compañero o compañera de viaje.

Elegiste a esa persona o personas, en cada momento determinado, porque eran justamente las que necesitabas para tu aprendizaje. Y, como dijimos anteriormente, quizás no sean las relaciones más armoniosas, pero han sido los mejores maestros que puedas imaginar.

No los necesitas, pero optas por caminar junto a ellos. Y eso le da un valor mayor a tu amor, no lo decrece. ¿Te das cuenta de ello? Sabiendo que no necesitas a nadie, te unes en camino al lado de otra persona, con los consiguientes conflictos que puedan originarse, con tus dudas, con la tentación de pensar que os necesitáis. Pero el amor va más allá de todo eso, es una opción, una libre opción.

Por eso, si alguien nos falta, si se marcha de nuestro lado por el motivo que sea y de la forma que sea, no podemos hundirnos y destruir todo lo aprendido, desandar lo caminado. No es justo, ni para ti ni para esa otra persona. Has destruido todo el amor sembrado, todo lo conseguido por confundir el amor con el apego.

En la medida que seas consciente de esto tu corazón será libre para amar y amará realmente, no a medias. Si te cuesta comprenderlo léelo muchas veces, medítalo, vuelve las veces que haga falta, pero busca dentro de este mensaje la verdad que atañe.

Porque, cuando eres completamente libre para amar, eres libre para volar, para ser tú, para crecer, para evolucionar. Es maravilloso que lo hagas de la mano de quienes desees, pero siempre sabiendo las condiciones del vuelo y respetando a los demás su propia libertad y su amor. Sé que es complicado, pero date la oportunidad de descubrir una nueva manera de vivir, una más libre.

El matrimonio es algo maravilloso, al menos el verdadero matrimonio. Al fin y al cabo no es más que otro rito, una escenificación, un teatro que representa la densificación de un deseo.

Da igual si eres consciente de poner a Dios como testigo de la intención de caminar juntos porque, al estar en vosotros mismos, vuestra intención es su intención. Y es obvio que no necesitas ningún permiso externo, ni ninguna bendición. Ya la tienes de todo el universo en el momento en que eres sincero y optas por amar, por caminar amando.

Nos hemos acostumbrado a los rituales, y los creemos necesarios, pero no. Lo que realmente amamos no lo necesitamos, recuérdalo. No necesitas nada, eres libre, solo escoges y está muy bien que escojas, pero no te ates, a nada, nunca, jamás.

Casarte con otra persona debería ser el compromiso de caminar juntos libremente, hasta que alguno de los dos decida que no es necesario. Si uno no desea seguir de la mano del otro por la razón que sea, ya no es un acto libre. Y esa libertad puede incluso ser manipulada, chantajear emocionalmente al otro para que siga a nuestro lado, una vez más confundiendo el amor con el apego. Por eso debe ser libre, completamente libre, para ser amor cien por cien puro.

Caminar juntos ayudándose mutuamente para sortear las vicisitudes que se encuentren, para experimentar juntos y aprender de las lecciones que juntos van a co-crear. Pero deben recordar que son dos vidas, no una sola. Cada uno tendrá sus propias lecciones y experiencias. Y a veces estas pueden no tener que realizarse en compañía. Eso no significa que no se siga amando, ni se siga deseando caminar juntos, sino que cada uno tiene su propio crecimiento interno.

Podéis comenzar un viaje dos personas en una motocicleta, pero unas veces uno necesitará descansar, ir al baño y otras será el otro el que tendrá hambre o quiera estirar las piernas. También tendrán necesidades comunes, como repostar combustible y se pondrán de acuerdo muchas veces para tener hambre juntos. Incluso pueden sincronizar sus corazones y querer ir al baño al mismo tiempo. Pero su viaje sigue siendo el de dos, en una motocicleta, por una misma carretera, pero dos personas.

Casarse debería de ser un proyecto común. Dos almas que deciden compartir ciertas experiencias, pero siempre sin el ingenuo compromiso de atarse para siempre. Es una opción, una que se verá con el tiempo y que quizás sea muy cierta, pero siempre con libertad. Y con libertad me refiero a que realmente cada uno de los dos sienta esa libertad y sienta que cada instante está decidiendo seguir al lado del otro, por amor, por puro amor, no por necesidad.

Cuando uno necesita demasiado al otro, el equilibrio se rompe y no durará mucho ese matrimonio. Nunca se necesitarán igual, porque cada uno tendrá sus necesidades, sus peticiones, sus caprichos y sus inseguridades. Pero siempre podrán amarse igual.

Al necesitar al otro, dejamos de lado nuestra esencia, olvidamos que somos un ente completo experimentando, no alguien buscando su otra mitad. Cuando necesitamos a esa otra persona es porque dudamos del amor que sentimos. Lo enmascaramos justamente de amor y decimos que no podemos vivir sin esa persona porque la amamos. Pero no es cierto.

El matrimonio no es un continuo ir y venir de admiración y cariño entre el uno y el otro. Eso está bien, pero se debe saber que físicamente cambiaremos y que emocionalmente también. El verdadero amor es seguir al lado de esa persona aceptando quien es, sin querer cambiarla. No hacerlo cuando comienzas a conocerla de verdad, ni hacerlo cuando comienza a cambiar con el tiempo. Y ambas sucederán, siempre.

Querer cambiar al otro es necesitarlo. Es querer adecuarlo a la idea que tenemos de él y ahí comprenderás, mejor que nunca, que el necesitar no es amar. Porque la persona que tú crees que necesitas debe ser así y no de tal otra forma y, si quien tienes al lado no es tal y como tú deseas y tratas de cambiarla, estás siendo egoísta, estás pensando solo en ti. Y eso es necesitar, no es amar. Ahora sí lo has comprendido mejor, ¿verdad?

«El amor no es mirarse el uno al otro, sino mirar ambos en la misma dirección». Dijo también Saint-Exupéry. ¿Comprendes ahora el verdadero significado de amar, de emprender un camino juntos, uno verdaderamente libre?

Y casarte no es un rito previo a formar una familia o no debería serlo. Sencillamente dos personas pueden decidir unir sus caminos, por el tiempo en que sigan deseando estar juntos, o proyectando que siempre lo quieran estar. Y pueden hacerlo sin querer traer hijos al mundo, es respetable y seguramente formará parte de sus proyectos, de las experiencias que necesitan vivir en esta existencia y de sus pasados.

Algunas parejas se agobian por querer tener hijos y no poder. Deberíamos dar la libertad, que la sociedad de la libertad de esa opción, pero el peso es demasiado grande para muchos. Las razones de por qué algunas parejas no pueden tener hijos son muy complejas. Muchas veces son programaciones fisiológicas genéticas de los progenitores, vivencias pasadas que les impiden hacerlo, miedos, angustias, traumas, etc.

A veces es que sencillamente no debe de ser, o no debe de serlo con esa pareja en concreto. Hay tantas cosas que pueden suceder y tanto bagaje oculto en nuestros caminos anteriores… No entendemos nada y no encontramos razones, pero las hay, siempre las hay.

No necesitas a nadie, realmente no necesitas tener hijos para cumplir tu tarea, para ser feliz. Quizás has venido a aprender a aceptar eso. No pierdas la maravillosa oportunidad de ser feliz y despertar anulándolo todo por una testarudez, por un deseo que crees que va más allá de tu ser y que realmente es tu propio ego confundiéndote. Es duro, es complicado quizás, pero hay soluciones.

Quizás esos hijos no tienen que ser fruto de tu cuerpo, quizás van más allá y son hijos de tu alma. ¿Y qué importa entonces que exista un lazo de sangre o no? Tu genética va más allá de lo físico, de lo material. Trasciende, ve más allá y llegarás más lejos.

No necesitas a nadie. Ni siquiera un hijo necesita a sus padres. Puede amarlos, pero si no los tiene no los necesita. Millones de niños crecen y se convierten en maravillosas personas sin tener padre, madre o ninguno de los dos. Amar no es necesitar, necesitar no es amar. No lo confundamos.

El amor incondicional significa eso, que va más allá de los actos de esa persona para amarla. Si condicionamos a un niño para que piense que le amamos, más o menos según sus actos, estamos manipulando su pequeño ser. Y además le estamos mintiendo, engañándole, porque le vamos a amar realmente haga lo que haga.

Este error, que pareciera pequeño y que pasa desapercibido a muchos padres, puede marcar el futuro de nuestros hijos. Es mejor tomar consciencia de ello y, aunque tengamos buena intención, volcarse en hacerlo de la mejor manera, transmitir mejor nuestro amor y educar para que ese niño sepa realmente amar. Si no, crecerá pensando que debe ganarse el amor de los demás, que debe demostrar cosas, que debe contentar a los demás, que debe adaptarse en vez de ser él mismo, ser genuino, único y saber que quien le acepte así es porque verdaderamente le ama.

Son tantos detalles los que pueden marcar el futuro de nuestros pequeños. Una frase dicha sin intención puede hacer mella en sus pequeños corazones. Una malinterpretación de nuestros actos puede hacerles sentir inseguros, dependientes, incompletos. Cuando son todo lo contrario. Debemos educar guerreros, armonizados en fortaleza y paz. Responsables de ellos mismos y de sus actos, serios cuando se debe ser serios y los más divertidos cuando se debe ser divertido.

El sentido del humor es muy importante y marca el nivel de seguridad de un individuo. Alguien sin sentido del humor es una persona insegura, aunque no lo pareciera. Tiene miedo de abrir esa faceta de su ser, de mostrar una hendidura en su coraza. No se trata de ser un gracioso y estar siempre haciendo bromas, ni tampoco consiste en que una persona no pueda tener un carácter introvertido. Puedes ser una persona que no hable mucho, pero sonreír y hacer sentir cómodo a quienes tenemos al lado con alguna broma, es un signo de felicidad, de vitalidad, de inteligencia y de paz interna. Lo mejor es ser ejemplo de ello, demostrar las cosas con nuestros actos, no con palabras. Así nuestros hijos comprenderán mejor el mensaje y su real importancia y trascendencia.

Algo también muy importante relativo a la serenidad y la paz interna que debemos trasmitir a nuestros hijos es que deben saber vivir tranquilos, sin miedo en medio de la incertidumbre.

El ego pretende tener todo planificado, organizado, esquematizado, atado y estructurado. Pretende organizarte la vida creyendo que puede adelantarse a todo lo que va a pasar por ciencia matemática. Que dos más dos son cuatro cuando muchas veces no lo son.

Esta existencia flota sobre una superficie que se mueve. Somos un barco que puede estar a la deriva o puede tener un rumbo marcado, pero surcamos agua, en movimiento. A veces, ese mar está calmo y otras se agita con fiereza. Las tormentas o los días pacíficos que tengamos a lo largo de la vida son impredecibles y debemos ser firmes. Vivir en la incertidumbre es parte del camino. No saber qué podrá pasar realmente pero confiar, en lo más profundo de nuestro ser.

Por eso debemos crear navegantes sin miedo, sin vértigo a lo desconocido. Aventureros natos dispuestos a profundizar en la odisea del interior de uno mismo, a conocerse, a no tener miedo de lo que hallen ni de lo que vivan.

La vida es en gran parte dejarte llevar, permitir que la corriente mueva tu ser hacia donde deba ser. La vida es dejarte sorprender y no pretender tener todo prefijado. Muchas personas, al despertar, confunden el lograr alcanzar su poder interior con hacer cumplir cualquier cosa que desean. Y, si lo que desean no forma parte de su misión, no se cumplirá. Debe haber una coherencia.

Muchas veces debemos dejarnos guiar, abandonarnos a esa corriente de la vida que nos lleve adonde debemos llegar. Lo que tenga que pasar pasará, no es un destino fijado que inexorablemente nos vemos abocados a cumplir, sino que hace mucho que elegimos ese destino como el mejor para nuestro crecimiento. Recuerda que el tiempo no existe a nivel de tu alma y que ella conoce quién eres y qué has venido a aprender. Esto es solo la experiencia, el llevar a cabo tu tarea para cumplir tu propósito, para hallar el sentido de tu vida.

Siempre has sabido cuál era el sentido de tu vida, pero está grabado en tu interior. Solo dejándote guiar por la vida irás a su encuentro. Solo escuchando tu interior podrás llegar donde se esconde ese secreto y toda la sabiduría que te guiará por el buen camino. No podemos adoctrinar a nuestros hijos a que está fuera lo que necesitan, lo que buscan, lo que ansían. Porque está dentro, lo valioso está dentro.

Conocerse realmente, conocer tu ser interno te hace fuerte y seguro. Somos realmente hojas llevadas por la brisa que se mueven de aquí para allá, pero no es caos ese movimiento. Si sabemos ver la danza del viento en esos giros, en nuestro devenir, no tendremos vértigo de la vida y estaremos preparados para todo lo que nos suceda, dispuestos a aprender y crecer.

Nuestros hijos deben ser guerreros sin armadura, libres y desnudos, fuertes y seguros de mostrar su alma al descubierto, porque saben que nada puede dañarles, solo hacerles más fuertes. Esa es la enseñanza mayor, no hacerles depender de nada externo, sino capaces de solventar cualquier reto.

Tenemos el deber de formar personas íntegras, con seguridad propia, fortaleza interna. Es una hermosísima tarea la que tenemos como padres, enseñar que el amor verdadero no es necesitar, sino aceptar.

No NECESITAS nada, no requieres ATARTE a nada. Eres libre, siempre lo has sido y solo tú has coartado esa libertad atándote a lo que crees te da estabilidad. Saberte dependiente te hace sentir frágil, porque en cualquier momento todo puede desestabilizarse, sobre todo si eso a lo que te atas desaparece.

¿Nunca has sentido una presión y una angustia tremenda cuando te dicen lo que tienes que hacer, cuando te obligan a hacer algo? ¿Y nunca te has dado cuenta de que, si salía de ti hacerlo sin imposición, lo habrías hecho de buena gana, feliz y mucho mejor hecho? Pasa igual con el alma. Si se siente atrapada, obligada, atada… no hará bien las cosas y será infeliz. Para tu alma, atarte a las cosas, es obligarte a ser de tal manera, reaccionar de tal manera o hacer tal cosa. No puedes atarte, eres libre, es tu esencia, tu más pura esencia.

Si te hayas diciendo que no puedes hacer algo porque tus creencias dicen que no, o porque tu ideología dice otra cosa, debes analizar qué está sucediendo. Si tu corazón dice una cosa no importa lo que digan los demás, ni lo que haya dicho que es lo correcto un grupo o el mismo

Dios. Recuerda que el verdadero Dios está dentro de ti, que es quien late en ese corazón. Sigue tus corazonadas.

Podrás argumentar que amas un paisaje, uno que has vivido desde pequeño y que sientes parte de ti. Y si desapareciera, creerás que desaparece algo también de ti, pero eso es falso. Amas su recuerdo, la impronta que queda en tu memoria, no el paisaje en sí, porque este puede haber cambiado, o desaparecido sin tú saberlo y sigues amándolo o añorándolo, tanto si ha mutado como si ya no está.

Es como el gato de Schrödinger. Se trata de un experimento muy conocido en física cuántica que expone una caja donde dentro hay un gato encerrado junto a una partícula radioactiva que tiene un 50% de probabilidad de desintegrarse y desaparecer o de activarse. Dentro de la caja también hay un frasco de veneno que se liberará si el sensor de radiación detecta que la partícula se activa.

La paradoja consiste en que si no abrimos la caja no sabemos si el gato está vivo o muerto, es decir, que para la física cuántica el gato está vivo y muerto a la vez. ¿Y qué tiene esto que ver con el amor?

Si tú tienes un gato al que amas mucho y este se escapa de casa no sabrás si le ha pasado algo o si, por el contrario, está solo de paseo. Puedes preocuparte y llorar convencido de que algo terrible le ha sucedido, o dejar de hacerlo y no cambiará su estado. Pasan los días e incluso puedes llegar a la conclusión de que algo realmente le ha pasado y creer que está muerto. Tu tristeza es grande, lo extrañas y recuerdas, y ese recuerdo toma una parte importante de tu tiempo, de forma melancólica y desgarradora.

Y de pronto el gato regresa, solo estaba visitando a unos amigos felinos del barrio. Todo tu dolor fue en vano, no le había pasado nada. Fue tu imaginación la que te había provocado el sufrimiento, no la realidad. Fue tu decreto de que lo sucedido era tal o cual cosa, algo que puede distar mucho de lo que realmente pasó.

Alguna circunstancia similar nos ha pasado a todos y hemos pillado in fraganti a nuestra mente pensando así. Y todos hemos comprendido que ese dolor no podía ser verdadero, aunque sí lo era. ¿Qué diferencia ese dolor del que hubiéramos sentido si realmente el gato hubiera muerto? Ninguna, es el mismo dolor, porque el sufrimiento que sentimos nace dentro de nosotros como reacción ante hechos externos, sean reales o no.

Nuestra percepción de la realidad y de asimilar y procesar los hechos externos, es el procesador que debemos reprogramar para que relativice la información que le llegue, para así suavizar nuestras reacciones de una forma más inteligente emocionalmente.

Si logramos ver con otros ojos las cosas que nos pasan, si conseguimos encajar de diferente manera los embates de la vida, lograremos ser más felices e incluso sacar provecho de situaciones que a otros les derribarían directamente al suelo.

Tras la partida de un ser querido, no asimila la información de la misma manera una persona que no cree en el más allá, que una que piensa que toda existencia termina con la muerte. Esa segunda persona alberga la esperanza de reencontrarse con su ser amado y así será, tenlo por seguro. Lo hará de otra manera diferente, incluso otra persona que haya experimentado algunas de las millares de situaciones que van más allá de la vida y sepa con certeza que la muerte no es más que un cambio de estado, no ningún final.

Un golpe así puede destruirnos o puede ser esquivado. Quizás sintamos dolor porque nos roce, pero nada comparado al daño que nos hubiera producido de darnos de lleno.

Puedes negar que esto sea posible, relativizarlo tú, pero es una técnica que usan millones de seres humanos y, efectivamente, les otorga una vida mucho más llevadera, pacífica y controlada.

Porque es apremiante reprogramar nuestra cabeza para no ser tan negativos. Somos por naturaleza así, debido al miedo. Siempre atentos a dónde pueden provenir los siguientes golpes. Eso nos condiciona y hasta nos hace crear enemigos por tal de justificar nuestra actitud. Y, como somos co-creadores, esos enemigos, esas circunstancias no muy positivas, aparecen en nuestra realidad.

¿Te has fijado en la facilidad con que acudimos primero a la versión más pesimista de todas las que podamos optar? Es normal, es un mecanismo que también arrastramos de nuestro cerebro primitivo, pues debíamos evaluar de forma veloz y eficaz todas las posibilidades y estar preparados para la que pueda necesitar nuestra alerta para sobrevivir.

Cuando ensoñamos y comenzamos a fantasear con que algo se nos haga realidad rápidamente, pasamos a pensar frases como que no se vende la piel del oso antes de cazarlo. Durante miles de años nos han cortado las alas diciendo que la realidad es mucho más dura, que no es tan bonita. Es justamente eso lo que ha hecho fea la realidad a muchos. Que no lo sea para ti.

Si te ves soñando que algo pueda hacerse realidad, fantasea con ello. Obsérvate disfrutándolo y dale alas, todo lo que quieras. Planifica sobre ello nuevas vidas, nuevos caminos que podrías tener. Es la mejor herramienta para atraerlos, para justificarlos y hacerlos realidad. Hasta que no sueñas algo no asimilas que es factible, posible. Sueña porque lo que sueñes estás dándole cabida en tu futuro probable. Si no sueñas, solo te conformarás con lo automático y lo que otros te digan que debe ser. Esa es una realidad muy triste.

Tantas generaciones, una tras otra, repitiendo las mismas frases y pensamientos destructivos. Es normal que nos afecten, tenemos una mente colectiva que está impregnada de pesimismo. Un hábito que, aunque no hayamos originado nosotros, nos afecta. Pero ya no requerimos esa forma de reaccionar y, aunque es muy difícil apagar los mecanismos ancestrales, podemos apaciguarlos y crear hábitos nuevos que casi los desactiven; reinventarlos, reinventarnos.

Podemos sacar una conclusión. El amor que te haga sufrir no está siendo ejecutado de la mejor manera que pudiera ser. Es decir, si el amor que sentimos por alguien o algo nos provoca más necesidad que fuerza, debemos replantearnos cómo amamos y afinar ese amor.

Si el amor que sentimos provoca vacío cuando debe llenar nuestra alma, es que debemos cambiar algo en la forma en que amamos. Recuérdalo bien siempre; el verdadero amor no puede provocar sed, debe saciarla.

Siempre se dice que alguien que llevas en el corazón nunca muere, y es cierto, pero no porque haya dejado de existir, ya que solo ha desaparecido del campo de visión de tu concepción de la realidad. Lo esencial es invisible, recuérdalo, solo se ve bien con el corazón. Y tu corazón sabe muy bien esto, no puede engañarle tu mente. Se niega a aceptar la realidad de que hayas perdido a alguien para siempre porque sencillamente no es cierto.

Volverás a abrazar a la persona que se marchó. Ojalá estas palabras sean para ti consuelo y no confusión en tu corazón. No han sido escritas con otro propósito que ese.

¿Reconocerías a un alma que amaste antes? Sí, sabes que sí. Déjate guiar ahora y cuando saques tu vista de este libro y te enfrentes a la realidad mira con nuevos ojos a las personas que interactúan contigo, incluso a quienes te cruzas por la calle o piensas que te quieren mal. ¿Quién sabe si lloraste antaño la pérdida de una de ellas y ahora les miras con desaire?

Ser padres incluye en el paquete esa responsabilidad de saber amar y el aceptar que los hijos no nos pertenecen. Solo eligen que seamos sus tutores, sus maestros durante un tiempo, a veces uno muy breve. No tenemos posesión de ellos, nunca fueron «nuestros» como no los somos nosotros de nuestros padres. Es un acto de amor, nada más. Y como acto de amor no puede doler, a ninguno de los dos.

El amor no puede hacer daño, no puede limitar ni bloquear. Tu malentendido amor puede hacerle daño si le encierras, si le cercenas las alas. Tú tienes tu propio vuelo, no quisiste que te cortasen las alas. Exigiste que el amor de tus padres te permitiera saltar del nido, volar por tu propia voluntad hacia donde quisieras. Ese es el verdadero amor.

Y es un amor que trasciende la vida, y si un hijo decide marchar y no sabemos a dónde ha marchado no significa que lo hayamos hecho mal o que esté él sufriendo. Sucede igual que si nos dan durante unos días la custodia de un pequeño pájaro que hayamos encontrado herido. Lo cuidamos, lo curamos y le tomamos cariño, sentimos amor... pero no podemos luego impedirle regresar al vuelo y, que si lo decide, vuele alto hasta desaparecer. Es su naturaleza volar y es la nuestra.

En castellano se mezclan los verbos amar y querer. Esto dice mucho de las verdaderas intenciones que tenemos al amar. Todos sabemos que el verbo querer significa posesión, pero amar no es poseer. Cuando amas a alguien no es tuyo, ni cuando te aman eres de nadie. Eso, en todo caso, es apego y nada, es importante insistir en ello, tiene que ver con el amor.

Desde pequeños nos confunden y nos muestran un camino que pareciera basarse en comprar el amor, en hacer todo para recibir amor a cambio. Crecemos y seguimos hallando eso a nuestro alrededor. Estudiamos y nos formamos y pareciera que aún seguimos teniendo que dejar contentos a nuestros padres y maestros. ¿Y nosotros qué? ¿Cuándo vamos a hacer las cosas realmente porque las amamos, porque nos hacen felices a nosotros?

Crecemos buscando la aprobación externa y eso crea desequilibrios internos muy delicados y peligrosos. No, no es fácil, pero he ahí el reto, el que nosotros mismos nos hemos puesto.

No hallarás jamás fuera la armonía, está dentro. No hallarás nunca fuera quien te ayude o te sane, solo en tu interior está la fuerza para hacerlo, para convocar, si así lo deseas, una realidad que te ayude o una que te casi destruya y te ponga al límite. Acabar contigo no puede, porque la muerte no existe. Puedes incluso rendirte, pero no acaba contigo, solo vuelves a empezar.

La realidad será la que quieras ver. Obsérvate, tu realidad es lo que crees que debe ser, es lo que tienes dentro. Tu realidad es lo que eres, lo que piensas. Si crees que el mundo es un desastre y que la gente es malvada y egoísta, así será en tu realidad y no verás más que eso. ¿No deseas cambiar? Igualmente, solo tú puedes hacerlo, solo tú convocas ese cambio y solo tú decides qué realidad quieres experimentar.

Antiguamente, hace algunas generaciones, salir de un tipo de vida era muy difícil. Si eras esclavo en Roma, poco podrías hacer para cambiar tu realidad. Aún así, muchos valientes lo lograban. Y no me refiero a luchar, sino a convocar una realidad que muta tu propia realidad hasta que mejora.

Quién sabe si una esclava al servicio de un señor en aquellos tiempos solo veía su realidad como una opresión y un castigo y así fuera toda su vida, incluso para peor. Y quién sabe si otra decidiera ya que era esa su realidad verla con los mejores ojos posibles. Quizás escuchara los rumores de un tan Jesús de Nazaret y unos locos llamados cristianos y le llegaran las enseñanzas de un hombre que decía que amaran por encima de todas las cosas, incluso a quienes les ofendían y oprimían.

El destino de esa mujer era seguir siendo esclava toda su vida, pero quizás se abrió una ventana de esperanza, una salida para cambiar cuando ella cambió la actitud.

Quizás esa mujer comprendió que era una hermosa manera de vivir y aún siendo esclava y trabajando duro sin poder librarse de su situación al menos el tiempo pasaría más rápido y ella no perdería la sonrisa. Y quién sabe si su amo se contagiara de esa sonrisa, incluso después de castigarla. Quién sabe si el corazón del amo quedaría desnudo ante un acto de amor y paz semejante y decidiera saber qué movía a esa mujer a a ser así. Y el final de la historia lo dejo en tus manos.

Pero hoy en día es más fácil. Antes, si nacías bajo cierta estrella, era muy complicado salir de esa realidad. Se podía, pero nada ayudaba a ello. Hoy en día, en la mayoría del planeta todo es diferente. Incluso en los países donde el yugo del miedo es poderoso, suceden milagros y muchos escapan de esas realidades y crean otras maravillosas. Muchas veces sin salir de sus países, ayudando a cambiar justamente las injusticias que les oprimían.

Y muchos no desde el miedo, sino todo lo contrario. Recuerda que si luchas mucho contra algo y lo crees real lo refuerzas. No se trata de huir, sino de cambiar la perspectiva y dejar y respetar que otros quieran seguir viviendo otras realidades. Quizás quieres ayudar, pero desde tu posición es imposible hacerlo y necesitas cambiarla para luego poder realmente ser útil.

Luchar contra algo lo que hace es darle poder y fuerza. Además suele penetrar en ti y alterarte, hacerte daño, debilitarte y destruirte. Enfrentarte a algo es formar parte de esa dualidad y, quizás, si le das la vuelta, puedas trocar su esencia, si te das cuenta de que nada es malo o bueno, que es sencillamente y que es algo que has convocado y de lo que debes aprender una lección. Sé como el agua que se adapta, pero no deja de ser agua, pase lo que pase, tome la forma que tome, no deja de ser agua. Enriquécete, hazte agua más pura filtrada por todo lo que te suceda. Todas las rocas que atraviesas te purifican, te liberan, te hacen llegar a tu esencia.

Dicen que Dios aprieta, pero no ahoga. Ya sabes que eres tú el que aprieta, poniéndote a prueba. Por lo tanto, no te sientas víctima, sino alguien que experimenta una lección, algo de lo que puedes aprender. Y siempre puedes aprender, ya que tú mismo te has propuesto y diseñado esa lección. Tenga el tamaño que tenga, tú has puesto esa realidad para aprender.

Si la vida que tienes delante es limitante y angustiosa es porque decidiste tú mismo experimentarla, no por castigo, sino para aprender y quién sabe si para transmutarla. Si vives en un barrio complicado de una ciudad complicada es porque te estás poniendo a prueba. Era demasiado fácil y ya experimentaste nacer con muchas oportunidades. Ahora vives el ponértelo difícil, el pese a todas las trabas lograr hallar la salida, con amor, con la fortaleza de no dejarte llevar por la tragedia. Ese es tu poder, tu más grande poder. No rendirte, trocar tu realidad para hacer brillar una pequeña luz en la más terrible oscuridad. Es fácil amar a los que te aman y no tanto a los que no te quieren. Eso te hace aprender realmente qué es el amor.

Y no esperes que te ayuden desde fuera, tú propusiste la realidad que tienes porque sabías que saldrías vencedor tarde o temprano. Dentro de ti está la fuerza y todas las respuestas. Tú convocas incluso las pistas que te lleven a ellas, la luz que te guíe, como quizás has hecho con este libro.

Recuerda que eres un jugador, que esta vida es un juego que hemos venido a vivir. Para aprender, para crecer, para conocernos. El problema es que está tan bien diseñado, por ti mismo, no por nadie más, que es fácil creernos nuestro propio papel y confundir esta realidad con la que trasciende la de este juego en sí.

Estás tan metido en tu papel, lo vives con tanta fuerza, que olvidaste quién eres en realidad y qué intención tenías al comenzar el juego. Algunos llaman «matrix» a esta realidad, pero no es como la película. La verdadera realidad es maravillosa, perfecta y llena de luz. Seduce mucho la oscuridad para sentirnos trágicos, pero la verdad es que en toda la creación prevalece la paz, el amor y la luz. Quizás para algunos suene aburrido, pero no lo es. ¿Ves? Nos han acostumbrado tanto a la tragedia que nos atrae, nos seduce más que la paz.

Si optas por jugar, por vivir una experiencia, te llevarás al límite. ¿Cuántas veces nos quejamos de que la vida nos pone problemas delante constantemente, que es cruel con nosotros y nos lleva a ese límite? Pero somos nosotros los que hacemos eso, nadie externo.

Y bien sabes que al ponerte al límite te conoces mejor, aprendes y creces. Acepta tu sombra, tus errores, porque forman parte del camino. Tu sombra no es tu parte negativa ni oscura, sino la pesimista que se rinde y se deprime, la que solo ve el lado malo, la que se deja abatir y saca lo peor de ti. Y esa parte peor solo es derrota y hastío, es la que surge cuando hablas mal, cuando dejas de tener la paciencia y la serenidad con la que tratas a los demás, el cariño y la entrega con la que te gustaría te trataran a ti.

No te dejes seducir por la sombra, por el lado oscuro, porque tarde o temprano siempre llegarás a comprender que solo la luz es el camino. Reaccionar mal ante los demás o ante las situaciones solo las empeora, las ensucia más aún y solo hay un perjudicado: tú. La sombra es perderte el respeto, porque los demás son una extensión de tu propio ser.

Aceptar tu sombra es reconocer que no eres perfecto, que cometes errores y que puedes cambiar y mejorarlos. Pero también es saber que eres perfecto, que cada error lo has convocado y debes aprender de ello. Este crecimiento personal es lo que has venido a experimentar, por lo tanto su sombra es maravillosa, es tu aliada, no la degrades ni la condenes.

De la misma manera, cada persona que convocas para ayudarte a conocerte, a tus sombras y tus luces, ha sido llamada por ti. Concretaste con cada una de ellas una cita, hiciste un pacto de amor. Unas aceptaron ayudarte en tu camino y otras aceptaron ayudarte de una forma muy especial y exigente, haciéndote daño.

Sé consciente de que las personas que más daño te hagan más te pueden enseñar, que serán tus mayores maestros. Te mostrarán tu sombra más que tu luz, y también te tentarán a que los juzgues e incluso creas que les odias. Pero su acto de amor, su entrega es inconmensurable. Con ellas firmaste el acuerdo de que te enseñaran lo que necesitabas aprender.

Si necesitas para despertar que alguien te sacuda, lo hará un alma que realmente te ama. Quizás estás en un trabajo que sabes que no es el que amas, perdiendo tu tiempo, amargado, degradándote y hundiéndote. Y tus compañeros te comienzan a hacer la vida imposible o tu jefe te despide. Creerás que te hicieron mal, pero te ayudaron a buscar otra realidad, te ayudaron, te hicieron un favor y debes estar agradecido.

Ser consciente de eso te da poder, te hace inteligente emocionalmente y te convierte en un guerrero de la vida. Puedes optar por tomarte a mal lo que ha pasado, o hallarle un lado positivo, aunque parezca no tenerlo. Siempre lo tiene, todo depende de tu evolución.

Hay una ley universal que solo te permite evolucionar. No te dejará que optes por ninguna realidad, por dura que parezca, que te degrade. Siempre caminarás hacia adelante, así que si crees que en esta vida mereces una mansión y un Ferrari, pero en el fondo de tu corazón sabes que eso no te ayudaría en tu crecimiento actual y no se hará realidad. Eres tú el mejor juez, quien mejor sabe lo que te conviene o no, y puede que esa realidad no sea nada conveniente ahora, por mucho que te seduzca. Busca dentro de ti y hallarás algo mucho mejor, algo realmente valioso, profundo y sincero.

CAPÍTULO CATORCE

Sé quien quieres ser.

Puedes lograr en cualquier momento el «milagro» de llegar a ser la persona que sabes que eres y que deseas ser. Solo reside en ti la decisión y el poder para convertirte en la mejor versión de ti o en una mediocre. No puedes engañarte a ti mismo y conformarte con menos. Además sabes que has venido para eso, comienza a aceptarte, a amarte y tu mundo cambiará. Luego crecerás descubriendo ese nuevo mundo y comprendiéndolo como una experimentación maravillosa para conocer quién eres en verdad.

Muchas personas se quejan acerca de por qué si ellos aman a los demás y son personas buenas y cariñosas, la vida no es igual con ellos. Pero esas personas suelen entregarse y amar a los demás mientras que no lo hacen con ellas mismas. En tu más profunda intimidad debes amarte y aceptarte tal y como eres. Solo así crecerás y mejorarás más. Tu cuerpo se hará más feo si lo repudias y si lo rechazas, de la misma manera que comenzará a brillar si lo amas. Una persona que no se ama ni acepta es una persona físicamente fea, no atrae, sino que provoca rechazo. Mientras que alguien se ama y acepta suele iluminar y brillar con luz propia.

La gente dice que una persona enamorada está más hermosa que nunca, pero lo que realmente sucede es que al sentir que alguien te ama crece en ti esa luz interna, porque si alguien te acepta comienzas a aceptarte tú. Entonces tu cuerpo comienza a crear más belleza y armonía. Y la armonía es la esencia de la belleza. Lo que vemos en la realidad y nos parece bello es lo que es armónico, es perfecto, es como debería de ser.

Obviamente estoy hablando más allá de los parámetros y rasgos físicos de belleza. Todos sabemos acerca esto y lo hemos experimentado. La sociedad bombardea con unos ideales, pero no tienen nada que ver con la verdadera belleza, no pueden engañarte ni seducirte con esa mentira.

De hecho un alma evolucionada suele cansarse de esos bombardeos y busca la belleza justamente en lo diferente, en lo que precisamente los demás no se fijan.

Demasiadas personas quieren ser otros, no quieren ser ellos mismos. Siempre buscamos referencias, pero en realidad proyectamos nuestro inconformismo, nuestra falta de aceptación, en todas las quejas que tenemos de nosotros y de todo lo que nos rodea. No vemos el potencial en nosotros, solo lo vemos en otros. Y solo lo vemos cumplido, en otros, pero no inherente y naciente en nosotros mismos.

Si existiera un pecado y fuera digno de un verdadero castigo el mayor de ellos sería este; no amarnos, no aceptarnos, no creer que somos capaces de todo e infravalorarnos, menospreciarnos y empequeñecernos.

La gente quiere cambiar, pero siguen anclados en su pasado, es nuestra más acogedora mazmorra. Ven películas y quieren ser sus protagonistas. ¿Qué te impide serlo ahora? Seguramente todo eso que acabas de pensar, esa lista, son realmente cosas que puedes cambiar y ya estás atisbando cómo hacerlas.

Algunas las ves como imposibles, así que primero debes cambiar ese planteamiento y saberlas posibles. Tu pasado te condiciona y puedes cambiarlo, curarlo. Y tu futuro es incierto porque no sabes realmente qué quieres. Ni siquiera tienes certeza de que lo que deseas sea lo mejor para ti en realidad, si es lo más conveniente para tu evolución.

El principal escollo es que crees saber lo que quieres cambiar, pero no especificas, no lo sabes realmente. Tienes ideas vagas, superficiales, nada concretas. El universo, tu YO más profundo, el subconsciente, necesitan ideas concretas y rituales para tomar conciencia de los cambios.

El universo está deseando servirte, siempre lo hace, pero está esperando la orden de tu YO, mientras que tu YO está esperando entender qué te pasa y qué quieres a través del subconsciente. Por eso los rituales son tan poderosos, recuerda que son el lenguaje del subconsciente. Tu YO, y el universo no pueden saber ni entender que lo que quieres es una nueva casa, una concreta, con unas características concretas, en un lugar concreto y en un momento concreto.

Mucha gente se ve atrapada en unas circunstancias difíciles, pero la mayoría —si fueran realmente sinceros—, se darían cuenta de que lo que les atrapa es una personalidad mal diseñada. Es no haber escuchado la voz interna que siempre ha estado ahí, no confiar en sí mismos.

¿Sabes quién eres, qué conforma tu personalidad? Todos traemos una chispa original cuando nacemos, tenemos una «personalidad espiritual» fruto de nuestros bagajes anteriores, de otras experiencias, pero en esta vida, ésta se ve bastante opacada por la «personalidad física». ¿Qué es eso?

Nacemos y rápidamente otorgamos a nuestros padres roles y se nos hacen ejemplo. Habrá cosas que nos gusten de nuestro padre y nuestra madre, y otras cosas no. Todo eso va conformando nuestra personalidad física y va condicionando cómo reaccionamos. Luego se añaden otros ejemplos; abuelos, tíos, hermanos, amigos, maestros, vecinos, ídolos, personajes de ficción, etc. Vamos haciendo un conglomerado de todos ellos y solidifica en cómo interactuamos con el mundo.

Y debemos tener muchísimo cuidado en no convertirnos en autómatas, en seres sin alma que solo actúan casi mecánicamente según su programación. Están programados con sus hábitos para reaccionar de determinadas maneras ante determinadas situaciones. Y no salen de ahí.

Y, como diseñan su vida para que no salga de su zona de confort, crean una realidad donde siempre les sucede lo mismo y reaccionan igual. Son robots que no piensan y que ni mucho menos sienten. Eso es muy triste. Si te ha pasado o te está pasando lucha por salir. Te estás perdiendo una vida maravillosa ahí afuera.

Ten mucho cuidado de no convertirte en uno de ellos, pues suelen ser las personas que más daño hacen en la sociedad y las que suelen agruparse para sentirse más fuertes y creer y justificar más fuertemente aún sus hábitos. Analiza cómo reaccionas ante las cosas, hazlo a fondo para eliminar estas conductas y no convertirte en un autómata.

Copiamos hábitos y conductas y creamos las nuestras propias. Muchas veces sin pensar, sin saber, sin experiencia. Y en demasiadas ocasiones lo que le sirvió al otro no nos sirve a nosotros, o tenemos diferentes circunstancias. Siempre tenemos diferentes circunstancias.

¿Y si hemos elegido mal esos ejemplos de vida? ¿Y si queremos ser como otros que no son realmente personas felices y completas? ¿Y si siempre queremos ser otro? ¿Y si las circunstancias nos han adoctrinado, o nos han obligado a integrar formas de ser que no nos son gratas ni están en sintonía con nuestra «personalidad espiritual»?

Entonces se crea una crisis interna que muchas veces radica en lo que llamamos enfermedades mentales y algunas físicas también. Todo es una incoherencia, una muy profunda, por eso nos afecta tanto.

Dejemos esa autocompasión fuera de nuestras vidas. No aprendemos del sufrimiento, es una escuela válida, pero mucho más dolorosa y lenta. Y lo es porque cuando sufrimos no entendemos nada, no estamos en capacidad para interpretar ninguna lección, solo estamos densos, torpes, perdidos.

Ya hemos hablado antes de cómo curar el pasado. Una vez eres libre y más ligero puedes volar mejor, llegar más lejos y más rápido. Y si vuelves a errar, ya sabes cómo actuar.

Si cometemos un error, por muy grave que sea, pedimos perdón, perdón de corazón y continuamos. Sea cambiando de vida terrenal o no. Quizás tengamos que cambiar de ciudad, o país, para no arrastrar la influencia de los demás en nuestro cambio, pero no estamos para perder el tiempo. Debemos caminar y no echar más peso a la mochila. Nada de cargar con pesos inútiles, con culpas y remordimientos.

Hay que ponerse manos a la obra y, si no lo haces ahora, lo tendrás que hacer luego. ¿A qué esperar? ¿A qué malgastar el resto de tiempo de esa propia vida donde sencillamente te equivocaste?

Ya hemos visto que el ERROR forma parte de la vida de uno, es un gran maestro. Necesitamos los errores para conocernos y para aprender de ellos. Y además, quién sabe si el cometer ese error, por muy doloroso que fuera, fue necesario para el aprendizaje de otros, fue un pacto de amor. Dejemos de juzgar. Dejemos de compadecernos y mortificarnos y seamos útiles. A eso hemos venido.

Muchas personas rompen con sus pasados y sus ataduras, pero otras arrastran todo eso, a veces a nivel inconsciente. Debemos darnos cuenta de qué forma parte de nosotros verdaderamente y de qué debemos desprendernos para siempre.

Como esas personas no saben quién eres, ni cómo eres, al no conocer tus formas normales de reaccionar, ven natural que seas como quieras ser. Seguro que has experimentado con eso, como si de una obra de teatro o una película se tratara. Seguro que te sentiste feliz, más tú que siempre. Comenzaste a estar en coherencia con quien realmente eres.

Quizás te gustaron algunas directrices que tomaste y te sentiste cómodo pero no las añadiste a tu personalidad una vez regresas a tu cotidianidad por miedo a los juicios de los demás. Como si fuera eso aceptable solo si hemos estado ausentes mucho tiempo, pasado un tránsito, pero no adoptar de golpe lo que nos gusta porque los demás pensarían que estamos locos o sencillamente que no tenemos personalidad.

Mucha gente cambia después de un accidente, un trauma y cosas así. Lo que sucede es esto que estamos narrando. Siempre buscamos justificaciones externas para hacer nuestros cambios internos. Pero no son estrictamente necesarios.

No tenemos el valor de ser quienes realmente queremos ser y estamos condicionados por lo que los demás creen que debemos ser. Eso amarga a cualquiera, le ata y le ahoga. Así estamos.

Lo más curioso es que, si la gente de nuestros círculos cercanos nos amara correctamente, deberían apoyarnos, alentarnos y aceptarnos cada vez que cambiamos a mejor. No deberían de limitarnos, ni criticarnos, ni juzgarnos. Pero confundimos lo que es amar, y los que más lo hacen son los que supuestamente más nos aman; la familia y los amigos.

Y es que usamos el amor como la más mortal de las armas. Hemos confundido y argumentado el amor para atarnos y atar a otros.

Por ejemplo, un amor mal entendido puede llevar a una madre a no permitir a su hijo saltar del nido, de igual modo que, algo que enmascaramos como amor tantas veces, hace que un padre manipule y obligue a sus hijos a desempeñar un oficio solo porque ese padre entiende ese camino como el correcto. O peor aún, traslada a ese hijo la frustración de una vida que él no ha vivido y pretende vivirla en él.

Como yo, padre médico doctor, pienso que la felicidad es lo que yo tengo —algo bastante discutible—, obligo a mi hijo a que estudie medicina. Mi hijo no ama la medicina quizás, como hizo mi padre —algo que seguramente también se impuso—, y se convierte en un mal médico amargado que le amarga la vida a los demás y que de paso mata a varios pacientes por no saber ayudarles correctamente. Así está el mundo.

Como yo, padre humilde camarero en un restaurante, pienso que la felicidad es algo que solo se puede alcanzar con títulos, niveles sociales y dinero —algo totalmente errado—, obligo a mi hijo a estudiar derecho. Mi hijo no ama las leyes y se convierte en un mal abogado amargado, que le amarga la vida a los demás y que mete en la cárcel a quien no debe y libera a quien menos aún debe. Así está el mundo.

No hacen falta muchos más ejemplos y estos podrían ser muy variados, suficiente para entender el concepto. No, eso no es amor de verdad o no es un amor bien entendido. A veces, los actos de amor pueden ser incluso actos crueles que nos condicionan y nos vuelve estúpidos. Dejemos de repetir absurdas costumbres y justificarlas porque tenemos más edad que nuestros hijos.

El mundo necesita más gente que ame lo que hace y menos que estudian carreras solo porque tienen salida o porque dan mucho dinero. El mundo necesita que sepamos cuál es nuestro lugar, en vez de repetir lo que otros hacen y hacer lo que los demás esperan que hagamos.

Si eres igual que todos los demás, no puedes ser más que otra pieza del sistema. Pero todos somos diferentes, únicos, especiales. Solo debemos despertar la chispa que llevamos dentro y eso se logra siento tú mismo, buscando tu propia coherencia y equilibrio. Buscando tu lugar, tu hueco, tu espacio.

Tu más preciado equilibrio y armonía los hallarás cuando no haya diferencias entre lo que sientes, lo que piensas, lo que dices y lo que haces. Porque puedes sentir en tu corazón que debes ser de una manera y con tus pensamientos, influenciados por la sociedad, convencerte de que son errados. Si sientes que debes hacer algo, que no te importe lo que los demás piensen de ti.

Si lo que dices es lo que haces, nadie podrá criticarte. Y quienes lo harán solo perderán su tiempo y dejarán pública evidencia de su falta de integridad y respeto. En tu interior sabes de ese equilibrio porque cada acto proviene directamente de tu corazón. Así jamás te equivocarás. Puede que fuera digan que sí, pero tú sabes que hiciste lo correcto porque el corazón jamás te engaña. Sigue tus corazonadas.

Hallarás paz fuera cuando la tengas dentro, y la tendrás cuando sientas, pienses, digas y actúes de la misma manera, con la misma frecuencia de amor.

Una persona equilibrada toma decisiones equilibradas, al menos en mayoría. Una personas desequilibrada tomará decisiones mayoritariamente desequilibradas.

De sacar lo mejor de ti conformarás cosas buenas. De tu desesperación, miedo y duda solo sacarás cosas que no durarán mucho y tarde o temprano te darán problemas. Recibes lo que das, recuérdalo bien. Tus actos son la materialización de tus pensamientos y tus pensamientos la materialización de tu ser. Todo es una cadena. El final de la cadena, lo que recibas es la esencia que fue semilla en lo más profundo de ti.

Lograr tus metas no tiene por qué significar flagelarte durante años. Tienes capacidades ocultas que te llevarían a crear muchos negocios prósperos. Pero recuerda que para ser coherente con la vida tu negocio también debe serlo.

Un negocio que se basa en explotar a otros solo te destruirá. Sí, puede que con mucho dinero, pero te destruirá como persona y te alejará de tu verdadera meta. Ese negocio cruel servirá para que muchas otras personas que no se ven capaces de otra cosa se esclavicen bajo tus órdenes, y así deberá ser. Cada uno toma sus roles en esta inmensa obra de teatro. Pero lo ideal sería que esas personas hallaran un trabajo en una empresa coherente y que tú mutaras tu empresa a una que lo sea.

La receta verdadera para triunfar en un negocio y ser coherente con la vida es muy sencilla. Tu negocio debe dejar felices a todos los que forman parte de él. Tú debes beneficiarte, también tu cliente y también tus trabajadores, si es que los hay. Cuando se rompe el equilibrio es cuando todo se va a pique, de una u otra forma, como hemos dicho antes.

Cuando queremos más es cuando comenzamos a explotar a los trabajadores o a mermar la calidad de los productos o servicios que ofrecemos. Entonces entramos en desequilibrio. Y por supuesto, siempre querrás más, y más.

Si, por otro lado, optamos por estudiar y formarnos para desempeñar trabajos para otros en puestos donde se nos requiera, lo más importante sería hacernos indispensables y dando una coherencia en nuestro trabajo que equilibre la empresa en sí. El que acabemos o no trabajando para empresas coherentes depende de nosotros y nuestras proyecciones.

Pero en el sentido del estudio en sí, de la formación, también debemos buscar esa coherencia. Debemos comenzar primeramente con no dejarnos impresionar con las titulitis. Hay muchos trabajos que, si bien no son carreras universitarias, son maravillosos trabajos donde podemos desempeñar una equilibrada tarea y ser felices; incluso amar lo que hacemos. Pero, si estudiamos algo solo por el dinero que se gana, o el poder que se logra, difícilmente lograremos más que arruinar nuestras vidas. Y, lamentablemente, este tipo de errores, también son algo que solemos transmitir y repetir de forma intergeneracional.

Eres, pues, responsable de tus hijos y de los jóvenes que haya a tu alrededor. Son la semilla de tu propio futuro. Planta hoy los árboles que darán sombra a tus hijos y tus nietos. Y recuerda que puede que tú mismo regreses pronto y recojas lo que sembraste en el pasado. O quizás estás viviendo ya una realidad que tú mismo ayudaste a formar.

CAPÍTULO QUINCE

Una remota imagen de lo que eres.

Ya sabes que el tiempo no existe. Te planteo un juego mental, uno que quizás despierte en ti una realidad oculta que, desde hace mucho, estaba escondida en tu corazón.

Estaría bien que comenzaras a asumir que has vivido muchas vidas antes que esta. Tu conocimiento actual proviene de lo aprendido en muchas ocasiones. Tú diseñaste cada una de ellas para que encajasen en lo que necesitabas aprender, en una perfecta evolución.

Por eso tu alma tiene conocimientos que otras almas no han aprendido, asimilado e integrado en sí mismas. Has experimentado lo necesario para poder tener una sabiduría real, que reside dentro de ti y que necesitas despertar. En tu interior eres más sabio de lo que imaginabas.

Tu parte consciente, que es tu *yo menor,* debe aprender a relacionarse con la subconsciente, tu *yo mayor*. Ya has aprendido cuál es su lenguaje y cómo hacer que forme parte presente en tu día a día para guiarte. Ese tu *yo mayor* no olvida quién eres en realidad, ni ninguno de tus aprendizajes.

A estas alturas, sabes bien que eres más que un cuerpo físico. Una de las frases más tristes que se repite es esa de que nadie ha vuelto, tras haber muerto, para contarlo. Eso no es cierto y todos estamos rodeados de personas que nos pueden contar historias y seguro también nosotros hemos atisbado esa otra realidad. Pero este libro no va a perder el tiempo discutiendo, ni quiere demostrar nada, solo hacerte pensar y sentir, experimentar.

Venimos a esta vida como etapa de una vida mayor, una que se alarga y espacia en el tiempo infinito, pues el tiempo no existe. Nadie te está poniendo a prueba más que tú mismo. Esta vida es solo un capítulo de una vida mucho mayor, de tu existencia a través de muchas vidas.

Aunque tu *yo menor* no lo recuerde, sí lo intuye. Y tu *yo mayor* guarda todo, pues es a esa memoria donde recurre tu intuición, tu corazón, y por eso tiene diminutos instantes de lucidez, de recuerdo, que se agrandarán y harán más claros cuanto más despiertes.

Vienes y vas, en este y otros planetas y planos. Todo por aprender y por amar. Es un juego, el más grande juego del cosmos.

Eres un ser infinito mucho mayor de lo que concibes y, en lo más profundo de tu ser, sabes esto con certeza. ¿Ves qué triste es entretenerse con tantas tonterías en una sola vida? ¿Ves que estúpido es perder el rumbo olvidando que somos más de lo que nunca habríamos imaginado siendo algo tan hermoso y grande? Pero no importa, si lo haces es porque lo habías programado así. Esa experiencia forma parte de tu aprendizaje y todos la hemos experimentado.

Pocas cosas vas a llevarte de una vida a otra y ninguna es material. Tu mente no sobrevivirá y tampoco lo hará tu ego. Solo tú trascenderás, la parte de ti que es consciente ahora mismo, la verdadera, la que está despertando y tomando el control y la responsabilidad de su existencia.

Solo lo que guardas en tu corazón sobrevivirá, porque solo lo que lleves en él, esas experiencias y esa sabiduría, son lo que te permite evolucionar. Tu equipaje serán todos los actos de amor que hagas a los demás y hagan contigo aquí y lo que ello te haga aprender.

No pierdas el tiempo en lo que ni siquiera recordarás. De nada te servirán tus estudios de medicina, sino que lo harán las vidas que salves. De nada te servirán tus títulos, tus posesiones y tu riqueza, sino todo lo que pudiste amar y ayudar desde esa posición privilegiada que no todos tenían.

Y, si no tuviste ni la oportunidad de estudiar, ni naciste en una familia de recursos, te llevarás lo que logres desde tu posición, que puede ser más de lo que otros con todo a su favor hagan. Y, si naciste así, fue porque escogiste esa experiencia para aprender y demostrarte que nada podría frenar tu ansia de amar y aprender.

Si has amado mucho en anteriores vidas, ahora disfrutas de esa experiencia. Si aprendiste a perdonar, a no manipular a los demás, o si aprendiste que la venganza no sirve de nada, ahora eso forma parte de tu sabiduría. Por eso eres como eres.

Muchos seres vienen retándose a sí mismos, poniéndose a prueba. Es una prueba difícil. Muchos seres han despertado en anteriores vidas y han evolucionado mucho recordando quienes son y qué hacen aquí. Pero una vez despiertos, para poner a prueba lo aprendido y saber con certeza si ha quedado grabado en sus corazones, si forma ya parte de su ser, se enfrentan al reto de encarnar de nuevo y olvidar conscientemente todo ese aprendizaje.

Es un reto complicado, lleno de amor y entrega; carente completamente de miedo. Solo sobrevive, como hemos dicho, lo que lleven en el corazón. Y aquí estás, comenzando a recordar y también experimentando de nuevo. Por esto último, es justamente por lo que se está haciendo fuerte en ti tu luz y estás avanzando rápidamente.

Efectivamente tienes razón, has intuido muchas cosas a lo largo de tu vida, pero no podías tener la certeza. Era tu corazón dándote mensajes, guiándote. Son las corazonadas y por eso es tan importante hacerles caso y aprender su lenguaje.

Venimos a estas cortas y limitadas experiencias por muchos motivos, pero sobre todo por ese aprendizaje de amor. Y venimos en grupos de seres que a lo largo de muchas existencias les unen sus experiencias.

No existen en sí las llamadas «almas gemelas», sino las «almas afines» o «almas hermanas». Grupos de almas, sencillamente eso. Como si fueran equipos, promociones, agrupaciones de seres que tienen algo en común, quizás su origen o sus experiencias.

Es como un grupo de teatro que representa muchas obras. Unas veces un actor interpreta a un personaje y otras a otro, y obra tras obra intercambian los papeles. Es la mejor manera de aprender y lo importante es que permite pactos entre almas para cumplir aprendizajes.

Una vez tú eres madre y otra vez hija, a la siguiente ella es el padre y tú su hija. Hoy tu jefe, mañana tu hermana. Dueño y esclava, torturador y víctima, abuelo y nieta, así vamos experimentando realidades.

Todo es un teatro. Un teatro inmenso donde representamos una obra inmensa. Todos somos maestros y alumnos. La interpretación de nuestros roles nos permite, a nosotros y a los demás, aprender lecciones y a la vez desempeñar nuestras misiones. Nos permite experimentar todas las formas de amor posibles y sus carencias.

Todo está perfectamente entrelazado. Con una maestría y una perfección que no puedes concebir. Cada acto encaja en la necesidad de cada individuo, en lo que debe de aprender e incluso las variaciones que por libre albedrío haga esa persona encajan en los aprendizajes de los demás, en todos, absolutamente todos.

No hay nada al azar, absolutamente nada. Si alguien muere, enferma, cae, triunfa, nace o se equivoca, incluso terrible y desastrosamente, es porque así debía de ser y formaba parte de lo que se había propuesto para aprender y lo que había acordado con los demás. Es complejo aceptar y comprender esto con la mente humana, pero tu corazón sí sabe que es cierto. Ya has dado tus pasos.

Y recuerda que no hay nada malo ni bueno. Estás ahora dándote cuenta y comprendiendo profundamente que el sufrimiento, el dolor, es algo que entonces sentimos innecesariamente. En parte así es, pero también sabes que todo es ilusión.

No sufres si te despides de alguien que amas cuando baja a comprar fruta, porque sabes que lo volverás a ver en breve. Quizás sencillamente suceda igual cuando esa persona fallece y tus limitaciones te hacen creer que ese ser ya no existe, y tu limitada percepción del tiempo te hace pensar que jamás le volverás a ver. Todo eso es falso, le volverás a ver y muy pronto. Pero, mientras, el tiempo es relativo y puede parecerte una eternidad.

Quizás estamos perdiendo el tiempo y la oportunidad de crecer y de ayudar y amar a otros seres. Pero no importa, si todo encaja así debe de ser. Incluso como hemos visto si deseas convertirte en un ser «malvado», seguirías cumpliendo tu misión y no habría nada de «malo» en ello.

Cada uno tenemos nuestros caminos y según las experiencias hemos aprendido o no aún ciertas lecciones. No hay nadie mejor que nadie, como no puedes comparar en matemáticas a un niño que aprende a sumar con alguien que está estudiando en la universidad.

No creas que eso significa saber más o menos que el otro, ser o no más sabio o evolucionado. Tan solo significa desempeñar un papel, uno importantísimo, sin calificaciones ni etiquetas de esas que tanto nos gusta asignar. Cada uno tiene el papel perfecto, el que ha elegido dentro de un todo perfecto. Y, dentro de esos roles, puedes elegir si desempeñarlos con un simple aprobado o con matrícula de honor. Puedes realizarlos con desgana o con toda tu pasión. Recuerda que eres tú mismo quien te puntúa, quien te califica.

¿Y para qué repetir curso? Si te rindes no pasa nada, forma también parte del sistema, no alteras nada. Es como si el sistema supiera lo que vas a hacer aunque tienes la libertad de cambiar siempre. Hagas lo que hagas se ajusta, se adapta y sigue siendo todo perfecto. No pierdas el tiempo tratando de comprenderlo, sencillamente es así de perfecto. Solo tu corazón puede entender cosas así, la mente no.

Dentro de ese juego tenemos la opción de desempeñar papeles más o menos dramáticos, más o menos complejos o radicales. Sí, los papeles más duros suelen ser los que más nos enseñan. Aprendes muchas veces lo mismo en una vida complicada y dura que en diez vidas sencillas y cómodas.

Por eso te decía que, si eres un alma que respeta la vida, es porque antes no lo hiciste. Programaste diversas vidas para aprenderlo, en todas sus variantes. Experimentaste lo que era quitar la vida, que te la quitaran y que la quitaran a alguien que amas. Experimentaste todas las partes para comprender desde dentro y por completo las consecuencias de tus actos.

Las almas con las que pactas estas experiencias son con las que has recorrido muchas existencias, por eso cuando te cruzas con ellas, aunque no recuerdes, algo te dice interiormente que existe un lazo. Estas almas te aman mucho, estáis bastante unidos y os conocéis bien a niveles muy profundos.

Solo por amor un alma se ofrece voluntaria para que en esta encarnación sus actos te ayuden a caminar hacia donde debes caminar. Por eso, quienes te hagan daño, pactaron contigo en el otro lado hacer lo que justamente hacen. No los juzgues sin saber esto, abre tu perspectiva y comprende la realidad de su presencia. Tus mayores maestros serán posiblemente los que más te hagan llorar.

Elegimos los que serán nuestras parejas, amigos, enemigos, hermanos, padres y todas las personas y experiencias que requieras para que tu siguiente vida te haga crecer.

Confundimos a menudo términos como alma gemela, pensando que será esa pareja con la que convivir será una armonía total y perfecta. No es así, el alma que más te haga evolucionar seguramente será la que más te remueva por dentro, la que saque lo mejor de ti. A veces esta relación no es precisamente muy amorosa o armónica, o quizás sí. Todo es un equilibrio.

Sea como fuere, sería injusto y estúpido que tengas que hallar a otra alma para poder cumplir tu misión, estás por encima de eso. Y Dios no te va a crear y luego dividir en dos para que, hasta que no encuentres esa otra parte, no te sientas un ser completo.

Sí que hay almas con las que has convivido mucho y te llevas bien, pero no hay ninguna sin la cual seas una mitad. Eres un todo, recuérdalo; no necesitas a nadie porque ya lo eres todo.

Aún así necesitamos y requerimos vidas de descanso, sobre todo después de algunas demasiado intensas que provocan lecciones importantes y duras de asimilar y que necesitan reposo para que todo se asiente en el corazón.

Olvídate de quién has sido antes. Sí, hay mucha más gente de lo que crees que recuerda cosas o incluso vidas completas. Pero no tiene tanta importancia. Debe al menos bastarte esta perspectiva y saber que esto es así para comprender mejor tu propia existencia y darle sentido a muchas cosas que así lo tienen.

Lo importante es lo que guardas y recuerdas en tu corazón no los datos circunstanciales de si fuiste tal personaje o tal otro. No te obsesiones con recordar detalles. Si no los recuerdas es que no los necesitas.

No recordamos porque nos entorpecería el aprendizaje y nos confundiría. ¿Imaginas recordar que fuiste el culpable de un accidente que le costó la vida a quienes ahora son personas cercanas a ti? Las verías entonces con un sentimiento de culpa atroz. Y ellas sentirían hacia ti mucho rencor. Te condicionaría completamente, a todos.

No debe ser así, debe limarse todo de una manera muy sutil, desde otro punto de vista. Tras esa experiencia, elegís las vidas y papeles necesarios para seguir aprendiendo y evolucionando. Y sucederán los hechos que os permitan reconciliar vuestras almas y asumir las deudas de amor pendientes con los otros. Un día yo muero por ti y mañana mueres tú por mí. Todo es equilibrio, uno perfecto.

Podemos no comprenderlo, pero recordaremos cuando sea el momento adecuado y no nos entorpezca nuestro aprendizaje primordial, nuestra más importante misión.

Seguramente ahora comprenderás por qué algunas personas te han caído mal a primera vista o has sentido un amor sin sentido por otras. Quizás has vivido cosas importantes con esas personas y arrastras esos sentimientos más allá de las existencias. Quizás tenías ese sentimiento de deberle algo a alguien, quizás la vida en una existencia pasada. Ten cuidado con lo que sientes, puedes confundirlo con amor y el amor jamás es necesitar. No lo olvides.

Ahora comprenderás por qué crees conocer a algunas personas que no habías visto en tu vida y por qué algunos lugares o hechos te mueven profundamente el alma.

Es importante que no razones con tiempo terrestre. Recuerda que el tiempo realmente no existe. Puedes reencarnar en seres del futuro o del pasado, indistintamente. No estás sujeto a una línea temporal porque esta no es más que una ilusión nuestra. Puedes morir mañana y reencarnarte en el Japón Samurai o en el futuro siglo treinta. Será lo que tú juzgues más conveniente para tu camino.

Vivimos lo justo y necesario para cumplir nuestras misiones. ¿Qué misiones? Las que realmente hemos venido a cumplir, entre otras esencialmente conocerte, saber que eres más que un cuerpo y comprender finalmente que solo el amor es la ley que nos mueve y nos forma a todos y a todo.

Si sigues sin asimilar bien eso del «amor» me refiero a lo que sientes cuando contemplas un amanecer, cuando te ves reflejado en las pupilas de las personas que amas, cuando te sacrificas por tus hijos, tus amigos o por un desconocido. Esa fuerza que hay dentro de ti y que te mueve es eso, tu motor, tu esencia, eres TÚ. Y es algo muy hermoso e inmenso, lo es todo. El amor es lo que une todo, es la esencia de todo, la trama, la estructura, la fuente y el material que todo lo conforma.

Si el tiempo no existe hemos hablado que puede que tu próxima vida no parta en esta línea temporal y que no encarnes en el futuro cercano, sino en un pasado lejano. Imagina que ahora tras marcharte vives una experiencia siendo un centurión en Roma. Luego otra vida en la China de hace cuatro mil años. Luego otra en el antiguo Egipto o hace diez mil años en una remota isla del Pacífico.

Nadie te dice que tampoco puedes vivir varias vidas en la misma linea temporal a la vez. ¿Imaginas vivir una vida en la Segunda Guerra Mundial siendo un soldado alemán y a la vez una niña en el pueblo que va a atacar? Siéntelo, vívelo, por un instante sé esos dos personajes.

Si hay algo que se remueve en tu corazón es porque sabes que es cierto. ¿Comprendes ahora la experiencia de cada ser, su necesidad de vivir una y otra parte, los contrarios, los opuestos, las vidas complementarias y los aprendizajes que encajan como un puzle perfecto?

Ahora quién te dice que no puedes ser a la vez todos los habitantes de ese pueblo, y todos los soldados de ese batallón. ¿No sería enorme tu aprendizaje? ¿No experimentarías más luz y oscuridad, más de lo que podrías imaginar?

Así es, imagina ahora ser todos los seres humanos que pueblan el planeta a la vez. Todos los animales, las plantas, las montañas y los ríos. Imagina ser todo el cosmos y experimentar cada pequeña vida, cada minúscula experiencia de ser.

Acabas de experimentar lo que es Dios. Acabas de sentir lo que realmente hace Dios dentro de cada uno de nosotros. Acabas de comprender por qué somos Dios. Él se experimenta a través de cada uno de nosotros. Por eso somos Él.

Para experimentar cada existencia una parte de ese ser debe permanecer inconsciente, ajena a la realidad que le trasciende, desconocedora de quién es en verdad. La otra se nutre de lo que vive, lo experimenta y forma parte de su esencia. Conoce su propósito y lo susurra a la otra parte, le da pistas, la guía pero respeta su propio camino. No tiene prisa, no existe el tiempo. Sabe quién es en realidad.

Eso eres tú, dos partes y al final volverás a ser una, como siempre fuiste, porque como sabes, el tiempo no existe. En un bucle infinito de amor, Dios juega a experimentarse a sí mismo y a la vez nos permite la libertad de ser libres y experimentar ser el mismo Dios. ¿No es un acto inmenso de amor inconmensurable?

Has venido a experimentar la dualidad, a dividirte mientras sigues siendo tú, mientras sigues siendo todo y sigues siendo Dios. Experimentar la dualidad significa creerte que hay luz y oscuridad, bueno y malo, vida y muerte, ricos y pobres, buena suerte y mala suerte, enfermedad y salud, femenino y masculino, lejos y cerca… es pensar de forma limitada creyendo que hay opuestos cuando todo está unido.

¿Cuándo dejas de experimentar la dualidad? No puedo decirte cuándo terminas de hacerlo pero sí cuando comienzas. Lo harás cuando comiences a darte cuenta de que lo bueno y malo es relativo. Cuando comprendas que algo que parecía malo luego puedes darle la vuelta, aprender de ello e incluso trocarlo en algo que te era necesario. Si está pasando eso en tu vida es que has comenzado a abandonar la dualidad y te aseguro que el camino se te hará más fácil.

Cuando ahora camines en la vida pide inspiración a esa parte de Dios que se representa en ti, en su propia creación, a esa divinidad que eres y te da forma. Sé consciente de tu poder, pues eres Dios en potencia. Siente su fuerza y su amor infinitos.

Siente que siendo inspirado de esa forma no tienes límites porque Dios no tiene límites. Ahora que te amas a ti mismo como te ama Él no tienes excusas. Eres un ser creador de tu propia realidad. ¿Comprendes ahora el significado de la frase «A mi imagen y semejanza». No es que Dios tenga facultades humanas, sino que nosotros los humanos tenemos facultades divinas.

Recuerda que, como Dios, eres CREADOR. CO-CREAS el mundo y tu vida, tu propia existencia es el fruto de lo que profundamente deseas hacer con ella.

Ahora es momento de caminar, es momento de VIVIR. Sé tu mismo, la nueva versión, la que se siente fortalecida sencillamente porque se conoce mejor. Toma las riendas de tu vida y haz realidad todo eso que creías y decían que era imposible. Crea, sé consciente y responsable, y crea.

Pon siempre el corazón en todo lo que hagas. Lograrás lo que se llama «excelencia» y te acercará a sentir que estás actuando cerca de la perfección. Lo hagas mejor o peor, te sentirás orgullo por saberte actuar correctamente. Correcto actuar y correcto pensamiento.

Supérate, crece, hazte mejor. No lo hagas para demostrar nada a nadie, solo para demostrártelo a ti, aunque ya sabes que puedes y que lo mereces. Todo lo más maravilloso de este cosmos lo mereces y está esperando a que lo tomes. Sé la mejor versión de ti mismo, pues es ella, desde el futuro quien te habla ahora. Yo soy tú, tu evolución, tu mismo amándote y aconsejándote para que lo logres. Y lo lograrás, si no no te escribiría esto.

Eres un ser increíble que había permanecido aletargado, dormido, agazapado por miedo a unos cambios extraños en tu esencia. Eras el gusano que sentía que su cuerpo mutaba y pensaba que era el final. Estás experimentando el cambio, de gusano a mariposa, eres la crisálida; un ser que no es aún ninguna de las dos realidades. Por eso te cuesta definirte, aceptarte.

Lo que guardabas en tu interior era la información que siempre estuvo ahí y te hizo saber tejer un capullo a tu alrededor, para protegerte mientras te rehacías por dentro, mientras evolucionabas y despertabas.

Ahora, solo queda que surja la mariposa.

Y luego… VOLAR.

EPÍLOGO PRIMERO

El autor.

En mi propia vida actual fui gusano que pensaba que moría y luego se convertiría en mariposa. Pensaba que el final estaba cerca, que la oscuridad era hacia lo único que caminaba y que encerrarme en mí mismo era mi último acto de miedo para guarecerme del atroz exterior. No sabía que podía renacer, esta vez con alas, y que la gente pudiera decir que era un ser hermoso tras tantos años siendo oruga.

Yo no sabía quien era Garnier hasta no escribir este libro. No sabía esa historia del Yo del futuro, del doble. Tampoco sabía muchas cosas más y al documentarme por tratar de hacer bien lo que me lanzaba a hacer descubrí que, algunas de las menciones de este libro, son enseñanzas que llevan años, décadas y siglos compartiéndose, con diferentes nombres.

No sabía mucho, pero sí sentía cierta información acudir a mí consciencia a veces, sobre todo cuando escribía. Como imaginarás soy Fran, el que ha tenido que firmar este extraño libro, aunque al comienzo me negaba a ello. La razón principal era la vergüenza, porque realmente no cumplo muchas de estas enseñanzas en mi vida y me sentí hipócrita.

Escribo sobre mí con la intención de compartirte hasta qué punto este libro proviene de mí y ha cambiado mi vida. Además, sé que te habrás preguntado quién es la persona que estaba detrás y es mi obligación responder a ello aunque rompa la estructura natural de los libros tradicionales. ¿Pero desde cuándo este libro lo ha sido? No tengo miedo a que no encaje en patrones previos ni que ello merme su cometido o su éxito comercial. Es más, creo que va más allá de ello en su misión.

Si bien llevo muchos años escribiendo casi siempre lo he hecho para mí. Algunas veces nacían pequeños relatos y cartas extrañas en las que yo mismo me sorprendía de lo que había escrito. No puedo decir que me lo dictaran o que no sintiera que era yo el que escribía, pero de alguna manera extraña, hermosas frases brotaban de mis manos y me aportaban un conocimiento que no me había planteado o que ni siquiera integraba en mi vida. Lejos de renegar de ello, traté de investigarlo y aprender lo que pudiera asimilar.

Desde hace casi una década doy seminarios y conferencias sobre fotografía y, por mi manera de ser y de trabajar, me implicaba mucho emocionalmente. En casi todas las charlas y cursos se me escapaban asuntos personales para que los que me escucharan comprobaran de dónde viene la sensibilidad y la creatividad. Y, en muchas de esas ocasiones, los asistentes comenzaban a preguntarme más sobre mí o más sobre temas delicados que surgían.

Yo nunca tuve nada que ocultar y por eso me conocían bien en mi gremio y era la causa de que mucha gente quisiera aprender de mí. No podía, por lo tanto, esconder nada de mi vida personal si comprobaba que les servía a esas personas. Al comienzo me daba mucha vergüenza también, pensaba que nada podía enseñar y que no era nadie para hacerlo. Pero el clamor de la gente fue lo que me motivó y el ver que realmente les ayudaba me dio muchas más fuerzas.

Comencé a hablar de mi vida, porque les ayudaba a darse cuenta de que no me había sido sencillo llegar a donde estaba. Muchos me idolatraban y yo renegaba de eso, repudiaba eso. Quería mostrar que me había reinventado desde cero y que cualquiera de ellos podía hacerlo y superarme, con creces.

Es muy cierto que yo no soy ejemplo de todo lo que dice este libro, aunque lo intento, y con mayor fuerza aún desde que lo escribí. Para mí es un reto trascendental que está cambiando mi vida. Es como sentir la apremiante necesidad de ser coherente con lo que salió de mí, pero sobre todo, porque me parece una guía real hacia uno mismo. Eso sí que lo he comprobado en muchos aspectos. No sé por qué ni cómo, pero sí que sé que lo que el libro encierra es verdad, mi verdad al menos, y que es útil.

De alguna manera siempre «supe» cosas, o mejor dicho, sabía que otras no eran ciertas o estaban alteradas. Desde pequeño fui un niño sensible que preguntaba el porqué de todo constantemente. Era muy pesado y muy insistente, además de ingenioso para las preguntas. Algunas explicaciones no podía aceptarlas, algo dentro de mí me decía que no eran así. Y las rebatía.

Sabía que la muerte no era más que un paso, por ejemplo. Mi madre siempre me ayudó en esta visión y me compartió una misma perspectiva que me abrió el mundo, el real. Su «educación» emocional y libre me hizo aprender a escucharme y a no rendirme ante las dictaduras de la sociedad y de los demás.

Es cierto que muchas veces uno siente vergüenza de tratar estos temas. Vergüenza y hasta miedo de que le miren mal, le alienen o se rían de uno. Hasta en familia o con amigos, he pesando que lo mejor era disimular, ser más banal, superficial, poner el piloto automático, por no desentonar ni llamar la atención.

Yo viajo muchísimo y, cuando lo hago, trato de no llamar la atención. Si estoy en un país trato de no hablar para que no sepan que soy de fuera y si digo algo imito el acento. Quizás me sucedía igual en la vida, uno no quiere que lo miren mucho por vergüenza y se mimetiza con lo que ve y oye. Yo me hallaba hablando el lenguaje de los que me rodeaban, pero el lenguaje de mi corazón era otro. Y comprobaba que el de los pájaros, el del cielo, las montañas y el mar era más parecido a mi idioma que ese otro superficial de los humanos.

Mi vergüenza, inseguridad o miedo, ha llegado a no querer mostrarle este libro a ninguna de las personas que amo en mi familia y amistades, como sintiendo que si lo leían sin estar publicado se iban a reír de mí, no me tomarían en serio.

También porque si a alguien le fueran de ayuda mis palabras le iba a condicionar que yo no sea ese maestro que parece mostrar este libro. Me daba tanta vergüenza que ni siquiera dije a muchas personas que había escrito este libro y que se iba a publicar. Siento la sorpresa para muchos, pero no es porque no les aprecie ni les ame, quizás todo lo contrario.

Mi familia y amigos pueden considerarme una persona espiritual y sensible, pero para nada un maestro. Callo mucho, por vergüenza, y solo por escrito me permito compartir algunas cosas. No es que sea ya una persona introvertida, aunque lo fui, o lo soy cada vez más, pero me siento mal escuchándome hablar muchas veces, no me siento yo. Creo que por esa manía de hablar un idioma que no es el mío. La costumbre, el hábito de reaccionar así y hacer comentarios me duele. Por dentro soy más como este que escribe, quizás es un signo de locura. No tendría problema en aceptarlo.

En el fondo yo sé que soy más auténticamente ese Fran, no el que es superficial por ser condescendiente con los demás y no llamar la atención con cosas raras. Con la rutina uno ya no sabe quién es. Lo doloroso es que en el fondo sabes que estás siendo falso. Muchas veces he sentido asco de mí mismo y he sentido una extraña sensación de arrepentimiento por no ser ese verdadero yo.

También sentía que el interlocutor a su vez era falso, que sentía lo mismo. Que hablar del tiempo no era la verdadera conversación que teníamos que tener. Pero, por esa vergüenza, casi siempre me enmascaro y trato de ser superficial. Algo que no está mal, solo que no soy yo mismo ni soy coherente.

Incluso con mi familia, mi pareja o personas muy cercanas me veo reaccionando de manera tosca y poco amorosa. Este libro me está cambiando. Me ha ayudado a detectar cuándo reacciono así y los motivos. Pequeños enfados, tensiones, nervios o vergüenzas que nos deforman sin dejarnos ser la mejor versión de nosotros mismos. También me ha cambiado a ser más sincero, y eso provoca algunos roces que debo aprender a lidiar.

Soy y seré siempre discípulo, de la vida y de todo aquel que tenga algo que enseñarme; que son todos y es absolutamente todo, algo que he comprobado. Tener la actitud de creerse que ya lo sabes todo, o que estás por encima de los demás, solo te lleva a frenar tu crecimiento y esa falta de armonía con lo que te rodea apaga tu luz. Creer que eres como eres y no tienes nada que cambiar también es limitarse, es atarse y consumirse. Quiero ser quien verdaderamente sé que soy, esa mejor versión. Y lo conseguiré.

Por otro lado, mi vida sí es en parte un ejemplo de muchas cosas que ahí se dicen. Me reinventé de cero hace algunos años después de pasarlo muy mal y sucedió como dice el libro. Cambié muchas cosas y finalmente mi suerte dio un giro. Eso me hizo tener más certeza aún en lo que estaba viviendo y me hizo cambiar más.

He compartido mucho de lo que aprendí en el libro, aunque no sé cómo ha salido de mí, pero aquí te compartiré un poco más para ubicarte mejor y comprenderlo todo desde la perspectiva de mi vida.

Mi vida ha sido rara, y sé que lo será más aún. Pero aprendí desde pequeño a no tener miedo de eludir etiquetas e ir por libre. Me niego a entender al ser humano a medias, dependiente siempre de fuera. Yo lo siento fuerte, maravilloso y completo; solo que necesita recordar quién es realmente. No es un acto de orgullo, ni de creerme sobrado de todo, sino de comunión con todo lo creado y con la misma fuente de ese todo. En lo profundo de mi corazón siento esto como una verdad y me da mucha paz que así sea.

Si algunos quieren pensar que realmente somos asistidos por otros seres, o por una parte divina de nosotros mismos, está bien que piensen así. Yo no sé bien qué me sucedió, pero en el fondo de mi corazón sé que es algo interno, no externo, o al menos que la comunión que hay entre mi ser y esa otra parte es tan grande que formamos un mismo todo.

Esa comunión, esa convicción interna, esa certeza es lo que muchos llaman FE. Para mí siempre me ha acompañado, como una llama en mi interior iluminando un poquito del camino y dando calor cuando todo era frío. No voy a decir que nunca dudé, porque lo hice, pero justamente esa llama me guió y me dio calor. Me costó a veces volverla a encontrar, localizarla dentro de mi vértigo, pero ahí estaba. Solo tenía que acallar toda esa agitación y sosegarme.

Siempre he sido una persona etiquetada como sensible y creativa. Incluso un poco loco. Mi familia promovió eso y me lo creí y lo hicieron desde pequeño. Tuve muchos problemas en la escuela y con los estudios, no llegando a la universidad. Era demasiado sensible, demasiado soñador y la respuesta feroz y fría de la sociedad me hizo encerrarme en mi propio mundo.

Sentía un vínculo con la naturaleza que se acercaba a la admiración y la reverencia, un amor hacia los animales desconcertante y un vértigo profundo al contemplar las estrellas. Mirar la noche estrellada ha sido algo que siempre me ha cautivado.

Me educaron en la creencia de que era libre de creer cualquier cosa, mientras lo hiciera con el corazón y buscara la verdad que hay en todo.

Mi familia era católica pero sin ahogar, como la mayoría, ni practicante ni devota. Pero la espiritualidad siempre marcó mi camino, sobre todo por mi madre y cómo respondía ella a mis continuos porqués. Ella abrió mi corazón en vez de cerrarlo. No acalló este ansia de saber, sino que lo potenció y lo unió a su propio canto. Algo que siempre agradecí de mi madre fue decirme honestamente que no podía darme respuesta a todo y siempre me parecieron sinceros, hermosos y hasta pacificadores sus «no sé».

Amaba hacer muchas cosas. Podría haber sido médico, maestro, arquitecto, ingeniero, historiador, informático, pintor, escritor, músico y mil cosas más. Una serie de vuelcos radicales de tragedia y zarandeos del destino cambiaron mi existencia para siempre. Nunca pude estudiar, se me exigió demasiado rápido que madurara y, con veintiún años, fui padre tras una vertiginosa aventura llena de dolor y amor a cucharadas varias. Era un niño demasiado soñador, sin los pies en la tierra, inmaduro y dependiente, y la vida me robó todo de golpe obligándome a ver la realidad y vivirla.

Ahora sé que todo eso lo busqué yo de alguna manera, que me lo impuse como lecciones, que fue mi escuela. Seguramente, si no hubiera sido así, aún seguiría siendo un inmaduro, un ingenuo, uno mucho mayor de lo que ahora soy.

Tras muchos duros golpes que nunca terminaban de robarme la sonrisa, al menos por fuera, traté de estabilizarme. Comenzaba a sentirme invencible, o al menos siempre hallaba un resquicio de esperanza por muy fuerte que golpeara la vida.

Finalmente intenté de una forma un poco bohemia lograr vivir económicamente de la pintura y la música, pero no funcionó. Pinté muchos años acuarelas en las calles de Granada, la ciudad que me vio crecer y flirteé con la posibilidad de vivir de mis canciones. No funcionó, pero aprendí más de mí mismo y del ser humano como creador, como ser sensible que se relaciona con su entorno y necesita comunicarse en dicho lenguaje.

Fui padre de una manera muy compleja y enrevesada y traté de hacerlo lo mejor posible. Tampoco supe ser el mejor compañero para la madre de mi hijo y esa inestable nueva familia acabó disolviéndose. Llegó mucho dolor y rabia, pero no podía dejar que mi hijo fuese la víctima. Luché como pude y después de todo mi hijo se convirtió en un ser maravilloso fuerte y más sensato que yo a su edad. Fue la economía la primera causante, porque desestabilizaba todo. Por eso se convirtió en mi enemigo a combatir, en mi objetivo a solventar número uno.

Después de más idas y venidas, de caer y levantarme del suelo, de lamerme las heridas y seguir tratando de sonreírle a la vida, todo comenzó a cambiar. Un nuevo amanecer se atisbaba en el horizonte.

Siempre había escrito, sobre todo diarios personales. Hace muchos años escribí un blog cuando comenzaban los blogs. Contaba cosas que me salían de dentro casi instintivamente, pero pensé que a nadie le interesaría y que eran tonterías sin sentido fruto de mi imaginación. Publiqué un par de artículos y rápidamente me arrepentí. Aunque decidí darle la oportunidad, por si a alguien le servía. Con solo una persona ya merecía la pena. Y en unos minutos de pronto alguien me escribió agradecido y emocionado por mi escrito. Yo me quedé impactado, no podía creerlo.

Esos textos realmente me parecían hermosos y encerraban para mí un misterio y una enseñanza que me daba paz. Compartir esa paz era mi deber. Esa es la esencia de este libro. Si sirve a una sola persona, ya estoy satisfecho como lo estuve entonces.

Seguí publicando, desnudando mi alma, y ese blog me hizo conocer, o mejor dicho, RE-CONOCER a personas maravillosas, entre ellas, a mi compañera de viaje y a algunos de mis mejores amigos. Expandió mi conciencia fuera de mi país (eso fue antes de mis seminarios y de ser fotógrafo) porque esos amigos eran de muchos países y mi compañera de Uruguay. Tras muchas aventuras, ella llegó a España y desde entonces vivimos en mi ciudad.

Abandoné ese blog muchos años atrás, como convencido de que su función había sido hallarla a ella, pero siempre me quedó la espina de compartir esos textos. Sabía que había algo más escondido detrás de ellos, pero me daba miedo creerme más de lo que era, dejarme llevar por un ego y un orgullo mal comprendido y saber que yo no era ningún maestro ni santo, sino una persona normal que comete errores como todos. Quizás más.

Había tenido extrañas vivencias y especulaciones con sueños y vidas pasadas. Vivía raros sucesos a los que no hallaba explicación. Lugares que conocía o reconocía, sensaciones inexplicables e inenarrables al hallar gente o conocer sucesos de la historia. Al comienzo pensé que tenía mucha imaginación, luego que estaba loco, y más tarde tuve que rendirme ante la evidencia de que algo real estaba sucediendo, algo para lo que no podía buscar más excusas mi mente racional.

Estas experiencias se acrecentaron y multiplicaron, como si pretendieran dejarme clara su realidad y que dejara de dudar. Me resistí, años, pero al final lo acepté. No me quedaba más remedio y no hacerlo habría sido un acto inmaduro, insensato y poco científico.

No soy de esas personas crédulas e ingenuas que aceptan sin pensar, sin sentir y sin madurar cualquier cosa que le digan o que lea; pero había algo que me cautivaba en el misterio de la vida y todo eso que muchas sendas espirituales buscaban. Aceptando mi condición humana y el materialismo y pragmatismo que me rodeaba, mi inteligencia me abocaba a saber que había algo más que diera respuesta a quienes somos más allá de lo físico.

Algo me alentaba a mi libertad, desde dentro. Profundicé en más filosofías y religiones, siempre buscando respuestas a quién era yo. Pero ninguna saciaba mi sed de una forma íntima y completa. Algo faltaba, faltaba yo.

Cuando decidí rendirme, fue cuando descubrí que el mayor maestro estaba en mi interior y que no debía de buscarlo fuera. Que esta era una prueba para la que nadie podía ayudarme. Era claramente eso, algo entre Él y yo.

Una fuerza extraña brotaba en mi interior solo apocada por mi vergüenza de que los demás pensaran que me creía algo que no era, o que me pensaba alguien superior a ellos; cuando no era así. Solo estaba buscando. No hablaba mucho de ello, pero muchos sí sabían de mi ansiada búsqueda y mi forma de ver la vida.

Al reencontrarme con mi compañera de viaje todo comenzó a cambiar. Puede parecer poco espiritual pero el primer cambio sustancial que dio un vuelco a mi vida fue la economía. Creo que es un gran error justamente pensar así, alejar la economía de lo sagrado. Todo es sagrado y, el cómo logras el dinero que te permite subsistir, es algo que debe estar en esencia impregnado de esa fuerza, de esa luz.

Sinceramente siento y he comprobado que la estabilidad económica solo llega cuando no separamos estos mundos y hacemos las cosas con el corazón, incluido nuestro trabajo. Si la meta es el propio dinero, el vacío es atroz y todo es desequilibrio. Un día sí y el otro no. Pero cuando impregnas de ese halo sagrado tu hacer, tu dinero, tu dar, entonces recibes. Es equilibrio, siempre equilibrio.

Todo consiste en hallar un trabajo, una tarea, en la que el universo pueda conspirar para devolverte lo que le das. Cuando me casé, descubrí que los fotógrafos de boda que vi no eran lo que buscaba y, tras aprender lo triste que era no tener unas buenas y mágicas fotos de un día tan importante, me convertí en el fotógrafo que hubiera contratado sin dudar. Y funcionó.

Sencillamente hacía algo que amaba y en lo que ponía todo mi corazón. Aprender a hacerlo bien solo requería saber que era capaz, y lo sabía. Había logrado tocar la guitarra y cantar cuando jamás lo había hecho, pintar, escribir y hacer muchas cosas más. ¿Por qué no iba a ser capaz de eso? Además, necesitaba solucionar mi economía porque no podía perder otra familia por ello. Decidí hacerlo, no intentarlo, hacerlo.

No había tenido jamás una cámara, pero la era digital me permitió aprender solo, tras ensayo y error. Pedí cámaras prestadas un tiempo cuando ni siquiera tenía una propia ni podía comprarla. Apenas un tiempo antes de casarme me había comprado una camarita, luego otra y otra, y de forma autodidacta me enamoré de poder pintar con luz, sin pinceles, lienzos ni pinturas.

Me percaté de que todo mi pasado artístico había sido una preparación para esto, que no había sido tiempo perdido sino una especie de entrenamiento. Y me lancé entregándome al máximo. Me lancé al vacío de la misma manera que me lanzo ahora y sé que todo lo vivido hasta hoy es una preparación para algo mayor aún. Y sé que lo mejor está siempre por llegar.

Como sabía que era capaz, me puse manos a ello y lo logré. En apenas un año estaba posicionado y otros fotógrafos me pedían asesoramiento. Yo no me lo terminaba de creer, pero era realidad. Había hallado un hueco de mercado y se me daban muy bien las ventas, el marketing y la gente. No era más que un reflejo de hacer las cosas con el corazón y pensar, sobre todo de forma empática.

Pisé a fondo el acelerador y mi fama como fotógrafo de boda innovador llegó lejos aunque mi intención real inicial era humildemente vivir de ello lo justo y pasar desapercibido. Al poco tiempo muchos fotógrafos me llamaban «maestro» y yo realmente no dominaba ni la cámara ni la luz. Pero no paraba de experimentar y lo poco que sabía lo compartía. Y se ve que la gente me adjudicó esa etiqueta en un gremio donde casi nadie compartía y ni mucho menos lo hacía sinceramente y sin guardarse secretos.

Me llamaban maestro y yo tenía la imperiosa necesidad de aprender más rápido para poder enseñar mejor. Nunca me creí eso de que fuera maestro de nada, pero seguí compartiendo. Otros tantos me criticaban duramente, lo que provocó que quisiera aprender más aún, crecer y formarme todo lo posible e imposible. Me auparon a hacerlo más rápido.

Reinventé el modelo de negocio y la manera de hacer ese trabajo y pronto me convertí en referente mundial. No sabía hasta qué punto la revolución tecnológica iba a disparar el mundo de la fotografía y yo no paraba de compartir sin miedo a que me copiaran. Lo hice de corazón y la gente comenzó a querer escucharme. Pronto eran tantos que tuve que cobrar por ello, y cada vez más porque no daba abasto. Todo fue un cambio vertiginoso, rápido, pero también divertido y asombroso.

Ponía el corazón en mis fotos, en mis cursos y la gente lo notaba y lo apreciaba. Cuando comencé a darlos la gente que me quería me dijo que era tonto. Que si compartía todo lo que sabía esa gente se convertiría en mi competencia y pronto nadie vendría a mis seminarios. Me dijeron que sabían al conocerme que no me guardaría ningún secreto y pronto nadie estaría interesado en lo que yo dijera porque lo sabrían todo. Era cierto, pero les dije que debía seguir lo que mi corazón decía, aunque fuera en contra de lo que mi mente analizaba y aseveraba como un acto suicida.

Al año siguiente estaba ganando más dinero de los seminarios que de las bodas y enamorándome de compartir más aún. La gente me decía que sería una fama pasajera, que aprovechara ese año. Año tras año crecía la gente, su interés, su amor y su ilusión por mi labor.

Mi vida cambió, sí, en gran parte por la economía. De ser la oveja negra de mi familia sin trabajo ni dinero, pasé a ser alguien sin problemas económicos que podía ayudar a los demás.

No puedo quejarme, soy un privilegiado. Y lo primero que sentí al serlo era la necesidad de compartirlo y que otros llegaran a serlo también. Ya había estado abajo, no podía tener pena de los que estaban abajo, sino gritarles que podían subir, pero ellos solos, siempre solos. Traté de ayudar a algunas personas, pero fracasé. Siempre pedían más, sobre todo dinero si les daba dinero. Supe que no podía hacer más tras varios intentos y aprendí la lección. Cada uno debe subir solo a la cima, cualquier ayuda al final complica todo y perjudica más que ayuda.

Quizás escalando esa peligrosa montaña el que había sido mi camino no era el correcto para otro. Donde estaban mis pisadas y había sido un sendero cómodo, al día siguiente se convertía en un infierno para otro por una tormenta de nieve o una avalancha. No podía dejarles cordada, ni puntos de anclaje, porque quizás les impulsaba a tomar un atajo que para ellos era demasiado peligroso. A la cima se debe subir solo.

Tanto cambio y tanta magia llenaron mi vida. Fue en los seminarios y conferencias que comencé a dar desde los primeros años, cuando descubrí que podía ayudar de verdad a la gente. No era darles el pescado, ni siquiera la caña de pescar como había tratado de hacer antes. Se trataba de enseñarles a hacer su propia caña y a despertarles la intuición de en qué parte del río pescar.

Era realmente hermoso ayudar a una persona a vivir de su pasión. Muchos tenían otros trabajos, pero tras un seminario lograban vivir de su hobby. Al ser consciente de eso, mi alma se sentía plena y no había dinero que pagara eso.

Eso fue clave para entender cómo funcionaba la abundancia. El universo es un dar y recibir, cuando desde lo más hondo de tu ser sabes que no estás dando no te permites recibir. La abundancia es un fluir. Das y recibes, pero si dejas de dar, si tienes miedo a dar por que luego temes no recibir estás limitando el flujo de la abundancia.

El dinero cambia de manos, siempre hay dinero en el mundo. El que yo no lo tuviera en mis manos era porque lo repudiaba y no entraba en el juego de ese fluir. Otros lo hacían muy bien, incluso sin intenciones muy amorosas. ¿Por qué yo no?

Si no decides tenerlo lo tendrá otro, y luego nos quejamos. Aprendí a entender el dinero como un río. No trates nunca de guardar todo el agua que llega en una presa o te ahogarás. Déjalo fluir y siempre llegará. Toma lo que necesites, sea la cantidad que sea, pero no aprisiones el agua. Si necesitas más busca un mar, pero no hagas represas ni pantanos o te hundirás en sus lodos.

Igual pasa si quieres el dinero para ahorrarlo, para dejarlo guardado por si lo necesitaras. Con este acto estás bloqueándolo de nuevo, estás parando su energía e impidiendo que fluya. Por lo tanto no llegará más a ti, es más, lo perderás; porque actúas además desde el miedo. Entonces eso que temes suceda pasará, eso u otra cualquier cosa por tal de justificar tu acierto de ahorrarlo por miedo.

La verdadera abundancia no entiende de miedo. Tendrás lo que necesites cuando lo necesites. No se trata de ser carente ni de tener lo justo, sino de que cuando te propongas tener algo en tu vida que tengas que pagar con dinero ese dinero aparecerá. Puedes entonces ahorrar para ello, y el dinero llegará, pero es otro concepto diferente de ahorro, ¿lo entiendes, verdad?

Pedimos mucho, pero no damos, no de verdad. Pedimos permiso a algo externo para lograr lo que deseamos pero no nos lo damos a nosotros mismos. Al sentirme pleno dando, requería que el universo me devolviera, pero no era una exigencia, ni una angustia. Muchos pueden pensar que hacen muchas cosas y la vida es injusta porque solo da disgustos. Miren mi vida, fue complicada, pero había un equilibrio detrás que era lo que debía vislumbrar. Al final había luz. Es cierto que tuve mis momentos de dudar si merecía la pena seguir viviendo, pero… menos mal que mi curiosidad al menos me hizo seguir adelante, reinventándome, buscando cualquier excusa para seguir andando.

Acepté mi condición de dador y la de recibidor. Las maneras aparecen. Cuando menos te lo esperas y de donde menos te lo esperas, llega la vía, la forma. En mi caso fueron varios negocios, después de haber fracasado en cientos más, pero podrían haber sido otros medios como la lotería o una herencia. Es lo menos importante, lo trascendental es la actitud, aunque sea difícil de asimilar. Quizás dejo esas opciones para más adelante.

Si no aceptamos además los regalos de la vida, comenzamos a dudar y eso desarbola todo. Tampoco perdí la cabeza, y no necesitaba un coche mejor que el que tenía, ni una cámara o un ordenador mejor, aunque fuera mi trabajo. Incluso cuando habíamos decidido vivir de alquiler por no poder comprar una casa, surgió de la nada un acto de magia celestial que nos entregó una casa maravillosa en el campo, justo donde queríamos. Sigo sin poder ahorrar, pero siempre tengo dinero de sobra para hacer lo que necesite hacer e incluso cumplir los proyectos que deseo emprender. Y por supuesto si quiero ayudar, aparece más dinero para ello.

Aprendí la hermosa lección de que cuanto menos valor daba al dinero más dinero llegaba. Que, cuando viera que las cuentas parecieran no cerrar, llegaría algo que equilibraría todo y no debía alterarme ni preocuparme. Y así sucedía siempre.

Había sido ese al que siempre todos tenían que invitar a un café y una de las mayores satisfacciones fue poder hacerlo yo, invitar a cafés y otras cosas más importantes. Comprendí que, a veces, mucha gente no sabe aceptar regalos, no sabe RECIBIR. Y eso es clave también. El ego nos boicotea hasta en eso y el orgullo nos impide aceptar.

Si me llegaba un dinero daba gracias, constantemente. Si me llegaba una deuda, aunque fuera injusta, grande o fruto de un error, aceptaba pagarla gustoso dándole un simbolismo de acto de equilibrio. Si ese dinero se iba de mis manos, volvería por otro lado. Permitía fluir al dinero, le daba libertad, para mí era un río.

Esa certeza provocaba que si tenía que pagar x dinero, llegara ese x dinero por otro lado en breves días o semanas y pagaba con alegría hasta los impuestos, multas o cualquier cosa. No los sentía como algo injusto ni negativo, aunque no me viniera bien pagarlos, sino parte de un dar y recibir. Si pagaba más, más vendría de vuelta.

Abrí una puerta a la abundancia y cuando menos me lo esperaba me encontraba con más dinero. Tampoco para ser millonario, pero mucho más de lo que necesitaba y una riqueza comparada con mi anterior y precaria situación. Se rompieron más velos que limitaban mi economía y sé que se romperán más aún en el futuro. En parte todo era un confiar que así sería y un trabajar amando lo que haga.

Para mí otra importante clave fue aceptar que podía ganar dinero haciendo algo que amaba. Rompí mi viejo esquema de que tenía que sufrir para ganar un poco de dinero y lograrlo haciendo algo que me disgustaba. Ya sufrí mucho trabajando duro haciendo muchos oficios que me pesaban. Y quizás lo que me pesaba a mí vender teléfonos es lo que le pesaría a otra persona hacer reportajes fotográficos o dar clases. Cada uno tiene su lugar y su función, solo debe hallarla y hallarse.

Luego en la segunda fase aprendí y logré demostrarme que podía ganar el mismo o más dinero sin tener que estar trabajando todos los días ocho horas como había aceptado antes que debía de ser, como casi todos los demás seres humanos en el planeta.

Una tristeza infinita me llega cuando trato de ayudar a personas que amo o que me piden consejo para lograr lo que yo he logrado y he ayudado a lograr a otros. Personas que. no dudo luchan y quieren creer en esta magia, en esta fórmula, pero que por alguna razón no lo consiguen.

Solo puedo compartir todo esto, no sé qué más hacer. No entiendo por qué unas veces sí y otras no. No sé, desconozco tantas cosas. Quizás esa es la esperanza de este libro, el que a cuantas más personas llegue más personas puedan tomar algo de él y beneficiarse.

Me da miedo transmitir esa imagen de perfección, de que mi vida sea eso, perfecta; que no tenga problemas, retos, caídas al abismo y momentos de oscuridad. Me da miedo que la gente crea obcecadamente en mis palabras sin pasarlas por el filtro del corazón, que piensen que todo es fácil o que todo es imposible. No es ninguna de las dos. Es un camino personal, el camino del héroe, interno, íntimo, el más íntimo que pueda ser.

Todos somos, insisto, los héroes de nuestra propia novela, de nuestra propia película. Y como héroes podemos lograr cumplir nuestras metas. No te abandones a que otros sean los héroes y tú solo parte del atrezo, o un simple extra. Toma las riendas de tu vida. Como en toda epopeya, como en toda aventura, el héroe pasará malos ratos, se sentirá perdido e incluso decidirá abandonar. Pero en el último instante surge de él la primitiva necesidad de cumplir su reto y de saberse capaz. Capaz y merecedor, no lo olvides.

Así que yo, al compartir sinceramente acerca de mí, no puedo dar esa imagen idílica porque no es así y faltaría a la verdad. Una especie de sentimiento de culpa, de inquietud e intranquilidad trata siempre de hacer mella y derrumbar todo para regresar al viejo paradigma. A la pasividad de ser espectador de las películas apasionantes de otros.

Pero uno debe ser fuerte, firme y seguir poniendo el corazón a trabajar duro, ese sí que no puede desfallecer, y puede hacerlo. Saber con certeza que esta realidad es la que uno merece y seguir dando más al universo, nunca por miedo a perder lo que tenga, sino por ilusión y entusiasmo por hacerlo de la manera correcta.

Hoy estoy en otra etapa en lo concerniente a la abundancia; la de que, cuanto más dinero gane, más puedo ayudar a otros que no han descubierto este secreto. Aunque debo hacerlo a escondidas para no dañar su escalada a la cima, para no boicotear su crecimiento con mi amor.

Hoy estoy en la fase de poder vivir de lo que realmente amo con toda mi alma, que es hacer lo que ahora mismo estoy haciendo. Sé que lo lograré, y de camino, muchos de vosotros también cumpliréis el sueño de hacer cima. Ojalá os sirvan algunos de estos puntos de apoyo en la roca que dejé tras de mí. A mí me sirvieron y sé que a otros que subieron después.

Cuanto más recibía, no era que me sintiera en deuda con el universo, sino que más anhelaba y amaba dar. Dar y recibir. Hermoso equilibrio, prodigiosa danza. Me siento un derviche girador bailando con la vida, girando y girando sin parar, ebrio de amor y paz.

La gente me pedía ir a sus ciudades a dar seminarios, a conocerme. Primero en España y luego tuve que visitar más países. Este año que escribo, visito trece países, dando esos seminarios, compartiendo. Al visitar esos países y viajar descubrí más sobre el mundo, sobre las personas, sobre la vida y sobre mí.

Me enamoré de muchas culturas y conocí muchas situaciones. Traté de ayudar con mi presencia en esos países, como pudiera y me enriqueció más aún la profundidad de esas culturas. Viajar es para mí alimentar el alma, es aprender a conocerme a mí mismo en las pupilas del otro, a ver mi alma reflejada en sus ojos.

Mi nombre se hizo más y más conocido y comencé a ver cómo muchas personas creían en lo que decía ciegamente. Me desorientó al comienzo, pero quise aceptar la responsabilidad.

Algunos compañeros, como en todo gremio, me criticaban y me insultaban. Había quienes decían que lo que decía en los seminarios era mentira y que robaba el dinero de los ingenuos. En muchas ocasiones trataban de boicotearme si visitaba sus ciudades o países, diciendo que solo decía mentiras y que mi método no funcionaba. Pero a la vez se quejaban y argumentaban que cada vez que iba a esas ciudades, tras mi seminario, surgían con mucha fuerza en pocos meses un puñado de nuevos fotógrafos muy bien posicionados a los que esta gente con miedo veían como competencia.

Sin embargo, yo trataba de promulgar otra forma de pensar, tratando de que unos ayudaran a otros de forma que si el otro lograba éxito siempre le repercutiría al primero. En vez de hacer daño al compañero para sobresalir uno, mejor apoyarle, ya que siempre había bodas para todos. Pero muchas personas no entendían ni creían que esto fuera posible. Otras sí, gracias al cielo.

Descubrí que cuando nos van las cosas mal siempre buscamos culpables fuera, que la inseguridad y el miedo sacan lo peor de nosotros, pero no que haya malas personas en esencia. Es normal que un profesional, cuando las tecnologías, modas, estrategias, clientes y formas cambian, trate desesperadamente de seguir manteniendo a su familia; y a mí muchos me veían como una amenaza en vez de verme como un aliado.

Jamás he podido pensar mal de quienes me atacaban, sino tratar de ayudarles aunque siguieran insultándome, intentando que se dieran cuenta de que el negocio había evolucionado y ellos debían hacerlo para sobrevivir. Eso me enseñó que era incapaz de odiar, aunque trataran de hacerme mucho daño. Luego muchas de esas personas me pedían disculpas a su manera y comprobaba que solo eran malentendidos.

Pero como cobraba y bien mi ayuda, muchos me decían que mis intenciones eran otras. Yo no podía regalar mi trabajo y conocía muy bien su valor. Si dejaba de valorarme cometería el error trascendental que destrozaría de nuevo mi economía y mi vida. Había aprendido la lección así que no caería en su trampa. Debí valorarme, aceptarme y decretar que, quien quisiera realmente lo que doy, lo valoraría. Si regalaba mi trabajo nadie lo valoraba y si lo cobraba bien me decían que abusaba. No había término medio por parte de los demás, así que debía imponerlo yo. El mundo está muy loco y solo tú puedes darte cordura.

Me sentí mal al comienzo porque mucha gente mendigaba mi ayuda, pero comprendí del todo cuando di limosna y justamente esa gente acabó despreciando mi regalo y mi ayuda.

El saber que yo hacía algo de corazón y que funcionaba me hizo dar lo mejor de mí, cada vez más. Si mentía en los seminarios no importaba, porque, los que creían mis mentiras y me hacían caso, luego vivían de sus fotos. Benditas mentiras —me decían—, el caso es que daban bodas y daban de comer además haciendo algo que amaban.

Yo les decía que eran capaces de cualquier cosa, que podrían lograrlo. Les explicaba cómo lo logré yo, y que no me fue nada fácil para que dejaran de pensar que había tenido suerte o cosas así. Les compartía toda mi experiencia para ahorrarse tiempo, esfuerzo y dinero, y funcionaba, al menos en la mayoría de los casos.

Comprobé que mucha gente no lo lograba y me propuse urgentemente la necesidad de investigar el motivo por si era fallo mío. Me di cuenta de que alguna gente no creía en sí misma, no trabajaba, no se ilusionaba y se rendía. No podía hacer nada al respecto. También comprobé que, para este trabajo, por mucha ilusión, si no tienes sensibilidad artística es complicado lograrla. Se puede, y explicaba como yo logré hacer muchas cosas que eran imposibles, en muchas artes, en todo lo que me propusiera. Trataba de demostrarles con mi ejemplo que los dones se crean, se desarrollan mientras creas que eres capaz. Pero algunos no creían mis «mentiras».

Pronto me di cuenta de que la gente necesitaba motivación y comencé a incluir en los seminarios mucha base de ello, mucho *coaching* y filosofía, así como contar mi historia que, según comprobaba conforme pasaba el tiempo, por la reacción de mis alumnos, era muy motivadora y novelística. Funcionó y cada vez más trataba de animarles y motivarles.

Fue allí donde me sentí por primera vez capaz de compartir algo para hacer más felices a los demás, sentirme útil. Esa era la mejor recompensa, mi meta verdadera.

Como conté antes en los seminarios comencé a hablar mucho sobre mí, sobre mi persona a nivel espiritual y la gente me pedía más y más. Quizás este libro sea una manera de contar todo a esa gente que me exigía más aún.

Cada vez más personas me decían que les había sido muy útil el seminario, que habían aprendido a vivir de la fotografía plenamente con tanta técnica, iluminación, equipos, *marketing*, *branding*, mercados, tipología de clientes, trato de clientes, Internet, estrategias, venta, etc. Pero que lo que más les había servido e impactado era mi vida, lo que había contado acerca de mi visión de la vida. Eso a quien impactó fue a mí. Me llenó de emoción, porque me comencé a sentir de nuevo útil a otro nivel y acompañado, no el loco solitario de antes.

También vi gente que tenía demasiada confianza en mí y poca en ellos mismos, y ninguna gana de trabajar su sensibilidad, su técnica y su certeza de saberse merecedores de todo en la vida. Fue cuando decidí que requería un cambio, y surgió este libro.

Me daba mucha impotencia ayudar a mucha gente pero que estaba pagando dinero por ello. Yo quería ayudar a más aún, sin el condicionante del dinero. No podía dar gratis mis seminarios, porque ya experimenté que lo gratis no se valora, pero quería hacer algo sin tantos limitantes y abrirme a más personas que pudieran hallar consuelo o ayuda en mi humilde experiencia.

No sabía cómo hacerlo ni nada claro sobre cómo llevarlo a la práctica, así que dejé que fluyera. Sabía que llegaría la manera. Es ahora cuando decidí que tras la publicación de este libro impartiré talleres donde podré hacer esto realidad y también además de hacerlos presenciales dar la oportunidad a otras personas que no puedan asistir publicándolos en Internet o haciendo un canal para ello. Solo quiero que si realmente son de ayuda algunas palabras lo hagan con las personas que lo necesiten. No sé bien cómo lo haré, el método… ya surgirá. Las respuestas llegarán, lo sé. Mi intención está decretada y proviene del corazón. Se cumplirá.

Pero en ese momento de mi pasado estaba muy agobiado por la impotencia de no poder ayudar tanto como quería. Eran increíbles y enriquecedoras las palabras de agradecimiento que me decían muchas personas tras venir a un seminario mío. Lágrimas de alegría y demasiada gente repitiéndome las mismas palabras: «Me cambiaste la vida». Yo no daba crédito a lo que sucedía, pero si era verdad tenía que ayudar a más personas. Seguía planteándome que quién era yo para hacerlo, que me criticarían otros. Dudas normales que a todos nos abaten y nos tratan de tirar por los suelos nuestras corazonadas. No hice caso y seguí adelante, sin miedo. Tenía más que ganar y poco que perder.

Cuando ya era un fotógrafo reconocido, me di cuenta de que en mi *Facebook* me seguían más de cien mil personas y que muchos me decían que, más que por las fotografías, lo hacían por algunos textos que esporádicamente escribía. De nuevo me impactó comprobar eso y vi una vía.

Justamente parte del éxito era que desnudaba mi alma en esos textos que compartía, que era sincero; de modo que no podía ahora tener miedo de escribir más. Mucha gente comenzó a dejar de seguirme argumentando que si me había creído escritor o un gurú, que me dedicara a mis fotos o que ni siquiera eso hacía bien.

Yo sabía que mucha gente dejaba de seguirme por ser franco, por no tener pelos en la lengua. Por ser sincero y decir lo que realmente pienso, eso sí, sin jamás insultar ni atacar a nadie. Si no me gustaba lo que leía, dejaba de leerlo y punto. Solo dejaba comentarios positivos y si tenía algo que decir que no fuera una alabanza lo haría en privado, jamás en público. No entendí jamás una crítica constructiva que no fuera en privado pues si era pública solo era una manera de aleccionar al otro delante de todos, nunca de ayudar sinceramente.

Me preguntaban y me mojaba, no quería ser condescendiente y políticamente correcto. Yo podía tener muchos fallos, equivocarme, confundirme, pero debía ser coherente y decir siempre la verdad. No tuve problema en perder seguidores en desbandada, pero no iba a ser como los demás querían que fuera. Además, sería imposible dejar a todos contentos. La gente que juzga sin conocer, o creyendo conocer a una persona por unos breves datos seguramente malinterpretados y se atreve a hacer públicas sus opiniones, deja bastante que desear y dejan clara evidencia de la calidad de su persona. No me imagino ser amigo de alguien así, que te de la espalda y ya está hablando mal de ti. O das al mundo algo positivo o mejor permanecer callado, porque todo lo que das lo recibes de regreso. Hay un hermoso dicho que dice que, si tus palabras no son más hermosas que el silencio que rompes, mejor no decir nada.

Y yo quería decir muchas cosas, muchas de ellas hermosas. No podían hacer daño si se escuchaban con el corazón. Pero no todos entendían así lo que hacía y algunas veces sentía un agudo dolor porque no comprendía que alguien pudiera juzgarme sin conocerme, o hacerlo basado en falsedades o en un error, sin darme posibilidad a enmendarme o a defenderme. Yo no hacía eso con los demás, no entendía qué ganaba alguien hablando mal de otra persona.

Comprendí que hay personas que viven de esa energía, que se sienten fuertes y vivas haciendo ese mal a los demás y que incluso lo hacen sin darse ya cuenta. Han creado el hábito y lo escudan en su libertad de expresión y demás argumentos retorcidos. Sabía de los vampiros emocionales, pero me di cuenta de que Internet había creado un nuevo tipo de vampiro energético.

Y descubrí algo importante. Si yo escribía de corazón acerca de algo relacionado con la fotografía, compartiendo que tal cosa era mejor hacerla de tal manera o que sencillamente recomendaba un equipo, rápidamente saltaban idiotas a discutir cualquier cosa que dijera, a llevarme la contraria y a insultar. Si yo decía blanco decían que por qué no decía negro, o si decía negro que por qué no blanco. Y me dolía, me sentía atacado, no comprendía esa actitud y me enervaba.

Sin embargo, cuando escribía textos de índole espiritual, si entonces me atacaban no me importaba. Los ataques o insultos no me generaban la misma sensación. Esa gente sencillamente me daba pena, tenía compasión de ellos, pero no me dolía. No sentía impotencia por querer demostrarles que esa era mi humilde opinión, o que sencillamente estaba compartiendo una experiencia. Nada, solo aceptaba plácidamente que esas personas no merecían la pena ni mi esfuerzo por hacerles comprender nada.

El contemplar estas dos reacciones en mí me hizo pensar mucho y más tarde me hicieron comenzar a vislumbrar un nuevo camino.

En este proceso de experimentación con la red también aprendí del poder de compartir algo, de impulsarlo compartiéndolo a su vez con tus amigos. Me maravillaba ver como un texto que compartía con mi corazón era reenviado y compartido cientos de veces, miles de veces. Llevándolo a alcanzar a miles de personas que no tenían vínculo alguno conmigo y que me daban las gracias de corazón.

Cada vez más personas comenzaron a seguirme por justamente hablar claro, por saber que quien abre la boca se equivoca y no tener miedo a ello. Y cada semana eran más, miles más. Y yo comprobaba que aunque mis fotos tenían más cientos o miles de «me gustas» a veces, lo que más me importaba y sabía servía de verdad eran esos textos donde hacía pensar.

Mucha gente que pasó por mis seminarios eran personas con trabajos muy importantes, gente que ganaba muchísimo dinero y que habían decidido dedicarse a su pasión aunque ganaran menos. Vivir la pasión de esas personas para dejarlo todo y contemplar sus cambios, me hizo ver que uno debe hacer siempre lo que ama. Y que lo que amas siempre es lo que mejor se te da hacer.

Muchas veces luchamos contra viento y marea en la vida por unas metas que no son las verdaderas. Nos auto-engañamos y convencemos de que son loables y maravillosas incluso, que hemos nacido para ellas. Podemos también justificarlas con la labor que realizamos y el servicio para con otros.

Pero sucede a menudo que no son nuestra meta verdadera, que nuestro real propósito en la vida, nuestra tarea era otra, quizás hasta más sencilla, más modesta.

Como sabemos esto en nuestro interior, vamos a diseñar un plan para que todo nos haga ver esta realidad y si es necesario no hallaremos más que escollos con cualquier otro propósito que confundamos. Por lo tanto, quizás debamos dejar de luchar si no vemos frutos, porque cuando te alineas con tu verdadero propósito todo fluye, todo sale sin tanto esfuerzo. La vida se hace más sencilla, más simple y no ese barrizal donde apenas podías avanzar.

Yo pensaba que pese a todas mis luchas tenía claro mi propósito y lo pintaba con el arte y el compartir. Era cierto, por ahí eran los pasos, pero debía depurar un poco más, ir un poco más allá.

Pensaba que lo que más amaba era hacer reportajes llenos de emoción, belleza y amor a parejas especiales, pero no, me engañaba. Pensaba que lo que más amaba era compartir con otros cómo llegar a vivir de lo que ellos y yo amábamos. Pero no, me engañaba. Amaba todo eso y mucho, pero... había algo que amaba más hacer, sobre todo porque me inundaba el alma de satisfacción el saber que era útil, útil a otros niveles que el simple económico o profesional. Útil a mucha más gente a la vez, sin tener que cobrarles nada aunque fuera para que valoraran lo que les daba.

Y ese algo era escribir, escribir desnudando mi alma por si a alguien le era eso, útil, a nivel profundo del ser, si se quiere decir así, espiritual. Esos pequeños textos que surgían a veces siempre acababan con hermosos agradecimientos anónimos. Sabía eso, y llenaba mi alma de gozo y amor, aunque no me permitía creer que pudiera vivir de ello, que pudiera dejar de ganar dinero de la fotografía y enfocarme al cien por cien en escribirlos.

Así pasó, hasta que hace unos meses mis manos se pusieron a escribir, casi solas. La verdad es que no sé bien qué sucedió ni cómo. Tecleaba sin parar en mi pequeño ordenador portátil. En los viajes, en aviones, trenes, autobuses, barcos, estaciones, puertos y aeropuertos, había escrito muchos textos interesantes, pero había algunos de ellos que me habían marcado de una extraña forma.

De alguna manera este libro se gestó en muchos lugares, en muchos viajes. Como si fuera una metáfora de que debe regresar a todos esos lugares y a muchos más. Estas palabras las escribo ahora mismo en Argentina, sentado en el asiento cuarenta y tres de un autobús desde Buenos Aires a Mar del Plata, donde mañana doy un seminario de fotografía. El resto del libro ha sido escrito aunque sea una pequeña parte, en Uruguay, Chile, Paraguay, Brasil, Colombia, Costa Rica, México, Ecuador,

Perú y España, obviamente. Además de hacerlo volando alto sobre otros tantos países y mi querido océano Atlántico, o en barco una de las tantas veces que cruzaba el Mar de la Plata. La mayoría sentado en algún vehículo que ande, vuele o surque los mares o esperando subirme a uno.

De pronto hace poco, todos esos textos se unieron, se fusionaron, se disparó algo dentro de mí y explotó; y no pude parar de escribir. Antaño había intentado ser músico, cantautor para más señas y di buenos pasos pese a mi desafinada voz. Me propuse lograrlo y como sabía que era capaz, lo conseguí. Hace mucho que lo dejé, al menos cantar, pero la música siempre me acompaña, como mis pinturas.

Tengo muchos amigos de esa época, algunos reconocidos luego. Mi amigo Marwan había comenzado a tener una exitosa trayectoria como poeta y me animó a escribir y a publicar mis poesías confiando también en mi éxito.

Yo no soy ningún erudito. He leído mucho, soy curioso, pero no he leído tanto como muchos creen, ni soy más inquieto que por dar rienda suelta a mi nerviosismo y a mi ansia de conocerme a mí mismo.

Cuando ponía algunas citas en el libro tenía miedo de que pensaran que era eso, un ratón de biblioteca, pero tenía la necesidad de compartir la autoría de este libro, porque al fin y al cabo muchos han escrito lo mismo, han compartido las mismas ideas, aunque cada uno a su manera. Esta es solo mi visión, o quizás sea algo más que se me escapa. No lo sé.

Para empezar, pensar que yo tendría algo que escribir del nivel de otros grandes escritores me producía vértigo, pero no podía dejar que el miedo apagase el fuego de mi intención de compartir. Quería eso, solo compartir, a mi manera, a mi nivel, por si llegaba a otros de ese nivel que no entienden, como yo, reflexiones complejas elaboradas por complicados genios.

La sinergia de la vida me llevó a tomar la decisión. La editorial esperaba un libro de poesía, pero yo les dije que tenía otra cosa. Un libro extraño que no sabía definir y que acababa de surgir de mis manos sin saber todavía cómo ni qué era. Envié el original y se enamoraron del proyecto animándome a publicarlo y motivándome. Fue Victor Fernández quien vio en este libro algo especial y mágico. A él y a todos, les estaré eternamente agradecido. El resto de la historia ya la conocéis. Esta es la verdad, y no me cuesta nada compartirla sin darle aires de misterio.

No quiero envolverme en un halo místico sino ser transparente. Pienso que hay demasiados maestros por ahí que dan una imagen demasiado perfecta y eso nos aleja de sus enseñanzas. Creo que hacen falta menos maestros y más personas normales, tirando para abajo, como yo, de esas que no paramos de cometer errores, pero que abrimos nuestro corazón para que los otros no se sientan solos.

Si de algo sirve mi desnudez, aquí la tienes.

EPÍLOGO SEGUNDO

El final del principio

Una vez te he compartido un poco de mi historia y de mí, quiero pasar a algo mucho más importante. Hubo algo que fue el detonante de todo mi cambio, de que decidiera reinventarme a mí mismo, convertirme en la mejor versión de Fran que pudiera concebir y ser.

En 1998 mi madre falleció tras un fulminante cáncer que se la llevó en apenas los tres meses que le diagnosticaron le quedaban de vida. La historia de cómo era mi vida en ese momento es otra novela, quizás tres. Si os contara, todo este libro parecería de fantasía comparado con lo que me pasó ese año.

Mi madre me enseñó a vivir y me enseñó a morir. Gran parte de lo que soy se lo debo en gran medida a ella. Puede sonar duro, pero quiero por todos los medio sacar algo positivo de todo lo que me pase en la vida. Por supuesto, las cosas más aparentemente negativas, son las que más me han marcado y sigo pensando que lo que mejor persona me ha hecho, lo que más cambió el rumbo de mi vida hacia un despertar, fue la muerte de mi madre.

Ojalá ella estuviera ahora viva, comprobando que sus palabras se hacían realidad, que se cumplió lo que siempre me dijo. Y lo está, aunque no de la manera que muchos quisiéramos. Ella cada día me apoya y me da ánimos, me da fuerzas constantemente en el silencio de su presencia invisible.

Hay una frase que ella me enseñó que es guía en mi vida. Fue la segunda frase que me dijo cuando, nada más marcharse de este plano, vino a verme. Me dijo que estaba bien, que la muerte no era el final. Lo siguiente que me dijo siempre me lo repetía constantemente en vida:

«No te preocupes, ocúpate»

Para mí siempre fue la esencia de mis actos. No perder el tiempo en pensar en el pasado ni en el futuro, sencillamente hacer lo que pueda hacer y dejar de pensar si no puedo hacer nada. Relajarme y la solución aparecerá. Entonces actuar, no perder el tiempo en lo que ya ha pasado o lo que seguramente jamás sucederá.

Ella me impelía a una labor, una que en ese momento aún no comprendía. Sus enseñanzas trascendieron la vida y la muerte, y siguió educándome más allá de los límites de lo físico y lo mental. Y desde donde estaba podía enseñarme mucho más, despertarme mucho más, guiarme mucho más.

Apenas tuvo veintiún años para enseñarme en persona, pero me transmitió la lección más importante. Me enseñó a confiar en mí mismo, a luchar por cumplir mis metas y a amar por encima de todo, incluido a mí mismo. Yo era un niño muy sensible que necesitaba respuestas, que tras algunas experiencias, tenía un miedo atroz a la muerte.

Ella se sacrificó para demostrarme que no debía tener miedo, para darme una lección, para despertarme. Yo sé, y digo esto con lágrimas en mis ojos, que de alguna manera ella sabía que su entrega, su acto de amor, trascendería en el tiempo y el espacio. Que su sacrificio realmente haría que un día yo escribiera este libro y ayudara a millones de personas a perder el miedo que yo mismo tenía.

En mi corazón sigue luchando la rabia de gritar por qué tuvo que marcharse, que yo la quería a mi lado. Yo y mi familia también, mi padre, que perdió al amor de su vida, todos los demás que dejaron de tener a su lado a una persona íntegra y maravillosa que siempre ayudaba sin pedir nada a cambio.

Pero siento que mi amor debe ir más allá, que amar no es necesitar y que, si bien yo la necesitaba, debía aceptar su decisión, dejarla marchar aún con todo el dolor de corazón. Ojalá este libro también ayude a mi padre a ver mi perspectiva, porque sé que él la amó, la ama y la amará más de lo que nadie pueda llegar a comprender jamás. Sé que su amor es muy especial, por eso los escogí como padres. Ambos me enseñaron a ser un guerrero de la vida, un soldado de luz que se convirtiera en invencible, aunque fuera tanto por el camino del amor como del sufrimiento.

Sé que mi padre en un futuro volverá a su lado, más unidos que nunca. Que todo su sufrimiento tiene que tener un sentido, una razón que trasciende de nuevo todo este inmenso amor. Mi padre lo merece, y lo tendrá. Si tuvieron que hacer ambos el sacrificio de separarse, será que tendrán una recompensa mayor que un día no muy lejano les haga olvidar tanto dolor.

Ella era —perdón—, ella ES quien me enseñó a ver la vida con magia, con optimismo y amor. Me dijo que, cuando se marchara, volvería para demostrarme que la muerte no era más que un paso, como muchas veces habíamos hablado. Y cumplió su palabra.

Comprenderás que muchas de las cosas que se comparten en este libro no son teoría, las he vivido, las he visto y tocado. Y fue ese momento en el que todo comenzó a cambiar. Lenta, pero inexorablemente, mi vida cambió.

Una de las más importantes lecciones que aprendí fue a vivir en el día en el que estás, el instante en el que estás. Porque como le pasó a ella, quizás todo cambie mañana y pasado mañana ya no estés aquí. Me enseñó a vivir el presente, a no anclarme en el pasado ni perder mi preciado tiempo especulando futuros.

Me alentó a crear mi nuevo día, mi nueva vida, y que, hiciera lo que hiciera, lo viviera intensamente. Me dijo que no dejara para el hipotético futuro nada, que puede que entonces ya fuera tarde.

Ella me hablaba de un libro, de que escribiera un libro, pero durante muchos años no me creía capaz. Escribí uno de poesías adolescentes y ella se ilusionó mucho animándome sin parar. Su ilusión era que yo fuera escritor, desde pequeño, y me presentaba a concursos que curiosamente siempre gané. Quizás eso me hizo ver que no escribía tan mal como pensaba, que no era sencillo amor de madre. Pero tampoco despertó en mí esa fuerza que quizás ella esperaba despertar. Al menos sirvió para que no lo dejara, para creerme que realmente era algo que hacía bien. Ya saben que la educación es así, si nos dicen que algo lo hacemos mal abandonamos en el acto. Algo desde entonces me encaminó hacia donde hoy estoy.

En vida, y tras ella, me hablaba de un libro que yo escribiría. No hice mucho caso, la verdad, y pensaba más que se refería a esas poesías que antes escribía o alguna novela que había comenzado en esa adolescencia. Incluso llegué a olvidarlo. Y al final tenía razón, como siempre, ese libro llegaría, como sé llegarán muchos más y otras sorpresas.

Pero esto no fue ese detonante al que me refiero. Es una extraña historia. Mi vida está llena de extrañas historias. Os compartiré lo que sucedió. Mi madre había trabajado en el antiguo Banco Hispano Americano, hasta que pidió una excedencia voluntaria para, junto a mi padre, estudiar derecho y cumplir su sueño de ser abogados y poner juntos un despacho. Con cuarenta y dos años lo lograron, tras estudiar la carrera en tiempo récord. Me enseñaron que si te propones una meta debes perseguirla, hasta hacerla realidad. Y que nunca, nunca jamás, es tarde.

A los pocos meses de abrir el despacho, fue cuando decidió marcharse físicamente de entre nosotros. Ella tenía unas ganas inmensas de vivir, no comprendía la razón por la que le estaba sucediendo eso, pero aceptó su marcha no sin luchar, dándome una lección que jamás olvidaré y que marcó mi vida. Su fuerza, su amor, su presencia, fueron la chispa que me hizo despertar. Su integridad al marcharse me impactó y me transmitió una seguridad que jamás me abandonará.

Yo sé que ejerce de abogada en otro plano y que sigue «defendiéndome». He citado el Banco Hispano Americano porque mi padre también trabajaba en él. Mi casa estaba llena, cuando me crié, de bolígrafos, lápices, gomas de borrar, carpetas y cosas con el nombre del banco.

Un día, poco después de la marcha de mi madre, hallé en el alféizar de una ventana una carta, un naipe. Ya ni recuerdo qué carta era, ni importa, creo que la tengo guardada en algún lado. En esas semanas había hallado muchas, en la calle, en el suelo, pero no las había tomado.

De pronto me di cuenta de que esa carta tenía detrás el nombre y el diseño del Banco Hispano Americano y que pertenecía a una de las barajas con las que había jugado mil veces en mi casa. No había visto jamás esas barajas en ningún otro lado, azul marino, con el viejo logotipo del banco.

Fue una conexión rápida de ideas, una cascada de pensamientos internos profundos y de luz, una inspiración, o una idea que llegó a mi alma, no lo sé. Solo sabía que era un mensaje. Y de ella. Fue la primera, luego llegaron más, cientos más.

Es obvio que la carta no se materializaba de la nada. A alguien se le habría caído, alguien la habría puesto ahí. Pero el hecho de encontrar una carta en la calle, una tras otra, rompía las estadísticas naturales. Por pura matemática era imposible lo que estaba sucediendo. Este mágico y pequeño hecho destruyó por completo mi mente analítica. Bueno, comenzó a hacerlo.

Yo sé que seguro esto le pasa a más personas, pero nunca he sabido de nadie. Al publicar esto seguramente saldrán más, muchos, eso será maravilloso.

Comencé a hallar cartas muchos días y algunos hasta varias. Hasta hace unas semanas el récord lo tenía en cinco, creo recordar. Fue en Montevideo, paseando con mi mujer. Ella está acostumbrada a esto y encuentra sus propias cartas, y mis hijos también, incluida mi pequeña que con apenas dos años encontró la primera. Andábamos por la calle y encontré una y supe que habría otra más adelante, varias calles más allá.

Sin saber qué rumbo llevar, girando aleatoriamente las esquinas apareció otra, y otra, y otra. Nos reíamos felices de lo inconmensurable y mágico del acto que estaba sucediendo delante de nuestros ojos. Y todas eran cartas de diferentes barajas. Curiosamente casi siempre se repiten dos; el dos de oros y el tres de copas.

Alguien podría pensar que es fácil hallarlas en Montevideo, porque mucha gente juegue a las cartas en la calle, pero no las hallaba en parques solamente, sino en cualquier lugar. Y las he hallado en todos los países que he visitado, que son muchos; en ciudades, bosques, trenes, aviones y barcos.

Decía que el récord era ese porque hace unas semanas sucedió algo muy especial. Estaba en duda aún de si publicar este libro sin firmarlo, por temas del ego. No sabía si usar un pseudónimo, firmarlo con mi nombre real o como Fran Russo, que es como me conocen muchos miles de personas en todo el mundo como fotógrafo. Tenía miedo de que si hacía esto último mucha gente pensara que estaba loco y que afectara a mi trabajo, el que hasta ahora daba de comer a mi familia. Tenía miedo también de que si usaba mi nombre real también me afectara. Tenía miedo de todo. Incluso al comienzo no quise poner información sobre mí en la solapa de este libro, porque de alguna manera sinceramente no me siento el autor o creo de verdad que no tiene importancia. Pero me insistieron por todos lados que debía ponerse algo y decir lo de que como fotógrafo era famoso, que eso podía ayudar.

Tenía también algunas dudas de cómo publicarlo y de si realmente tendría éxito e interesaría a alguien. Sí, todos tenemos dudas y momentos de debilidad. Decidí dar un paseo y si hallaba al menos dos cartas seguir adelante, y si no, olvidarme.

El paseo duró un par de horas y fueron unos cinco o siete kilómetros, por el campo, cerca del lugar donde vivo. Hallé cuarenta cartas. Podría pensarse que era una baraja completa, pero las hallé por grupos separados, algunas solas y en muchos lugares diferentes separados a veces por kilómetros; y pertenecían a diez barajas diferentes.

Quedé maravillado del poder que se desplegaba ante mí, de la magia que había convocado. Decidí no dudar nunca y saber con certeza del éxito de este libro y de que ayudará a algunas personas. Espero que muchas pero con una sola me basta. Y, sin ni siquiera llegarlo a publicar, ya lo ha hecho.

Durante todos estos años he hallado muchas cartas, cientos. Algunos amigos me dijeron que el universo me tiraba el Tarot. A mí no me importa que una carta determinada pueda tener un significado específico. Al fin y al cabo, son símbolos que pueden leerse. Es cierto que el significado de algunas cartas era abrumador e impactante. Llegaban a mí dando respuestas impresionantes a mis problemas o dudas. Pero me da igual todo eso, para mí es más un guiño del universo, un aliento para no perderme cuando el hastío me invada.

Ha llegado a ocurrir que, hablando de este asunto con algunos amigos, hallase una carta mientras paseábamos, ante su incredulidad y asombro. Solo un puñado de personas importantes para mí sabían mi secreto. Acabo de destrozarlo escribiendo sobre ello públicamente, porque ahora pierde casi toda su magia.

Sí, porque ya no sabré si hay algún bromista arrojándome una carta por donde intuye que vaya a pasar yo. Antes estaba seguro de que no había explicación alguna y sabía que ninguno de mis amigos jugaba conmigo.

Pero no pasa nada. Desde entonces aprendí a materializar otras cosas y a ver guiños mágicos en muchas cosas, casi en todo. Esa fue la verdadera función, lección y esencia de este acto de magia y la que quiero compartir contigo.

Ojalá un puñado de vosotros que leéis este libro sepáis valorar el regalo que os hago, porque acabo de perder algo muy valioso, íntimo y mágico para mí. No importa, me desprendo feliz de ello si sirve a los demás. Y por eso lo comparto, porque esos amigos comenzaron a hallar a su vez cartas y a creer en la magia.

Comparto esto aquí para enseñarte un ejercicio de magia, para que dejes de dudar si comienzas a vivir la magia en tu propia vida. Por supuesto que hay ejercicios superiores, pero se debe comenzar por lo básico. Quizás otros libros hablen de ello en el futuro. Yo tengo mucho que aprender y sé que con este libro se abre una puerta, una nueva puerta con un nuevo futuro.

Me encontré con la realidad de que si podía materializar una carta podría hacerlo con otras cosas. Si podía hacer aparecer esos trozos de cartón en mi vida, seguro que podría hacer aparecer todas esas oportunidades que esperaba para ser quien quería ser. Y así sucedió, poco a poco, hasta que la duda inicial se tornó en certeza y tomó fuerza.

Al fin hallé la carta esencial, la que me retaba a saber qué quería realmente en la vida, quién quería ser. Comprendí que la vida unas veces te da corazones, otras espadas, diamantes, bastos, oros, copas, picas, o tréboles; pero que yo mismo podía elegir jugar bien las cartas que tenía y salir ganador de la partida en cada ocasión, en cada desafío. Incluso podía hacer trampa y usar una carta escondida. Al fin y al cabo era mi juego y yo las creaba.

Como he compartido, tras todo lo aprendido no significa que nunca flaquee, ni que no tenga nada que aprender. Soy sin género de duda el primer alumno de este libro, el que más tiene que asimilar de él. De este libro y de mil más, de mil maestros que hallaré... pero nunca, nunca jamás olvidaré que en sus pupilas quien se refleja siempre soy yo.

Ahora queda tu camino por delante, y el mío. Tú decidirás qué hacer con tu vida, siempre fue así. He compartido contigo todo lo que sé y lo que no sé. He compartido mis secretos y mi vida. Tú decidirás qué cartas deseas materializar en tu vida, qué deseas hacer realidad y si decides tomar las riendas de tu existencia.

Decide tomar un rumbo y quizás es momento de dejar de saltar de planeta en planeta buscando respuestas. Las tenías en tu propio pequeño asteroide y en él tenías todo lo que necesitabas. Siempre amé al pequeño príncipe que había en mí y él me enseñó la inocencia de ser un buscador de la verdad que observa sin juzgar. Solo así toma lo verdadero de todo lo que le rodea, la esencia, lo más profundo.

El extraño prólogo de este libro surgió cuando mi editor me dijo que el libro necesitaba uno. A mí nunca me gustaron los prólogos, debo ser sincero. Siempre me los suelo saltar y solo acudo a ellos al final cuando quiero ver la opinión que esa persona tenía sobre lo que yo acababa de leer.

Yo le dije que fantaseaba con algunos autores famosos que lo hicieran, pero reconozco que era un poco por ego, por sentirme abrazado por importantes nombres que yo admiraba y quizás soñar con ponerme a su par, y por aceptar la idea de que su apoyo pudiera hacer que el libro llegara a más gente, como es la función en la mayoría de los casos de un prólogo. Forzar a alguien a esto sería incoherente, sobre todo con este libro en sí.

A la vez tenía que ser práctico, sabía que no me conocía nadie de esos niveles y que ninguno de ellos leería mi libro. Ojalá lo hagan en el futuro, incluso haciendo un pre-prólogo, sería un honor inmenso y un sueño hecho realidad, uno más. No sé si eso existe, pero me da igual. Nunca me ha frenado que algo tuviera que existir previamente.

Esos años que pinté acuarelas en la calle lo hice sobre todo de El principito. Esos dibujos forman ya parte de mí, pinté miles, e incluso las sincronicidades de la vida me llevaron a que me comprara unas acuarelas un francés que decía ser heredero de Saint-Exupéry y gestor de los derechos. Me dio su permiso y le vi feliz de ver mis pinturas en la calle. Nunca supe si era cierto, pero no importaba. Lo importante era que amé más a ese pequeño príncipe y comprendí mejor su viaje.

De él aprendí que se puede morir de amor amando y regresar donde perteneces y donde te esperan. Aprendí la disciplina de deshollinar volcanes y quitar malas hierbas antes de que destruyan mi planeta como baobabs descontrolados. Aprendí de la sana locura de cada uno de los habitantes del cosmos y aprendí a dar órdenes razonables, como ese rey que creía que me necesitaba y me extrañará desde algún rincón del universo. Aprendí a ordenarme hallar la verdad, ordenarme amarme, ordenarme descubrirme, ordenarme ser feliz.

Y lo soy, y lo seré ya siempre, pase lo que pase. Sé que mi vida cambiará mucho tras la publicación de este libro y lo asumo y acepto. Con miedo y con ilusión, pero con más amor que todo lo demás junto. Sé que es una enorme responsabilidad y que se me pedirá más. No sé si seré capaz de dar más aún; o mejor, perdóname, debo corregir; sí sé que seré capaz.

No puedo confundirme y usar una falsa humildad con el propósito de no crear expectativas y no fallar, de tratar de cubrirme las espaldas por miedo e inseguridad. Debo dar ejemplo. Sé que lo haré si debe de ser así. Sé que llegarán muchos libros más y lo haré lo mejor que pueda.

Muchas veces he echado de menos en libros la franqueza y sinceridad brutal del autor, sentir hasta cómo tiembla al escribir, sentir sus miedos y sus temores más profundos, sentir cómo se desnuda y así entrar en sincronía con mi propia alma desnuda. Añoraba eso porque lo sentía como un acto delicado que decía mucho de su ser y de su verdadera intención al escribir.

Por eso este libro es así y por eso cada frase no esconde nada y surge directamente de lo que hay tras la puerta que permaneció sellada en lo más profundo de mi alma. Cada una de las líneas de estos últimos capítulos las escribo con miedo, con real miedo y duda. Pero sé que debe ser así, que debo hacerlo, desnudarme y confiar en mi corazón, en Dios, en el Universo o como cada uno quiera nombrar a esa luz que brilla en todo, sobre todo dentro de nuestro ser.

Siempre quise hacer como hizo mi madre, dejar un planeta más hermoso del que encontró, dejar huella en las personas que pasaron a su lado. Quizás este libro no es más que eso, un intento de aportar algo, de si me marcho mañana al menos dejar parte de lo que guardo en mi corazón, por si a alguien le es útil y le sirve para ser al menos un poquito más feliz.

Si todo lo que comparto es mentira no importará. Si dejo sencillamente de existir y tras mi partida no hay nada, no importará. Al menos habré hecho algo con esa nada que soy, al menos dejaré un legado a quienes aún son algo.

No tengo miedo, porque sencillamente sé que hago lo que debo de hacer y que proviene de mi corazón. Sé que aunque lo que comparto no sea cierto para otros para mí lo es. Yo lo he visto, no con mis ojos pero sí con el corazón. Por eso tomo la fuerza para no avergonzarme de lo que digo, sobre todo de esa información que ni siquiera sé de dónde proviene y me enseña a mí a la vez que la comparto.

A estas alturas la muerte es lo que menos me da miedo de la vida. Este libro creo que explica por qué y a mí me ha cambiado más aún, me ha hecho más fuerte y me ha enseñado más de mí que todos los otros libros que leí.

Y quizás pase algo hermoso sin parangón y este libro te ayude a ti también a aprender a morir, a dejar esta vida sin miedo. Si te da algo de paz… —suspiro profundamente—, será algo maravilloso. Solo recuerda que pasar al otro lado no duele, que no tienes nada que temer, que hayas hecho lo que hayas hecho en esta vida, seas quien seas, nadie te juzgará ni te castigará.

Hallarás una paz inmensa y una comprensión inmensa de quién eres. Y dentro de esa consciencia analizarás tu vida disfrutando de todo lo maravilloso que hiciste y aprendiendo de ello. Como también aprenderás de los errores que cometiste, sea cual sea su tamaño, y te prepararás para una nueva aventura, para la apasionante aventura de una nueva vida diseñada para aprobar tus asignaturas pendientes y para seguir aprendiendo, creciendo, evolucionando… amando.

Perdona que me sincere tanto, que abra de par en par mi pecho y te muestre mi alma transparente, mis intenciones más profundas. Soy así, qué le vamos a hacer. Aprendí hace mucho a abandonar los escudos por miedo a lo que los demás pensaran de mí. A bajar la guardia y quitarme la coraza y la armadura sin miedo a que me hagan daño. Por dentro, habiendo asimilado en mi corazón todo lo que aquí te comparto, soy más fuerte y poderoso de lo que jamás había imaginado.

Nadie lo dice, pero yo sé que cuando uno escribe un libro desea en parte esto, mostrar su alma, desnudarse. Muchos quizás por el género o estilo literario que usan, no pueden hablar con el lector, ni sincerarse, o les da miedo desvelar sus profundas y sinceras intenciones. Pero todo es un compartir, un llegar al corazón de los demás y anhelar dejar una mota de amor en el pecho de quien te lee.

Sí, me sincero, mi más profundo deseo sería que después de leer este libro nada sea igual para ti. Quizás este atrevimiento, esta licencia que me tomo incomode a algunos. Algo me impele a desnudarme así, aquí. Lo siento. Si sirve al menos a una persona ya habrá merecido la pena todo.

Sé que no soy un gran escritor y que la forma en que enlazo palabras no es la más perfecta, armoniosa y elaborada que pudiera ser, pero solo trato de ser claro, diáfano, sincero y directo. Ojalá aprenda a expresarme más bello y más armonioso con la perfección y magia que veo a mi alrededor, transmitiendo de verdad mi palpitar, mi latido al contemplar la vida asombrosa que me deja sin aliento. Y esto no es falsa humildad, es sincero deseo de mejorar, porque siempre, siempre podemos mejorar.

Debo confesar que no he leído mucha literatura motivacional o de autoayuda. Apenas los libros de Richard Bach, un par de Paulo Coelho, otro par de Osho y alguno suelto más. No tengo mucha más formación, lo siento. Seguramente repetiré cosas que otros dicen y de corazón creo que una verdad profunda no surge de un solo corazón, sino que salta transmitida y resonante en muchos, como una cuerda de guitarra que vibra cuando otra lo hace. Siento en mi muchas verdades que atraviesan la historia y que vibran más fuerte que nunca, porque son necesarias. Ponerle autores y dueños siento que es algo que haría daño a la misma verdad, que debemos trascender eso y aprender de la verdad en sí, nada más.

Venga de donde venga esta información, a mí me ha cambiado la vida. Me ha hecho más humilde y siento que me ha otorgado mucha paz y comprensión. Ojalá suceda contigo.

Al menos este libro servirá para forzarme a tener que cumplir lo que aquí he escrito, a ser mejor persona y mejor ser humano, a aprender de lo invisible para ser coherente y fiel a mí mismo. Seguramente serás testigo de cómo crezco, de cómo evoluciono, espero que para mejor, donde mis maestros sean los que aprendan conmigo de lo que comparto.

Poco antes de que fuera a publicarse este libro y revisando lo escrito en busca de errores, cada vez que lo abría surgían cosas nuevas, a veces capítulos completos. Me era completamente imposible no añadirlos o suprimir otros. Al enviar el original, mi editor me dijo que quizás era demasiado largo y tenía razón. La cuestión no era dividirlo para hacer dos libros y aprovechar material, sino sinceramente que era demasiado extenso y debía haber una pausa, un intervalo para que se aposenten algunas ideas en el corazón.

Yo sentí que tenía razón, que debíamos sacar parte de lo escrito y pasarlo a un nuevo libro, quizás una especie de segunda parte. De modo que unos cuantos capítulos se movieron para un futuro libro que ya está prácticamente escrito. Es importante para mí agradecer la labor de Víctor Fernández para que este libro fuera lo que es. Quizás suene extraño mencionar todos estos entresijos del libro y su nacimiento, pero este libro rompe con muchos paradigmas como para no hacer uno más. ¿Quién ha dicho que todos los libros deben ser iguales? Quizás haga otros libros más adelante que encajen más en los esquemas establecidos, pero este debía ser libre.

Si este libro te ayudó y te sirvió, me siento útil, y no hay mejor regalo que pueda recibir. Por la experiencia que tengo previa a lo largo de mi vida sé que algunas personas me dirán que soy una bella persona que les ayudó mucho compartiendo. No sé hasta qué punto soy una bella persona, pero lo que sí sé es que si ves algo hermoso en mí es que está en ti.

Recuerda que todo lo que hallamos en la vida lo ponemos nosotros mismos delante para enseñarnos lecciones. Por lo tanto, si para darnos cuenta de algo feo que tenemos que cambiar, hacemos aparecer personas que nos producen ese rechazo, de la misma manera las personas que nos provocan admiración o nos iluminan, son la comprobación de que nosotros mismos somos así de alguna manera. Debes saberte así, mágico y maravilloso, lleno de poder y de luz, de amor.

Ves todo bello porque tú lo eres, y como sabes cuando estás en un mal momento todo te molesta. Aprende que tu actitud determina tu realidad, la cambia, la crea. No olvides jamás esto, puede salvarte la vida.

Lo que tienes delante es lo que eres, la vida es un espejo. Y esto significa que lo que contemplas frente a ti, lo que ven tus ojos no es algo externo a ti, no hay límites que marquen la frontera entre tu ser y lo que tienes fuera. Por eso eres Dios, dentro y fuera. Y cuando eres consciente de ello, al ser Dios dentro ves en todos los rincones a Dios fuera. Ves su luz, tu luz. Ves su amor, tu amor. Ves su presencia, tu presencia.

Yo mismo admiré a muchos otros que compartieron lo que llevaban dentro en sus libros y enseñanzas; y quizás la manera de continuar la magia que provocaron en mí ha sido escribir este libro. De alguna manera quizás este te motive a ti y la cadena se haga cada vez mayor. Quizás este sea el centésimo libro, como el centésimo mono. O quizás lo escribas tú, quién sabe.

Yo sé que este libro también de alguna manera lo escribí para mí, que es mi espejo, para recordar quién soy y cómo debo ser. Porque en el fondo todos sabemos quienes somos pero tememos sacar fuera esa verdad.

Desde pequeño busqué el propósito de mi vida y estaba muy claro. Quería ser misionero, sacerdote, maestro, psicólogo, médico... Lo que realmente quería era ser útil, era ayudar a los demás. No me creía que yo podría ayudar a nadie, enseñar nada, compartir nada porque no me creía nadie. Todos esos años escuchando a la gente decir que tenía que ser alguien y a la sociedad marcándote patrones nos hacen daño.

Pero desde el comienzo estaba claro mi propósito. Era lo que más amaba hacer, lo que me surgía sin esfuerzo, de forma sencilla y espontánea. Si estás buscando tu propósito siéntelo así, cada uno tenemos uno. Una profesión no tiene por qué ser un propósito, quizás es una mezcla, como me pasó a mí, quizás es algo que no te habías planteado, como me pasó a mí. Busca, y nunca te detengas ni dejes que nadie te detenga. Busca lo que amas, lo que sabes hacer mejor que nadie y que sea coherente con tu corazón y tu esencia, con la vida en sí. Lo hallarás.

Quizás los que te aman bien y están a tu lado saben decirte lo que desde fuera es evidente que has venido a hacer, qué es lo que mejor se te da. Puede que no seas consciente y no le des valor o que te obsesiones con tareas mayores o supuestamente más trascendentales. No te engañes, quizás sea una tarea modesta y discreta que cambie la vida de muchas personas y haga realmente un mundo mejor con tu paso. Jamás te subestimes, lo que crees es algo pequeño quizás sea mucho mayor de lo que creías o puede que un día todo gire y descubras sorpresas por tus humildes actos.

Me despido, como si de una carta se tratara, porque siento este libro como eso, como una misiva entre dos almas que de alguna manera se conocían. Sé que no es un adiós, sino un hasta pronto, y espero tu respuesta para saber si te fue útil mi desnudez, mi intimidad, para saber que te llegó mi carta, mi amor y mi esperanza. Yo solo quería eso, ser útil y decirte que te amo.

Ya conoces mi dirección. Me hallarás en todos y cada uno de los lugares a donde dirijas la mirada. Estaré en la vida que palpita en tu rededor. Seré parte de ese baile cósmico, de esa música primigenia que da vida a todo lo que eres, sin límites entre lo que te forma y lo que ves, sientes, hueles, saboreas o acaricias.

Recuerda que no hay límites, que tu piel no es frontera, sino puerta. Que la fuerza te acompañe, siempre; la fuerza del amor que te forma y reforma. Y te dejo una sonrisa, porque hemos venido a esta vida a reír sintiendo la sonrisa eterna de Dios en todo, a ser risa cósmica, su felicidad y su grandeza. Recuerda que eres los labios de Dios, del Universo, para besar a quien tienes a tu lado.

Que el cosmos más insondable se abra ante tus ojos y te engulla para saber que siempre fuiste eso, un total e inmenso universo que danza en la espiral del amor.

Sé feliz, es una orden.

Sinceramente:

Fran

ÍNDICE

WWW.FRIDAEDICIONES.COM